이름없는 도인들

글 활안 스님
그림 박미경 화백

불교정신문화원 · 불교통신교육원

머 리 말

　2017년 10월 경·율·론 삼장에 나타난 불교를 〈불교시문학〉이라는 책으로 엮어 나의 저서생활과 포교활동을 마감하였는데, 뒤에 알고 보니 불교TV에서 다큐를 만든다 하여 새삼스럽게 놀랐다.

　나의 일생이 파란만장하여 산도 넘고 물도 건너 한결 같지 않았는데, 자의(自意)든 타의(他意)든 부끄러운 점이 한두 가지가 아니기 때문에 함부로 촬영하면 안 된다 하여 '산도 설고 물도 설고'를 초(抄)해 주었으나 그 가운데 빠진 분들이 많아 생각 나는대로 〈이름 없는 도인들〉을 쓰게 되었다.

　생각 나는대로 하루에 한편씩을 써서 백편에 이르니 부산에 사는 화가 박미경씨가 삽화 백장을 그려와 함께 싣게 되었다. 안팎이 모두 시원치 않은 글로 쓰여 졌으나 내용은 알차고 사실적인 것이니 독자 여러분께서는 참고하시고 읽어주시기 바란다.

　이 글을 쓰는대로 타이프하고 교정까지 보아주신 서무선법사님께 감사드립니다.

2018년 9월 9일

활 안 합장

일러두기

1. 이 책은 '산도 설고 물도 설고'의 후편이다.

2. 생각나는 대로 기록했기 때문에 체계가 없다.

3. 박미경 법사님의 삽화가 함께하니 금상첨화(錦上添花)와 같다.

4. 시종일관 타이프치고 교정보고 인쇄하는데 혼신을 다 하신 서무선 법
   사님, 이희경 국장님, 조형숙 과장님께 감사드린다.

5. 두 책을 내는데 깊히 협조해주신 이화문화사, 서예문인화 사장님과 편
   집자 여러분께 감사드린다.

목 차

이름없는 도인들

1. 오대산 도인 추강대화상

추강스님은 1950년대 송광사 주지를 두 번이나 하신 분이다. 송광사에서 인연이 되어 오대산 상원사 선방에서 두 철을 함께 지내면서 시봉하였는데, 박장군 아버지 49재를 지내고 나서 오대산 도인으로 알려졌다.

상원사 원주스님께서 여쭈었다.

"조실스님, 오늘 49재가 들어왔는데 어떻게 지내면 될까요?"

"밥 한상만 잘 차리세요."

"돈을 천만원이나 가져왔는데요!"

"그러면 한상 차리고 남은 돈은 그대로 잿상에 올려 놓으세요."

그래서 상단에 마지 올리고 영단에 돈과 밥 한상을 잘 차려 놓았다. 그런데 재주들이 들어오자 마자 영단의 상을 보고,

"도둑놈들, 떼어 먹어도 분수가 있지……"

불공은 부전스님이 정성스럽게 올리고 재는 조실스님께서 간단히 지냈다. 그리고 재주들에게 잔을 올리게 하고 조실스님께서 말씀하셨다.

"영가시여, 오늘은 당신의 마음이 흡족하게 됐습니다. 일찍이 마누라를 잃고 애기 하나 짊어지고 다니면서 이 집에서 젖 얻어 먹이고 저 집에서 젖 얻어 먹이면서 키워 장차 중·고등학교 들어가니 학비 마련해 주기 바빴지요. 더군다나 육사에 들어가니 큰 돈은 들 것이 없었지만 계급이 오를 때마다 그

냥 있을 수 없었지 않아요. 이집 저집 동냥 다니다가 아들이 장군이 되고 나서 한 숨 막 돌리려 하니 이 세상을 하직하게 되었으니 노자 돈이 부족할 것 같아 대중공양도 간단히 차리게 하고 나머지 돈 다 상에 놓았으니 가지고 가셔서 먼저 신세 진 분들에게 인사드리세요.”

갑자기 통곡이 쏟아졌다.

“큰스님, 어떻게 저의 집안일을 그렇게 소상히 알고 계십니까?”

“영가가 알려주어서 알지요!”

하여 재주는 아랫절 월정사 스님들까지 합쳐 대중공양을 다시 하고 군대를 마친 뒤에는 포항제철에 가 있다가 70이 넘어 출가하여 86세로 가평에서 선종하였다.

이로서 보면 재란 돈만 가지고 지내는 것이 아니고, 염불만 잘 한다고 되는 것이 아니다. 영가의 마음을 알고 마음에 빚을 벗겨주어 가나 오나 대자유를 얻게 하여야만 한다.

자비명이 비치는 곳에
연꽃이 피는데
지혜로 보면
지옥도 공해진다.

하물며 대비신주력이야
더 말할 것이 있겠습니까.
중생이 찰나에
성불하게 될 것입니다.

2. 상원사 원주 희섭 큰스님

우리들이 오대산 선방에 있을 때 상원사 원주로 계신 분이 희섭스님이다.

하루는 손님이 와 급히 점심을 지었는데, 쌀만 한 되박 꺼내 냄비밥을 지었다. 공양주가 급하게 쌀을 씻어 밥을 지었기 때문에 밥에 돌이 들었던지 손님이 씹던 밥을 상위에 그대로 뱉어 놓았다. 내가 행주로 치우려하니 손을 탁 치시더니 부엌에 가서 조리를 가지고 오셔 물로 행군 뒤 입속에 넣고 마서 버렸다.

처음 보는 일이라 모두 놀래 벌벌 떨고 있으니,

"쌀 한 톨에 죄가 일곱 근이야. 다음부터 조리질 잘 하게.

하고 들어가셨다.

한 달이면 두 번씩 강릉에 가서 시주를 해 가지고 한 가마니가 넘는 쌀, 보리, 감자 등을 얻어 오시는데 평창에서부터 오대산까지 30리 길을 지게 지고 꼬박 걸어오신다.

"스님, 쉬십시오. 번갈아 지고 가게...."

"잔소리 말고 찬거리나 잘 짊어지고 오너라."

스님은 잠깐 쉬어 땀을 닦고는 다시 또 고무신 끝만 바라보고 오신다.

"스님, 힘드시지 않으세요?"

"이것이 무엇이 힘들어. 만공스님은 한 가마 여덟 말을 지고도 80리 길을 걸었는데…"

스님은 돌아오시면 찬물에 목욕하시고, 찬밥 한 그릇 드신 뒤에 밤새도록 고사리, 도라지를 다듬었다.

나는 두 철 선방에 있으면서 미감을 보았는데, 대중식사량을 잘 못 알아 때로는 공양이 남을 때가 있다. 당시는 어려운 처지라 보리쌀 3되 넣으면 쌀은 한 줌 정도, 거기에 감자나 옥수수를 넣어 찌기도 하는데 감자, 옥수수가 쉽게 쉬어 밥이 변할 때가 있다.

그러면 스님께서,

"미감이 아직 어려 식량을 잘 못 헤아리고 있습니다. 찬물에 씻어 놓았으니 한 숟갈 씩만 잡수시면 음식을 버리지 않게 됩니다."
하고 손수 밥그릇을 들고 다니며 나누어 주신다.

저녁에는 10시, 아침이면 2시, 어김없이 일어나 대중공양을 준비하였기 때문에 지금도 나는 50년이 넘도록 그 시간을 어기지 않고 자고 일어나며, 밥 한 톨 버리지 않고 귀하게 살고 있다.

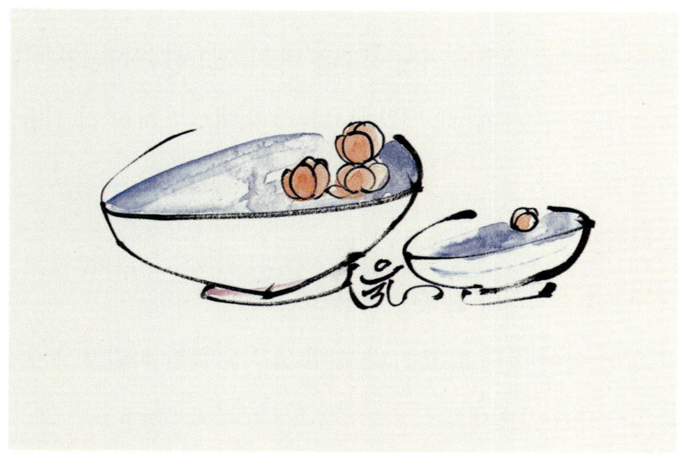

3. 통합종단 총무원 기산큰스님

기산큰스님은 송광사 출신이다. 화엄사 진진응스님께 이력을 보고 불교 중앙학림을 거쳐 송광사 강사, 주지, 전남 총무원장, 총무원 이사를 지낸 뒤 총무원장을 지냈다. 그때는 아직 종단이 분규되기 이전이었다.

동대 이사장을 역임하면서 신촌 봉원사 만봉스님 절에 계셨는데, 그때 인연이 되어 시봉하게 되었다. 동국대학에 가면 백성욱총장님께서 반드시 나와 문안하였다.

14세에 출가하여 77세로 돌아가실 때까지 청정한 수행승으로 후배양성에 전력을 다 하였다.

송광사 사지(寺誌)를 총 4권으로 편집하여 한국불교 사료(寺料)의 뿌리가 되게 하였고, 전남도지, 금강경 강의, 금언성전, 불교우주인생관을 써 많은 학자들에게 자료를 제공하였다.

불교를 세·출세간으로 나누어 세속에 사는 사람은 어떻게 살아야 하고, 출세 속에 사는 사람은 어떻게 살아야 한다는 것을 불교교리를 중심으로 명확하게 가름해 놓았기 때문에 특히 식자층의 학자들과 신문 잡지사에서 스님 글을 많이 응용하였다.

나는 오대산 선방에서 물이 들어 대자연인으로 살기를 원했지만 스님께서 꼭 학교에 가서 체계있게 공부해야 한다고 강조하여 동국대학교에 들어가게 되었다.

스님께서는 학과에 배당된 교수님들 뿐 아니라 특히 역사, 철학, 문학 계통의 학자들을 지정해 주시며 특강을 받도록 하여 거기서 황의돈박사님과 조좌호박사 그리고 양주동박사 등을 자주 뵙게 되었고, 학교에 나오시지 않는 원로스님들을 친히 찾아 뵙고 공양대접을 하게 하여 권상로박사님, 김포광박사님, 안진호스님들께 수시로 가르침을 받게 되었다.

특히 내가 미아리에서 고등공민학교를 할 때는 백총장님께 의논하여 두 차나 되는 헌 의자와 책상을 얻어주서서 맨 바닥에 앉아 공부하던 학생들께 큰 도움이 되었다.

당시 스님의 월급은 7,200원이었다. 3천원은 하숙비로 내시고 2천원은 운전기사에게 주고, 나머지 2,200원 가운데서 1천원은 용돈으로 쓰시고 나머지를 학생들께 연필, 공책을 사주서 고맙게 잘 썼다. 아마 중으로서 남이 하지 못하는 일을 하여 귀히 여기신 것 같다.

성북동 청룡암에 계실 때는 금강경 원고를 써 부처님께 바치고,
"부처님, 내 필생의 사업으로 책 한권을 썼는데, 사회대중이 읽고 참고가 될 만하면 반드시 출판되게 해 주십시오."
하고 기도하였는데, 1주일이 못되어 인천양조장 주인이 찾아와서 말했다.
"부처님께서 네가 어렵게 번 돈으로 조상을 위해 기산스님의 금강경을 내드리면 큰 복을 받을 것이다 하여 찾아 왔습니다."
하며 책값 8천만원을 단번에 내고 갔다.

이 책은 3천부를 찍었으나 바로 품절되었으므로, 나의 회갑 때 스님의 저서 일체를 모아 두 권으로 정리해 드린 일이 있다.

스님의 제자에는 출가제자는 린곡, 문곡 두 스님이 계셨고, 재가 제자에는 동대 김영태교수님과 내가 뒤를 계승하고 있었다.

스님께서 가지고 계시던 책은 모두 동대 도서관으로 보내고 각기 책 1권씩만 주셨는데, 나는 〈불교금언성전〉의 원고와 〈우주인생관〉을 받아 불교통신대학 교재로 사용하고 있다.

너무 맑고 깨끗하게 지내 살아 계실 때는 통장 하나가 없었고 돌아가셔서는 절은 린곡 사형님께 물려주셨다.

스님은 만나 뵈올 때 마다,

"딴 생각 하지 말고 공부해라. 부처님의 무소유정신에 현장법사의 구도정신, 원효대사의 포교정신으로 살아라. 절대 절 주지는 하지 말고 종단불교를 가까이 하지 말라. 내 죽은 뒤 100년 후에 가서야 한국불교가 조금 정신 차리게 될 것이다."

나는 스님의 이 간절하신 말씀을 뼈 속에 가다듬고 불교통신학교 · 불교농민학교를 만들어 흔적 없이 포교에만 열중하였다.

4. 조계종 종정 효봉 큰스님

효봉스님의 법명은 학눌(學訥)이고, 본 이름은 찬형(燦亨)이다. 1888년 평양에서 태어나 1914년 판사가 되었다. 판사의 임무는 선악을 판단하고 책벌을 선언하는 것이므로 사람을 죽인 죄인이 들어와 사형언도를 내렸는데, 알고 보니 나라를 위해 투쟁했던 구국 운동가였다. 일본으로 볼 때는 역적이었지만 우리나라로 보아서는 의인이었다.

그러나 그것 보다도 사람으로 태어난 사람이 사람을 함부로 죽일 수 있느냐 하는 것이 문제였다. 며칠 몇 달을 고심하다가 사직서를 내고 엿판을 짊어지고 8도 강산을 돌기 십여 차례… 이미 엿판에 담겼던 엿이 다 썩어 날아가 버렸다.

비로소 금강산 신계사에 이르러 석두(石頭)스님을 만나 출가를 희망하니 끼고 있던 가락지를 흐르는 물속에 던지며,

"저 가락지를 찾아오면 머리를 깎아 주겠다."

하였다. 밤새도록 물속에 들어가 가락지를 찾아오니 38세에 출가를 허락받고 법기암 토굴에 들어가 1종식으로 1년 반을 지내고 은사 석두스님의 본사인 송광사 3일암에 이르러 10년 동안 안거를 하다 보니 궁둥이가 다 무너졌다.

내가 1956년 7월 하동 쌍계사 심부름 갔다가 목욕탕에서 보니 정말 궁둥이에 살점이 하나도 없었다. 한 여름동안 한 자리에 앉아 꼼짝 달싹 하지 않

다가 일어나니 방바닥에 살이 썩어 붙어 무너져 떨어졌다고 한다.

통영 미래사에 있다가 육조 혜능대사의 육조탑이 있는 쌍계사로 옮겼는데, 탑앞에 대사가 베었다는 돌베개가 있다. 스님께서 물었다.

"너 저 돌 베게 들 수 있겠느냐?"

하여 들어보니 도무지 들려지지 않자 껄껄 웃으면서,

"그만 가자."

하였다. 사실은 무거운 돌을 들어보라는 말씀이 아니라

"네가 육조대사를 이겨 낼 수 있겠느냐?"

물으신 것이었다. 부끄럽기 짝이 없었으나 뒤에 6조단경을 보고 육조 이후 중국, 한국의 모든 선종이 조계산 후예임을 알게 되었다.

그러나 그 육조는 달마에 근거하고, 달마는 석가세존에 근거하여 이 세계 모든 불교는 일불제자(一佛弟子)임을 확신하게 되었다.

그 뒤 스님은 해인사 가야총림 방장이 되니,

"중 싸움은 닭 싸움만도 못하니 쓸데 없는 생각 다 놓아버리고 절 뺏으려고 눈에 불을 켠 놈이 누군인고 찾아 보라."

하였다. 절 빼앗아 보아야 절 지키는 당직이가 되고, 절을 보수하는 목수에 불과하여 출가의 목적을 달성하지 못하고 그 절에 일생을 묻혀 허송세월할 염려가 있기 때문이다.

1954년 선학원에 주석하면서 불교정화를 선도하였으나 56년 네팔에 이르러 세계불교도대회에 참석하고 나서야 비로소 비구가 무엇인지 깨닫게 되었다.

"비구는 칠가식(七家食)으로 소유가 없어야 한다."

세속의 집을 떠나 무위(無爲)의 절간에서 자연을 공부하고 불성을 개발한 사람이 비구가 된다는 것을 처음 알았다. 그래서 귀국 후에는 모든 것을 다 버리고 자연인으로 돌아가고 싶었지만 분쟁 속에서는 법을 잘 아는 사람이 지도자가 되어야 한다고 하여 조계종 총무원장, 종정을 거듭하게 되니 인도 외도가 뱀 허물을 벗고 해탈을 하듯 자신도 모든 것에서 벗어나 자유를 얻기 바랬다.

1966년 밀양 표충사에 이르러 사명대사의 위국 충절을 바라보며 열반하였다.

육조의 두상을 쓴 한국불교여,
절을 뺏고 절을 지키는 곳에
불교가 있는 것이 아니니라.
선정과 지혜 속에 투쟁하는 마음이 그쳐야
해동(海東)에 달이 뜰 것이다.
진흙소가 물속에서 풀어지니
온 세계가 한통속이로다.

5. 동대총장 백성욱박사

백성욱총장은 서울 사람이다. 1901년 교동학교에 들어가 3년간 교육을 받고 서당에서 한문을 배우다가 1910년 봉국사 최하옹스님에게 출가하였다.

1919년 불교중앙학림에 들어갔다가 3.1운동을 겪고 불란서 보배학교로 유학, 독일어를 전공 벌쓰볼록대학에서 유럽신화 · 천주교의식 등을 연구하고 1925년 반야사상으로 박사학위를 받았다.

1928년 중앙불교학교 교수로 있다가 금강산 안양암에 들어가 대방광불화엄경으로 자기정립을 하고 중생의 근기따라 미륵신앙으로 10선운동을 일으켰다.

안양암에서 수 십명이 함께 화엄경 정진을 하였는데, 갑자기 한 여인이 눈 속에서 석작을 이고 몸부림치며 올라오는 모습이 보였다. 옆사람에게 말했다.

"애야, 빨리 3거리에 나가 물건을 받아 오너라."

"눈이 펄펄 내리는데 누가 온다고 나가라 합니까?"

"잔소리 말고 빨리 나가....."

가서 보니 이대통령 양딸 손보살이었다. 스님은 공양주를 불러 일렀다.

"오늘 점심은 밥을 짓지 말고 물만 끓여라."

"사시(巳時)가 다 되었는데 물을 끓여 무엇합니까?"

"잔소리 말고 가마솥에 물을 붓고 끓여...."

심부름 간 사람들이 석작을 받아 짊어지고 와서 풀어보니 국수였다. 즉시 삶아 대중이 모두 함께 국수공양을 하였다.

이대통령이 손보살님께 물었다.

"금강산에 갔다더니 뭐 신통한 일을 보았습니까?"

"보다 말다니요?"

하고 이야기를 하니

"그렇다면 그 사람 나에게 데려오세요."

하여 연락하였더니,

"정월 해제가 끝나면 2월 쯤 뵙겠다 하십시오."

그래서 대통령을 만나 바로 내무부장관이 되었다.

5월 말에,

"다음 달에 전쟁이 일어날 것 같으니 준비를 하서야 하겠습니다."

"이 평화시대 전쟁은 무슨 전쟁인가?"

"이북에서 이남으로 내려올 것입니다."

국무회의에서 이런 말을 하니 한 사람도 고지 듣는 사람이 없었다. 아니나 다를까 6·25가 터지자 백박사가 일약 도인이 되었다.

"어디로 피난을 가야 하는가?"

"팔금산(八金山)으로 가십시오."

이것이 저 유명한 부산 피난지이다. 말을 듣지 않는 정치인들과 함께 할 수 없다 하고 장관직을 내 놓고 남산을 다녀와,

"서울 한 복판에 해골바가지가 가득 차 있으니 귀신이 나올 것 같습니다.
남산 일대를 저에게 주시면 해골바가지를 청소하고 거기에 학교를 하나 짓
겠습니다."
"그래, 좋은 생각이네…"
하여 청소하고 학교를 하나 지은 것이 현 동국대학교이다.

김포광박사님께서 칭찬하였다.

예지천문학(預知天文學)
예언동란사(預言動亂事)
세인개부지(世人皆不知)
독자불교학(獨自佛敎學)

이 이야기를 듣고 임영신씨가,
"나도 학교 하나 짓겠으니 공동묘지에 자리 하나 주십시오."
하여 생긴 학교가 강 건너 중앙대학교이다.

6. 정광의 수문장 최태종 대법사

월하(月河) 최태종 대법사님께서는 1919년 전남 광산군 송정리에서 태어나 불교전문강원과, 임제전문학교 철학과, 동대 불교과를 나와, 광산중등교육감, 여천교육감, 광주교도소 교화위원, 전남대 교수, 태고종 종회부의장, 송정 보문유치원장, 정광교장, 이사장을 역임하였다.

기산큰스님께서 "우리 불교계의 교육선각자이고 합리적 행정가"라는 말씀을 듣고 찾아 뵙고 진실로 정통불교에 통철한 지도자임을 깨달았다.

그 후 상락향수도원에서 종단 지도자들을 위해 3일 동안 특강을 하였는데, 그 치밀한 철학논리와 통찰력은 감히 어느 누구도 흉내 낼 수 없었다. 서양의 창조론과 다윈의 진화론, 우주인생의 변화상을 체계있게 정리하고 세계의 시원론과 가치론에 대해서는 불교의 요소론과 영심론(靈心論)으로 귀신도 탄복할 수 있을 정도로 명철하게 설명하였다.

세월이 오래되어 다 잊어버렸으나 생각 속에 떨어져 있는 낙사진(落謝塵)을 더듬어 몇 자 적어 보겠다.

서양의 창세기는 흙으로 만들어진 아담과 이브로부터 시작되기 때문에 여필종부(女必從夫) 부창부수(夫唱婦隨)가 중심이 되어 남녀 차별하는 세계를 만들었다. 그러기에 여자는 어려서는 부모를 따르고, 커서는 남편을 따르며, 늙어서는 자식들을 따라 삼수생활(三隨生活)을 해야 한다고 강조하고 있다.

세계는 천동설(天動說)을 썼기 때문에 갈릴레오는 지동설(地動說)을 주장하다가 사형 틀에 앉게 되었다. 뿐만 아니라 정치제도는 봉건군주 제도를 채택하였다.

따라서 당시의 철학들은 프라톤의 이데아론, 아리스토텔레스의 원리론을 주장하다가 동양의 불교가 들어가면서 사대오온(四大五蘊)의 원소론으로 이해하게 되었다는 것이다.

특히 다윈의 진화론과 르네상스의 경험론이 유신사상(唯神思想)에 일대 변혁을 가져다주고 지금 와서는 리그베다의 찬송과 사마베다의 제가(祭歌), 아타르바베다의 주문(呪文)까지도 외우고 있는 실정이다. 또한 베단다·미맘사 등 6파철학은 중국의 천명사상(天命思想)과 함께 일대 혁명을 일으켰고, 불교의 자유·평등사상이 기독교의 박애사상과 합쳐져 봉사중심의 종교사상으로 진화되어 가고 있다.

불교의 영혼론은 수업수생(隨業隨生)을 따라 윤회사상으로 바뀌어지고 오온개공(五蘊皆空)의 육체론이 한때는 허무주의에 빠졌다가 지금은 진공묘유(眞空妙有)의 철학으로 인식되어가고 있다.

영혼에 대한 것은 영육쌍전(靈肉雙全)의 물심론(物心論)으로, 심성론(心性論)은 아직도 무명무상절일체(無名無相絶一切)의 경계까지 나가지 못하고 상대성원리에서 그치고 있다 하면서 월하스님은 물 흘러가듯 동서사상

을 대비대조하면서 인류가 이룩한 철학이론들을 "존재와 각(覺)"으로 정리
하였다.

스님은 끊이지 않은 원고 청탁에도 서슴없이 응하시면서 정광교지의 권
두서언을 쓰고, 행사가 있을 때마다 낙성식, 취임사, 기념사, 개회사, 추도사
등 수 없는 식사류(式辭類)와 담론(談論)을 통해 인생을 노래하고 불교를 토
로(吐露)하였다.

초라한 인생
백양사 공비생으로
일본유학 갔다가 해방이 되어 귀국,
신지정동기와 함께
백양사, 선암사, 송광사, 대흥사, 천은사가를 설득
공동염출로 목포 일본절에 학교를 세웠고
3창, 4창, 5창을 겪으면서 정광중고등학교를
송정리로 옮겨 세우니
이것이 월하(月河)가 이룩한 일생의 불사였다.

7. 자상하신 추담(秋潭)스님

추담스님은 소요산에서 만나 뵈었다.

"나는 바람둥이야. 해방 전후하여 57년까지는 동래 범어사, 삼각산 적조암에 있다가 59년 부터서는 금산사에 있었지… 맹신의 용화교도들이 미륵부처님을 만난다고 온갖 잡신앙을 하고 있었기 때문이야…

55년 정화의 바람이 불어 전국 승니대회에 참석하고 60년 전등사로 갔다가 법주사로 갔어. 거기서 윤대통령을 만나 할아버지 윤경열씨가 석왕사 중이었다는 것을 알았어. 그 할아버지가 아버지를 불란서 신부에게 딸려 일본으로 유학을 보내 지금은 천주교 신자가 되었다는 말도 하였어…

이런 저런 인연으로 퇴락하여 부서지기 이전의 미륵대불을 보수하여 동산, 청허 이방자여사와 함께 64년 점안하였지.

내 글씨로는 유일하게 법주사 대웅전 주련(佛身普遍十方中 三世如來一切同 廣大願雲恒不盡 旺洋覺海妙難窮)이 남아있지……"

"그런데 여기는 언제 오셨습니까?"

"1971년에 왔지. 원효스님이 여기서 살으셨거든. 그래서 저 아래 태자궁

과 요석궁 자리가 있지. 사실은 여기가 원래는 고구려 땅이었는데 신라가 3
국을 통일하게 되어 차지하게 된거지. 원효스님은 여기서 비로소 자재를 얻
었거든, 그래서 절 이름이 자재암이 된거야. 나도 장차 여기서 갈 것 같아…"
하고 밤이 새도록 이야기 해 주셨다.

그동안 써 놓으신 글,

비지원만(悲智圓滿)

광수무량(光壽無量)

남북통일(南北統一)

비룡등천(飛龍騰天)

사가기욕(捨家棄欲)

등 여러 가지 글씨를 보여주시며 한 장씩 나누어 주었다.

"옛날 조중희씨 어머니가 이 백운사에 다니다가 여기 서 정성을 지극히 드
렸거든. 그 분들이 동두천에서 구멍 가게를 하였는데, 길가에 떨어진 딸라
보따리를 주워 미군부대에 신고하니 감격하여 버스 두 대를 주워 한진버스
회사를 운영하게 된 것이 저렇게 큰 부자가 되었어....

그 덕택으로 그집 자손들은 미국에 유학가서 지금은 외국사람이 다 되었
지. 절에 와서도 절도 할 줄 몰라....."

이렇게 스님은 천진하게 말씀도 잘 하시고 글씨도 잘 쓰시며 정진 또한 뛰
어나서 누구도 따라갈 수 없는 경지에 이르렀다.

그러나 나이 80이 넘으니,

"모두가 한결같이 공이어..."

하시면서 젊어서 공부해야지 나이들면 아무 소용 없다고 하였다.

한국불교를 바로 잡아야 한다고 떠들고 돌아다녔지만 절을 얻어 주기만 하면 난장판이 되니 절이 필요한 것이 아니라 사람이 중요하다고 강조하셨다.

"절만 많으면 무엇하는가. 중 같은 사람이 있어야지."

생각하면 호국불교, 청정불교를 위해 무척 뛰고 돌아 다녔지만 6.25사변 이후의 일이라 대부분이 공염불이었다.

"자네들은 아직 피 끓는 청년들이 아닌가. 더군다나 동국대학교에 들어가 이름난 교수들의 뜻 깊은 법문을 많이 들으니 조국과 불교를 위해서 잘 썩은 밀알이 되기 바라네...."

스님은 그 뒤 1년 있다가 열반에 들어, 오늘날 소요산에 가면 사리탑과 비석이 둥그렇게 서 있다.

중생부도처(衆生不到處)에
별유일건곤(別有一乾坤)이로다
차문시하처(此門是何處)냐
대적열반문(大寂涅槃門)이로다

중생이 이르지 못하는 곳에
따로 한 세계가 있으니
그 곳이 어느 곳인가?
대적열반문이로다.

8. 우정상교수의 원각사 이야기

우정상교수는 경남 사천출신으로 통도사 전문강원을 나와 중앙불전, 혜화전문, 일본 임제대학을 거쳐 동국대학, 경기대 교수를 하시면서 육사에 처음으로 불교학부를 창립하신 분이다.

시골 농부처럼 소탈하면서도 박력이 있는 스승으로 특히 이조불교사에 조예가 깊었다. 원각사 탑파의 사상적 연구, 지천사(支天寺), 개경사고(開慶寺考), 서산대사, 호국불교, 남한산성 역사에 대하여 깊이 있게 알고 계셨다.

원각사 탑파는 강의실에서 강의를 한 것이 아니라 종로 2가 파고다공원에 모여 서울의 3대 사찰의 개설을 들은 뒤 안에 들어가 설명을 들었다.

서울에는 조선 중기까지 흥천사(興天寺), 원각사(圓覺寺), 흥륜사(興輪寺)가 있었는데, 거기 경복궁과 창경궁을 거치면 서대문에서 부터 혜화동까지 비 한 방울 맞지 않고도 걸어 올 수 있다.

서대문 정동에는 이태조의 둘째부인 강씨 묘가 있었는데, 두 아들을 잃은 뒤로 상심하여 죽게 되자 이태조는 안타까운 마음에 경희궁에서 가장 가까운 자리에 묘지를 쓰고 한 달이면 두 세 번씩 나갔기 때문에 보기 싫다 하여 강남으로 파서 옮겼다가 뒤에 다시 아리랑고개 너머로 옮겼다. 그 묘지 이름이 정릉(貞陵)이고, 흥천사를 새롭게 지은 것이 돈암동 신흥사다.

원각사와 흥륜사도 오래된 절이기는 하지만 흥륜사는 일찍이 유생들에게 빼앗겨 유림회본부가 되고 거기 들어선 대학이 성균관대학이다.

원각사는 세조대왕이 태조 때부터 역대 임금님들의 소망을 함께 담아 성취시키는 호국불교사찰이었다. 원래 이 절은 흥복사로 태조, 정종, 태종이 나라의 복을 빌기 위해 세운 절인데 세조대왕이 국리민복을 위해 원각경 12보살을 상징하여 12층에 법신불 하나를 더 하여 13층 탑을 세웠던 것이다.

그리고 거기 조각된 예술은, ①3세불회 ②화엄회 ③소재회 ④미타회 ⑤다보회 ⑥약사회 ⑦용화회 ⑧법화회 ⑨능엄회 ⑩영산회 ⑪원각회 ⑫전단서상회 ⑬원통회의 도상들이 상세하게 새겨져 있다.

이를 보면 원각사는

첫째 이름이 본각(本覺), 편각(偏覺), 수분각(隨分覺) 등의 불교를 원각으로 통일시키고, 둘째 화엄, 아함, 방등, 반야, 법화, 열반의 교리를 종합적으로 회통시키며, 셋째 문수, 보현, 보안, 금강장, 미륵장, 청정혜, 위덕자재, 변음, 정제업장, 보각, 원각 보살행을 통하여 자각각타, 각행원만의 불교를 실천코자 서원하였던 절이다.

우교수는 이 탑을 바로 이해함으로써 한국불교를 바로 세울 수 있는 바로미터를 생각하여야 한다고 강조하였고, 조선조 500년 배불정책 속에서도 불교의 얼이 죽지 않고 살아남은 증거라 설명하였다.

사실 나는 교실안의 탁상공론보다는 이렇게 문화현장에 나아가 공부도 하고 사제, 교우들 간의 우정도 키워나가는 불교가 교육상 절대 필요하다는 것을 깨닫게 되었다.

9. 변설호스님의 이조불교 특강

변설호스님은 해인사 주지, 강사를 거친 엘리트 스님이었다. 대처·비구 분쟁이 생기자 일찍이 자리에서 물러나 서울 누상동에 작은 골방 하나를 마련하고 사간동 법륜사에 다니면서 학인들을 가르치고 있었다.

사간동에는 원래 20 여명의 지방학생들이 밥 얻어먹고 학교 다니는 기숙사와 같았는데, 조건이 아침·저녁 예불에 참석한다는 것이었으나 3분의 1도 참석하지 않았다. 그렇지만 스님은 단 한 사람이 모이더라도 강의를 빼지 않았다.

스님은 교재를 따로 가지고 있지 아니 했으나 무엇이고 물으면 역사적인 사실을 설명하고 또 전거를 분명히 들어 가르쳐 주었기 때문에 대학교 교수님들보다 훨씬 깊고 폭넓은 강의를 들을 수 있었다.

우리들이 우정상교수님으로 부터 원각사 강의를 현장에 가서 들었다 하니 거기에 두 가지 절 내력을 더 확실하게 알아야 한다고 하며 자상하게 일러주기도 하였다.

태조가 서울을 평양에서 송경으로 옮길 무렵에는 불교계의 본사도 11종에 불과하였다. 그 가운데 교종의 본사가 지천사(支天寺)인데 1408년 유생들의 상소로 폐사되어 지금은 그 흔적도 찾아 볼 수 없게 되었다.

단지 태종실록에,

"태평관 옆에 있던 지천사가 어느 결에 조계종 소속이 되고 그 집은 중국 사신의 수행원들 숙소로 사용되었다."

하고 기록되어 있다.

당시 외국사신들의 접회소는 남대문(崇禮門)안에 있던 태평관으로 중국 사신이 머물렀고, 동평관은 일본사신들이 머물던 곳이었다. 그런데 그 곳은 바로 이태조가 친히 가서 법문을 듣고 나라의 재앙을 없애는 곳으로 인식되었는데 금강산 스님 설오(雪悟)가 머물렀다 한다.

또 거기는 강화에 있었던 대장경이 해인사로 옮기는 도중 잠간 쉼터로 이용되었던 곳이기도 하다.

개경사(開慶寺)는 태종이 태조의 위패를 모시고 재를 베풀었던 곳이다. 능(陵)이 양주 도호부 검암산에 있었으므로 절 또한 현릉 동쪽에 있었다 한다. 사격(寺格)도 교종으로 있던 것을 선종으로 바꾸었으니 이것들 모두가 유생들의 농간이었다.

서울 시내에 있던 절들은 중국사신들의 눈에 거슬린다 하여 교외로 쫓아 내고 그들 마음대로 교종사찰을 선종사찰로 바꾸어 버렸다. 여기에서 세종이 양종을 통폐합하고 거기 소속된 재산은 모두 유생들에게 넘겨 주었다.

그러니까 개경사는 조선초기의 호국도량으로 국행법회(國行法會)를 실천한 곳이었음을 알게 되었다. 뿐만 아니라 백율사에 있던 관음보살상도 이곳으로 옮겨 모셨으며 고려대장경도 봉인(奉印)하여 모셨던 곳이다.

그런데 이렇게 절이 여러번 옮겨지게 된 동기 가운데는 범패스님들의 호곽소리와 범음소리가 지나치게 시끄러워 민생의 원한도 샀지만 외국사신들에게도 영향을 주어 옮기게 되지 않았는가 추측하기도 한다.

이와 같이 스님은 이조실록과 동국여지승람기를 인용하여 사찰들의 창폐(創廢)와 종파들의 흥망성쇠를 손바닥 위의 손금 보듯 자세히 알고 계셨다.

이 외에도 서산, 사명의 역사와 승군들의 호국사상에 대해서도 모르는 것이 없었다.

여기서 한 가지 가슴 아프게 생각하는 것은 이렇게 4통5달한 선지식을 대처승이라는 허물을 씌워 쫓아내니 그의 자손들이 대부분 유럽이나 미국으로 유학가서 장차 출세하면서도 불교를 외면하게 되고 심지어는 이교도가 되어 독선기신(獨善己身)하는 불교를 헐뜯는 사람들도 생겨나게 되었다.

우리가 우리를 보호하지 못하면 누가 우리를 보호해 주겠는가. 설사 보살펴 준다 하더라도 그의 불교는 주구(走狗)의 불교로 노예성을 면치 못할 것이다.

고려 500년 타락한 불교가 조선조에 와서도 깨우치지 못하니 장차 이 불교가 어느 때에 이르러서 정신을 차릴 것인가…

10. 화엄대가 김잉석박사님

송광사에서 춘곡(春谷)스님을 시봉하고 있을 때 귀한 손님이 오셨다. 용안은 거므스름하고 둥글넙쩍 하신데 살짝 웃으면 하얀 이가 유별나게 빛이 난다.

"1·4후퇴 때 떠난 임점수와 두 아들, 성문과 성일이를 천도하기 위해서 왔습니다. 비용은 백성욱박사님께서 내시고 자료는 조명기, 장원규교수님께서 주셨으며 출판은 장용, 황성기교수가 담당하기로 하였습니다. 내가 옛날 살던 법성요에 자리를 하나 주십시오."

법성요 당주는 춘곡스님이시고 시봉은 내가 하고 있었으므로 제 방을 드리고 나는 큰방에서 잤다. 아침부터 저녁까지 한번 자리에 앉으시면 차도 한잔 드시지 않는다.

"인도의 용수보살은 쉬엄 쉬엄 글을 썼고 중국의 청량국사는 1백제자를 거느리기도 하였는데, 혼자서 쉬지도 않고 용맹정진하고 계십니까?"

"나는 세때 밥이나 먹고살고 있지만 먼저 간 점수와 두 아이는 얻어온 밥도 먹지 못하고 폭사하였습니다."

이렇게 한 달반 동안 그 좋아하시던 곡차와 담배도 다 끊어버리고 초근목과(草根木果)로 주린 창자를 달래며 쓴 책이 〈화엄학개론〉이다. 우리나라에서는 처음 나오는 책이었으므로 기대가 컸다. 한국불교는 인도에서 중국을 거쳐 들어왔으므로 원전과 번역서만 정리하면 되는 줄 알았는데 중국에서 새로 정리된 화엄교서가 수천권에 달했다.

특히 이통현장자의 화엄론은 일반스님들이 생각하지 못했던 신화엄경을 정리한 것이었다. 이통현장자는 키가 7척2촌이나 되고 고금학문을 다 연구한 뒤 불교와 유교에 정통했다고 한다.

우현 서남 대현촌에 이르러 고산노의 옆방을 얻어 3년간 〈신화엄론〉을 썼는데, 관계촌 한씨네 집으로 이사할 때는 호랑이가 와서 경론을 지고 갔는데, 알 수 없는 여인 두 사람이 와서 좌우에서 시봉하였다. 하루에 대추 10개와 솔잎 떡 한 개를 먹고 살아 별명이 조백대사(棗栢大士)가 되었다.

"그런데 나는 여기서 춘곡, 초연 두 사람의 시봉을 받으며 조계천이 흐르는 법성요에서 글을 쓰니 한달 반이 언제 갔는지도 알 수 없다."
하시며 〈화엄학개론〉의 집필을 끝내셨다.

나는 현곡(김박사님의 호)선생님을 시봉하면서, "세상 사람이 큰 일을 할 때는 신불(神佛)에 기도하고 한다더니 경론을 쓰는데도 저런 정성이 들어야 하는 구나"하고 그 뒤부터 무슨 일을 시작하면 끝날 때까지 일념으로 하였다.

2년 후 동국대학교에 들어가 화엄학개론을 배울 때는 감회가 새로웠으며, 박사님께 들었던 조명기, 황성기, 장용, 장원규대학원장님을 친히 뵙게 되니 아주 오래된 사제지간을 만난 것 같았다.

이것이 〈소설 의상대사〉를 쓰게 되고, 〈법성게〉, 〈화엄경약찬게〉, 〈원효 전서〉 등을 정리하게 된 동기가 되었으며, 이어서 〈80권 화엄경 사경〉을 내고, 내친김에 화엄경 강의를 하게 된 것이다.

사실 화엄경과 3론은 목정배교수가 전수를 받게 되어 있었는데, 장학금 때문에 두 제자가 도선사 큰스님의 제자로 승적을 옮기면서 자연적으로 내 몫으로 떨어지게 되었다.

지금 나는 상락향에 현곡 김잉석박사님의 영정을 모시고 제자가 된 것을 감사하게 생각하고 있다.

11. 오대산 수도원과 탄허큰스님

1950년대 한국불교계는 유교계와 함께 대지진 현상이 나타났다. 1700년 역사를 자랑하는 한국불교가 1954년 5월 20일 이승만대통령의 유시로 인해 대처·비구간의 치열한 갈등과 대립으로 이어졌다.

한국의 정신사는 유불선(儒佛仙) 3교에 의해 유지되어 왔는데, 서양 기독교사상을 가진 사람들이 볼 때는 천명(天命), 사주(四柱), 팔자(八字)의 운명사상에 의해 유지되어 왔기 때문에 한국의 가난이 바로 이 세 종교에 있다고 판단하고 박마리아 등 이기붕 일족들이 유불을 박살내는 방법으로 싸움을 붙인데 원인이 있었던 것이다.

"중들은 일하지 않고 산중에서 신선생활을 하고 있으며, 유생들은 선비로서 마을 주권을 가지고 있으니 신·구 양파와 대처·비구 싸움을 붙이면 하루 아침에 무너지고 새로운 사상과 이념에 의해 새사람들을 만들어 내는 민주공화국이 될 것입니다."

그래서 유교는 신구파가 싸움을 붙이니 3년 이내에 가닥이 나 성균관이 삼성재단에 넘어가고 끝이 났으나, 불교는 문화재관계로 쉽게 가닥이 잡히지 않았다.

어떻던 이 사건으로 372명(비구니까지 합하면 약 천명)의 비구들에 의해

8천명의 대처승과 그 가족들이 거리로 나 앉게 되고, 비구스님들은 한사람이 세 개, 네 개의 절을 가지고 유지하다 보니 정화에 동원한 깡패들이 자리를 차지하여 마구잡이 운영을 하게 되었다.

이에 부족한 인재를 양성하고 올바른 신심을 북돋우기 위해서 새로운 인재를 양성코자 보조국사의 정혜결사정신에 입각한 수도장을 오대산 월정사에 세우게 되었다.

1956년 4월 방한암스님의 제자 탄허스님에 의해 월정사에서 시작된 것이 오대산 수도원이다. 1955년 10월 계획하여 그해 11월 동아일보에 공고를 내고 이듬해 초 수도생 30여 명이 선발되어,

① 견고한 신원(信願)과
② 청정한 범행(吉羅無犯)
③ 정혜쌍수(定慧雙修)를 실천하기 위해

예불과 좌선, 독경, 염불로 시작하여 화엄 · 기신 등 경론과 열반 · 능엄들을 배우며 때로는 영어, 중국어, 독일어까지 학습하였다. 특히 탄허스님의 노장학 강의와 주역은 상당한 인기를 끌었다.

그러나 희찬, 희윤, 운학, 정기 같은 투철한 신심과 원력을 가진 사람들도 있었지만 전국에서 고시공부하던 사람들, 이북에서 피난 온 문학청년들이 함께 어울리다 보니 수도원의 질서가 제대로 잡히지 안했다.

그 사이 먼저번 물러섰던 대처스님들이 대오를 정비하여 법정투쟁에 나서니 수도원의 운영은 가난에 찌들게 되었고 그통에서도 저녁이면 술을 마

시러 산문밖에 나왔던 수도생들에 의해 계행이 무너지자 수도원 자체가 핀
잔의 대상이 되었다.

　탄허스님은 이로 인해 이곳저곳으로 쫓겨 다니다가 영은사에서 출가한 사
람들과 함께 수도원을 영은사로 옮겼으나 결국 해체되고 말았다.

12. 오대산의 학 한암대선사

나는 월정사에서 수도원생들을 가르치신 탄허스님의 일거일동과 상원사 선방에서 희섭스님의 원주행을 보고 중이 무엇인가를 조금은 인식하게 되었다. 그래서 그분들의 뿌리에는 반드시 향내나는 큰스승이 계실 것이라 생각하였다.

그 뒤 계속해서 여러 곳에서 한암스님의 행적을 보고,

"역시 전단밭에는 전단이 우거지고 사자 밑에는 사자가 난다."

는 것을 실감하게 되었다.

한암스님은 우리나라 불교의 제3대 종정을 지내신 분이다. 한번 자리를 잡으면 함부로 움직이지 않으시기 때문에 많은 사람들이 스님을 학(鶴)에 비유하였다.

1925년 봉은사 조실로 계실 때 라청우스님과 함께 장마에 떠내려 가던 굶주린 백성들을 구제하시고 자리를 5대산으로 옮긴 뒤에는 단 한번도 세상에 나온 일이 없다고 한다.

대중들에게는 항상 염불하고 간경하며 의식에 능통하고 가람수호 잘 할 것을 부탁하였다. 그렇기 때문에 오대산 출신치고 선·염·경·의식에 무식한 사람이 없고 가람수호에 있어서는 어느 절 주지 못지 않게 살림을 잘

했다.

　선문답은 언제나 간단명료하게 직절경요(直截經要)의 길을 선택하였고 종조는 6조의 제4손 서당지장선사에게 법을 받은 도의국사를 해동초조로 삼고 그 뒤 법일·보조·태고·환암 순서로 맥을 짚었다. 그리고 직절법문은 중국의 한산·습득의 글을 많이 애용하셨는데,

　重岩我卜居馬道絶人跡
　應際何所有白雲抱幽石

　가파른 바위언덕 내 사는 곳엔
　새길 이외에는 인적이 끊어졌네
　그런데 그 속에 무엇이 있겠는가
　흰 구름만이 바위를 안고 도네…

　可笑寒山路而無車馬跡
　聯溪難記曲壘嶂不知重

　우습다 한산의 길이여,
　거마의 흔적 아주 없구나
　굽이굽이 도는 것은 시냇물
　푸른 산은 겹겹이 싸였네

　지금은 오대산에 큰 길이 뚫렸으나 옛날은 오대산이 한산과 같았다. 학인들을 위하여 보조법어, 금강경5가해 등을 펴내 선을 하는 여가에 불조의 법

어로서 증명을 삼도록 하였다.

1947년 화재로 소실된 상원사를 중건하였는데, 인민군들이 점령하여 소각코자 달려들었으나,

"내가 죽기 전에는 이 절을 결코 나가지 않는다."

하여 1951년 3월 22일 앉은 좌세로 좌탈하였다. 너무도 거룩하여 인민군 대장이 상원사 전경과 스님의 열반상을 찍어 전해주었으니 진실로 산 부처님이라 아니 할 수 없다. 스님의 서한문 한 구절을 소개한다.

조각 구름은 날 저문 골짜기에 피어오르고
맑은 달은 푸른 뫼에 넘어가고 있네
물물(物物)이 본래 맑고 한가로운데
괜히 사람들은 제 마음을 어지럽히고 있구나

13. 두타행의 선구자 혜암(慧菴) 큰스님

혜암스님은 1920년 전남 장성출신이다. 27세에 가야산 해인사 린곡스님께 출가하여 효봉스님께 계를 받고 성관(性觀)이란 법명을 받기도 하였다.

1947년 봉암사 선방에서 "부처님 법대로 살자"결사하고 오대산 서대, 동화사 금당선원, 통도사 극락선원, 부산 묘관음사, 천축사 무문관, 지이산 칠불암 등에 가서 일일일식(一日一食), 장좌불와(長坐不臥)로 철저한 두타행을 실천하였다.

스님은 종단분규를 수습하고 미래불교를 지향하는데는 절을 늘리고 스님 숫자를 불리는 것만으로는 되지 않는다고 강조하였다.

집의 주인은 집주인이 바뀌는데서 이룩되는 것이 아니라 주인이 그 집 속에서 무엇을 하느냐 하는 것이 더 중요하다고 주장하였다.

1970년대 불교계는 대처승을 몰아내고 비구승이 절을 차지하는 것을 정화라고 보고 있는 행정승들을 향해 "중이 공부하지 않고 돈을 만지면 속인보다도 못한 깡패가 될 염려가 있다"고 말했다.

말하자면 부처님께서 머리가 영리하고 집안이 좋은 아난존자에게 교단의 지휘권을 내 주지 않고 평민 출신인 가섭존자에게 전권을 맡긴 것은 수행을 본위로 한 수행자가 본이 되어야 한다고 생각한데 있다고 보았다.

봉암사에서 함께 결사한 성철, 청담, 우봉, 자운, 보문, 도우, 법전, 일도스님 등은 그러한 생각을 가지고 있었지만 실제 스님처럼 선방을 지키고 후배들을 양성하며 어린 행자들을 격려한 경우는 드물었다고 말하고 있다.

스님은 "절은 공부하는 자리지 관광지가 아니다"하고 구경오는 사람들이 많아지면 어김없이 자리를 옮겨 수행하였다. 무엇이고 하루에 한 때 잡수시면 "부처님 6년 고행 때 보다는 진수성찬이다" 하였고, "부처님께서는 출가 후 거의 앉아 공부했지 누워서 잠자지 않았다"하시며 장좌불와 하였다.

사실 인도나 중국, 티베트 같은데서는 고행수행자들을 많이 찾아 볼 수 있어도 동북아시아 일대에서는 그런 수행자들을 찾아보기 힘든다.

모 사찰에서 학인들이 먹는 것이 시원찮고 잠자리가 좋지 않다고 데모하자 스님은 손수 괭이를 들고 구들장을 파 버리고 학인들을 쫓아내 버린 일이 있었다.

"먹기 위해서 중이 되었느냐? 자기 위해서 중이 되었느냐? 하루 세때 배가 부르면 앉아서도 졸고, 서서도 골아 떨어지게 되어있다. 중은 정진을 제1살림살이로 생각해야 한다. 사람 몸 받기 어렵고 불법만나기 어렵다는 말 듣지 못했는가. 8만 4천 군대가 몰려오더라도 물리치기는 쉬어도 자기 몸 속의 번뇌망상을 항복받기 어렵다."

작은 체구에 빛나는 눈빛, 그 청정무구한 눈빛은 명자 그대로 한국불교의 호법신장이었다.

아쉽다. 동전 한 푼 아껴써야 할 법인카드를 가지고 날마다 손님접대 하고 요정에 들어가 꽃놀음을 하다니… 다시 한번 한국불교에 공부하다 죽는 수행자의 본을 되 살리고 싶다.

혼자만 공부하지 말고 더불어 정진하라. 혼자 있으면 게으른 사람도 둘이 있으면 격려가 된다.

끝으로 스님의 오도송(悟道頌) 한편을 소개하겠다.

迷卽生滅心悟來眞如性
迷悟俱打了日出乾坤明

미련하면 죽고 살고
깨달으면 참되고 한결같다
둘다 놓아 버리면
언제나 대낮이 되리라.

14. 한국의 간디 송월주스님

월주큰스님은 하와이에서 만났다. 한주(閑主)로 계실 때 미국에 왔다가 법타스님과 함께 하와이에 오셨는데, 낮에는 와이키키 해변에서 고기에게 밥을 주며 사경법회(沙經法會)를 보고 저녁에는 반주삼매에 들었다. 사경법회란 한가히 모래사장을 걸으면서 불법에 대한 여러 가지 이야기를 주고 받는 것이다. 반주삼매는 꿈 속에서 뇌와 대화를 나누는 것이다.

① 불법은 세간에 있고 세간을 떠난 깨달음은 없다는 것이 그 첫째이고,

② 마음의 근본을 깨닫고 일체 중생을 이롭게 하는 것이 두 번째 깨달음이고,

③ 천지와 나는 한 뿌리고 만물이 동체라는 것이 셋째이다.

1961년 금오스님의 상좌로 27세의 나이에 조계종 중앙종회의원, 동국대 이사, 총무원 총무부장, 중앙종회 의장 등 다양한 중책을 역임하고 1982년 이후에는 17대 총무원장에 취임하여 불교의 자주화로 불교중흥을 꾀해 왔다.

그래서 경불련 공동대표, 공명선거실천연합 상임고문, 불교인권위원회 공동대표를 지내며 그 동안 외부의 사주로 불법의 정신이 훼손된 일에 대해서 뉘우치고 독립 자주정신을 실천하고자 노력하였다.

말하자면 인도가 영국의 지배를 받아오면서 인도의 엘리트를 영국화하고 세계 각국에서 벌어온 자본을 인도에 재투자하여 수 많은 공장과 회사를 만

들고 결과적으로 인도국민들을 노예로 부려먹던 영국에 대하여 "노예노동 그만, 자주정신 회복"을 위해 목화심어 무명짜고 농사지어 자급자족하면서 영국의 주구(走狗)가 입을 대지 못하게 하자고 외쳐 영국 스스로가 포기, 자주독립국가를 만든 것과 같은 처지를 생각하여 불법을 불법답게 가꾸어 가자고 외쳤던 것이다.

사실상 한국은 5천년의 유구한 역사를 가진 민족인데 언제부터인가 중국과 형제국가가 되었다가 다음에는 군신, 부자지간으로 까지 타락하여 고려, 이조 1천년간 자주성이 없이 살아왔다

일제 36년 동안은 말할 것도 없지만 해방이후에는 원조물자 때문에 유리관 안에 갇혀 있는 오리처럼 몸둥아리만 키우고 정신은 바짝 말라 그릇을 깨던지 몸둥아리를 죽이기 전에는 헤어나지 못할 정도로 비참한 처지에 놓여 있게 되었으므로 서양의 선각자들과 손을 잡고 하는 일에 대해서는 앞장서면서도 불법을 독립시키는데는 부처님의 정법으로서 가능하게 하여야 하겠다고 생각하고 있었다.

그래서 김수환추기경, 강원용목사와 함께 지구촌 공생회를 만들어 네팔, 라오스, 몽골, 미얀마, 스리랑카, 캄보디아, 케냐 등 후진국 여러 나라에 우물을 파 식수를 공급하고 교육지원의 일환으로 학교를 짓고 지역개발로서 지뢰 제거사업에 헌신하였던 것이다.

사실 세계의 여러 불교지도자들은 자국을 포함해 후진국의 장애인 및 노인 복지사업을 거의 주관하고 있었고, 일찍부터 고아원과 양로원을 만들어 운영하고 있었는데, 우리나라 불교의 경우 대부분 절 짓고 부처님 조성하고 종만들고 고기 방생하는데는 주력하면서도 사람을 살리는 일에는 외면 하였다.

수행과 기도도 중요하지만 중생의 고통을 덜어 세상의 안락을 실현하지 못하면 아무리 좋은 문화재를 가지고 있더라도 그림속의 떡에 불과하다는 것이었다.

몸은 작고 음성도 크지 않지만 무엇이고 하는 일은 당차고 처음과 끝이 분명하였고, 보현보살의 수순중생과 광수공양 보개회향에 심력을 다 바쳤다.

마치 스리랑카의 다르마팔라 법사가 올코트대위와 함께 신지학회(神智學會)를 만들어 다 죽어가던 불교를 살리고 스리랑카와 인도불교를 되 살리듯이, 또 신생 인도 초대법무부장 암페드카르가 인도법전을 국회에 가져와서,

"의원님들, 어미니 배속에서 나오지 않은 사람이 있으면 손들어 보세요!"

외쳐도 손 드는 사람이 한사람도 없자,

"그 동안 인도는 가공된 신으로 4성계급을 만들어 만백성들을 말라죽게 하고 거지되게 하여 지옥과 천당을 오가는 세상을 살았으니 이제 신주헌법(神主憲法)을 불사르고 민주헌법(民主憲法)을 만듭시다."

하고 인도 역사상 최초로 민주헌법을 만든 뒤 스스로 머리를 깎고 스님이 되어 인도불교를 되 살리는 것 같이 활동을 하였다.

가는 곳 마다 아이들이 사막 속에서 물장난을 하고 춤을 추고 노래하고, 어른들도 학교에 나와 공부하는 것을 보고 스님은 오늘 죽어도 한이 없다고 하였다.

15. 판치도인(板齒道人) 전강 대선사

　전강스님은 1898년 전남 곡성에서 태어났다. 일곱 살때 어머니를 잃고 서모 밑에서 자라던 동생이 죽자 뼈아픈 슬픔이 천지를 울렸다. 집을 떠난 전강은 때로는 거리에서, 때로는 유기공장 풀무간에서 호구지책을 했다.

　유기를 만드는 곳에 자주 들르는 옥과 관음사스님을 따라 출가했다가 해인사로 옮겨 인공(印호)스님에게 득도하고 응해(應海)스님에게 계를 받았다.

　"이것이 나의 전부네. 그 뒤 나는 일제 36년간 노예로 살다가 6.25가 나면서 다시 천지를 유랑, 마침내 인천 법보원에 자리를 잡아 좋은 제자(송담)를 두어 나머지 생을 편안하게 보낼 수 있었네. 그런데 내가 자네 초발심자경문 해설서를 보고 우리 고향사람도 불교하는 사람이 있구나 하고 반겼으며, 내가 떠나는 날 우리 신도들에게 이 글을 선물해야 되겠다고 생각하였네. 어쩐가, 줄거야, 안 줄거야....?"

　"법륜사 조재효사장에게 물어 보세요. 저는 글을 썼을 뿐입니다."

　조재호 사장님이 옆에 있다가,

　"인세는 받지 않겠으니 마음대로 찍어 가세요."

　"그럼 3천 부야. 3천 부. 누가 와서 말하더라도 조건없이 인도해 주어야 해."

　하여 저자, 출판사, 수용자가 마음에 도장을 찍고 해어졌다. 그 후 3개월 있다가 스님께서는 열반하셨고, 그의 제자들이 와서 법보시판을 찍어 갔다.

그 후 나는 방송에서 종종 전강스님의 제자 송담스님의 게송법문(偈頌法門)을 들으면서,

"고소한 밤 냄새야. 저건 하루 아침에 이루어진 것이 아니고 전강스님의 뇌수(腦隨)가 흐르는 거야."

하고 감탄하였다. 탁발하여 공부하고 거리에 다니면서 포교했던 스님, 1980년 나는 그의 신도 한분을 만나게 되었다.

"어느 날 꿈을 꾸니 전강스님께서 나타나 성북동 청룡암에 가서 기산스님의 책 한권을 내 드려라."

그래서 그때 돈 8천만원을 내어 〈금강반야반야밀경〉 3천 부를 내 드린적이 있습니다. 저는 인천 양조장 주인입니다.

20여 년 전 친구들과 화전놀이 갔다가 도인스님이 계신다 하여 올라 갔는데, 티머리를 질끈 매신 노인이 장작을 패고 있어 물었습니다.

"여기 도인이 어디 있습니까?"

"허허, 미친놈들 다 보겠네. 길가는 사람이 도인이지. 도인이 따로 있나…"

하여 그냥 내려왔는데, 동네 사람들이,

"그분이 바로 도인이다."

하여 다시 올라가니 저녁 밥 때가 되어 조리질을 하고 있었습니다.

"도인스님, 절 받으시고 한 마디만 일러주세요."

하니,

"별 미친놈 다 보겠네. 쓸데 없는 생각 놓아 버려라."

그래서 그대로 내려와서,

"쓸데없는 생각, 무슨 쓸데없는 생각……?"

하다가 탁 깨쳤습니다.

6.25때 피난가다 폭탄 맞아 죽어버린 마누라와 자식들을 생각하고 밥도 제대로 해 먹지 못하고 술로 세상을 살아왔는데, 그길로 "죽은 사람은 죽은 사람이고 산 사람은 산 사람이니 열심히 돈을 벌어 좋은 일이나 하고 가자."

하여 양조장을 잘 운영하여 인천에서는 제일가는 술도가를 하게 되었습니다. 그런데 어제 스님이 나타나 부처님 책 한 권 내 드려라 하여 왔는데, 이분이 동대 이사장이며 통합종단 총무원장이신 것을 알지 못했습니다."

하였다.

"내가 스님 49재 때 법보시한 〈초발심자경문〉 저자입니다."

하니 사장님은 더욱 놀라 감격해 하면서 책 출판 후 전국 강원과 선방, 사찰에 보내는 비용까지 내고 갔다.

부처를 부처로 보지 못하는 세상, 도인을 도인으로 알지 못하는 세상. 누구를 원망하리오. 여기 스님 법어 한 구절을 소개한다.

松鳴驚宿鳥(송명경숙조)

雲散露靑山(운산로청산)

一覺修道客(일각수도객)

常在道空門(상재도공문)

솔바람에 자는 새 놀라고

구름 흩어지니 푸른 산이

그대로 드러나네

한 생각 도 닦는 객이여

항상 도는 공문에 있도다.

판치모(板齒毛)

이빨에 털 난 것 보았는가!

판치모를 본 사람이 진짜 전강스님 보리라.

16. 송담(松潭)스님의 깨달음

송담스님은 돌아가신 전강스님의 정신을 BBS방송 속에서 되 살아나게 하고 있다.

황매산정춘설하(黃梅山庭春雪下)
한안누천향북비(寒雁淚天向北飛)
하사십년왕비력(何事十年枉費力)
월하섬진대강유(月下蟾津大江流)

황매산 뜰아래 잔설이 남아 있는데
찬 기러기는 눈물을 뿌리며 북쪽으로 날고 있네
무슨 일로 10년간 힘을 썼던가
달 빛 아래 섬진강 물이 유유히 흐르고 있는데,

전강스님이 망월사 동안거 장에서 혜암, 춘성, 향봉, 의돈 등이 보는 가운데서 자신있게 법을 전했다.

비법비비법(非法非非法)

비법응무심(非法應無心)

낙양추색다(落陽秋色夛)

강송자운비(江松自雲飛)

법도 아니고 법 아닌 것도 아니다

비법이 무심인 것을 보니

낙양에 가을 빛이 역력하구나

강가 솔바람 속에서 구름이 나는구나.

　두 분의 마음은 두 사람만이 알 수 있다. 양아치로 돌아다니다가 유기공장에 들어가 풀무질하는 자신의 손 속에서 불길이 솟는 것을 보았다. 6·25사변 후 광주에 구멍 가게를 만들어 낮에는 장사하고 밤에는 정진하는 모습을 상좌 송담이 보고 서로 밤낮을 바꾸어 자리를 지켰다.

　이렇게 10년을 지낸 뒤 스님은 망월사에 이르러 대중스님들과 함께 용맹정진하다가 매화나무 가지에서 향기가 터지는 것을 보고 자신있게 법을 전했다.

　"판때기 이빨에 털 나는 것 보았는가?"

　"조사가 서쪽에서 오신 뜻입니다."

　"노랑 꾀꼬리가 푸른 버드나무 위에 앉으니 한 송이 꽃과 같구나."

　하니,

　"하얀 백로가 눈밭에 앉으니 한 송이 눈입니다."

　"사자는 사람을 무는데 개는 흙덩어리를 쫓아 가는구나...."

　스승과 제자는 이렇게 한 세상을 보내며 죽은 사람도 산사람처럼 모셨다.

　이것이 인천 법보원이다. 죽은 사람의 시체가 몇 만구 모셔졌는데도 산 자식들이 콩나물처럼 앉아 법을 듣고 있다.

스님은 옛 스님의 게송을 읊으며 새벽하늘에 해맞이를 하고 있다.

공산이기고금외(空山理氣古今外)요

백운청풍자거래(白雲淸風自去來),

하사달마월서천(何事達摩越西天)이냐

계명축시인일출(鷄鳴丑時寅日出)이니라.

빈 산 기운은 시간 밖에 있는데

흰 구름 맑은 바람은 제 맘대로 왔다 갔다 하는구나

무슨 일로 달마대사가 서쪽에서 왔던가?

새벽 하늘에 닭이 울면 동천에 해가 뜨는데…

어느 해 불교신문사에서 불전(佛典)에 나오는 안수정등(岸樹井騰)을 표제
로 용성스님께 생사의 기로에서 헤매는 중생이 어떻게 살아 나겠는가 물었다.

만공스님은 "지난 밤 꿈 이야기(昨夜夢中事)다"

하니,

혜봉스님은 "부처는 다시 부처가 되지 못한다(佛不能更作佛)"

하고,

혜월스님은 "생각으로 밝히지 못한다(念得不明)"

하고,

용성스님은 "박꽃이 삼밭에 누웠다(瓢花徹籬出 月在麻田上)"

하고,

하정스님은 "언제 우물에 들어갔던가(何是入定)"

하고,

　고봉스님은 "아야 아야!"

하였는데,

　전강스님은 "달고 달다"

하였다.

　송담스님은 이 같은 옛 스님들의 선문답을 예로 들면서 철저히 이뭣고(是甚麼)를 강조하여 정진하기를 권장하고 있다.

　오늘도 또 그 스님을 따라 한 손자가 노래 불렀다.

　작야월만루(昨夜月滿樓)

　창외노화추(窓外蘆花秋)

　불조상실명(佛祖喪失命)

　유수과거래(流水過去來)

　어제 저녁 루에 올라보니 달만 가득하더니

　창문을 열고 바깥을 보라보니 갈대꽃이 한창이다

　부처님 조사들은 여기 와서는 할 말을 잃었다

　흐르는 물이 옛 처럼 동으로 흐르고 있기 때문이다.

17. 뼈를 깎는 구도자 만행스님

만행스님은 중국 광동성 옹현원 동화선사의 주지이다. 동화선사는 6조 혜능대사께서 도를 닦던 곳이다. 거의 폐허에 가까이 되어있던 절을 세 번 폐관 이후 불굴의 정진으로 5천여 명이 수행할 수 있는 도량으로 만들었으니 수행도 수행이지만 그 고난이 어떠하였으리라는 것은 짐작이 갈 것이다.

스님은 1971년생으로 18세에 해문시 남보타산에서 출가하고 22세에 중국 민남불교대학을 졸업한다. 그러나 학교 교육이란 남의 노정기에 불과하다는 것을 느끼고 7년에 걸쳐 세 번의 폐관을 경험한다.

출가한 사람은 인류의 본보기가 되어야 하기 때문에 먹는 것, 입는 것, 자는 것에 집착하지 않고 부처님의 계행대로 몸과 마음을 단련하였다.

처음에는 아침에 죽, 낮에는 밥, 저녁에는 불식(不食)을 하여 부처님의 6년 고행을 체험하고 나니 무엇이고 부럽고 두렵고 괴로운 것이 다 없어졌다.

100일쯤 지나니 생각이 달라지고 천일쯤 지나니 살결이 달라지며, 10년이 지나니 뼈대가 바꾸어지는 것 같았다. 그 동안 가정과 직장, 학교에서 습관되었던 폐습이 다 없어지고 마음이 거울처럼 맑아지며 행에는 그릇된 점이 보이지 않았다.

그래도 좋은 스승을 만나 인증을 받아야 된다는 생각에 티베트로 건너가 람몽대사를 만났다. 나이 든 할아버지가 형제처럼 느껴지는 사모님과 같이 사는데 3년을 두고 보아도 다른 이상이 눈에 뜨이지 않았다.

"옴 마니 반메 훔"

처음부터 끝까지 마니가 반메 속에서 빛이 쏟아지는데 눈이 오든 비가 오든 공부는 한결같았다. 자기는 조그마한 섬 속에서 이따금씩 쪽배를 타고 정신적인 아버지와 어머니를 만났는데, 아미타불에 관세음보살이 틀림없었다.

"너는 장차 중국에 돌아가 무지한 중생들을 깨우쳐라. 마음을 한 곳에 모으면 못할 일이 없을 것이다. 식견이 바로 서면 오류를 범하지 않고 행원이 분명하면 피곤을 잊게 된다. 여기서는 마음 속에 구슬이 연꽃처럼 피어났지만 중국에 가면 열매를 맺게 될 것인데, 꽃이 열매를 맺으려면 무서운 벌침을 맞아야 한다."

떨어지고 싶지 않는 젖꼭지를 억지로 떨어뜨리고 다시 중국으로 돌아와서 폐관을 시작했다. 옛날에는 복과 지혜로 32상 80종호를 생각하면서 도를 닦았는데, 다시 한번 폐관을 하게 되니 세상사도 잊고 불·보살들도 다 잊게 되었다.

그런데 하루는 이상한 기운이 아래 뱃속에서 꿈틀거리더니 일찍이 경험하지 못한 묘한 경지가 나타났다. 아래 성기에서 올가즘이 생기는데, 잠깐 흐르고 그치는 것이 아니라 연속해서 밤낮없이 흘러나왔다.

"아, 아, 아버지, 어머니, 나는 이대로 살 수 없습니다. 도대체 이것이 무엇입니까? 좋은 것도 분수가 있지 이렇게 연속 쏟아지면 저는 꼭 죽고 맙니다."

방패하고 큰 소리로 소리 소리 질렀지만 소용이 없었다. 하루가 지나고 이틀이 지나자 온 몸이 지렁이처럼 배배 꼬이며 땅바닥에 쓰러졌다. 그때 갑자기 람몽스님이 천정에 나타나, "거꾸로 서라" 하고 큰 소리로 외쳤다.

그래서 두 발을 벽에 대고 거꾸로 서니 차차 흐르던 것이 줄어 들더니 마침내 올가즘이 멈추었다.

스님은 그대로 쓰러져 2~3일을 깊은 잠에 빠졌다. 안개와 같은 식정(識情)이 맑게 개이고 청천 하늘에 간간히 흰 구름이 흘러갔다.

"아, 보이지 않게 내 마음 속에 갈무려졌던 사기(邪氣)다."

"만행아, 네 생각이 어떠냐, 그 동안 공부한 것이 능히 성정(性情)을 능가할 수 있겠느냐?"

"예, 스님. 그처럼 희열을 느껴지는 못했으나 삼매(三昧)에는 죽고 살고하는 마음이 없었습니다."

"그렇다면 지금부터 불교와 중생을 위해 커다란 원력을 세우고 딴 생각이 나지 않도록 일을 하라."

그런데 이 대화가 꿈 속에서 이루어진 일인데 너무도 생생하게 티베트에서 공부를 점검해 주실 때와 하등의 차이가 없었다.

만행스님은 그길로,

"나의 공부를 어떻게 사용할 것인가는 나에게 달려있다. 천년 가까이 이 절이 폐허가 되어있지 아니 했는가. 6조스님이 살아계실 때처럼 복원하리라."
하고 옛 자취를 따라 도면을 그렸다. 먼저 전체적인 도면을 그리고 다음에 대웅전, 자재당, 일주문, 중문을 그렸다. 그리고 천년 보리수가 있는 곳에 연못을 파고 중앙에 4면 관세음보살을 세우도록하고 동화사에 들어오는 길들은 옛길을 따라 도면을 만들었다.

하루에 평균 12시간씩 지게를 지고 흙과 돌, 재목을 나르다 보니 세속적인 망상이란 털끌 만큼도 일지 않았다. 그리고 동화사 뒤쪽에 6조혜능대사가 도를 닦았던 혜능굴을 복원하고 그 옆에 만불동을 만들어 누구나 폐관을 체험할 수 있도록 하였다.

폐관하는 좌대는 향나무로 튼튼히 만들어 졸다가 떨어지더라도 다치지 않게 하고 습기가 올라오지 않도록 섬세하게 배려하여 짜 놓았다.

스님은 세계 각국에서 찾아오는 수련생들을 위하여 몸소 좌선하고 시간 따라 설명하였으며, 지금도 틈만 나면 지게를 지고 일을 하며 랍몽스님께 감사하였다.

"스님, 고맙습니다. 하마터면 사굴(邪窟)에 들어가 지옥, 아귀, 축생들과 6도 윤회를 하면서 세상의 고통을 인욕정진으로 풀어갈뻔 하였는데 한 생각 돌리니 정욕이 부서지고 만행이 실천되어 보림(保任)하는 마음 이외 한 생각도 일어나지 않았습니다."

스님은 자신의 체험을 통해 삼매를 얻은 이후에는 삼매를 지키려 애쓰지 않고 중생의 고통을 대신해서 부지런히 일을 하고 가르치었다.

나는 들었다 찻잔이 떨어져 깨지는 소리를!
허공은 부서지고 날뛰는 마음은 사라졌다
아름다워라 봄이 오니 곳곳에 꽃이 피고
온 산천이 그대로 불 · 보살이로다.

18. 효당 최범술(曉堂 崔凡述) 스님

　　스님은 고려 청담파의 후손으로 대쪽같은 마음으로 한 세상을 살아왔다.
내 나라, 내 조상도 내가 마음대로 모시지 못하고 나라와 국가에 대해서도
경례할 수 없었던 세상, 남의 나라 조상을 내 조상으로 섬기고 남의 나라 국
기를 내 학교에 걸고는 '기미가요'를 불러야 하는 그 서러움은 차라리 굶고
쫓겨 다니는 문 앞의 거지보다도 더 비참한 삶이었다.

　　1910년 8월 29일 일본에서 새로 온 선생님이 오신다 하여 곤양학교 45명
학생들과 그의 학부형 2, 30명이 모여 환영인사를 듣기로 하였다.

　　그런데 뜻밖에 교정에 들어선 일본선생님 북촌방인(北村邦人)에게 나이
든 교장선생님이 인사를 하자 다짜고짜로,

　　"바가야로, 직소, 고라...."

하며 교장선생님을 나무래자 교장선생님은 바로 교실안에 들어가 단군임금
님의 사진과 태극기를 내리고 그 자리에 일본 궁성교 그림과 천황폐하 사진
을 건 뒤 일본기를 달고,

　　"고고구신민노 가시라 나가...."

하고 큰 소리로 외쳤다. 그리고 일본국가 '기미가요'를 불렀다.

‘임금님의 세상은 천년에 8천 년에

작은 돌이 큰 바위되어

거기에 다시 이끼가 낄때까지

길게 오래 오래 계속되기를……’

북촌방인은 이 노래가 끝날 때 까지 차렷 자세로 서서 경례를 하였다. 그리고 큰 소리로 외쳤다.

“우리는 천황의 아들, 태양의 밝은 빛을 찾아 온 세계를 비치리…”

학부형과 학생들은 대성통곡을 하고 교장선생님은 고개를 들지 못했지만 북촌방인은 계속해서 말했다.

“오늘부터 나를 국어교사라 부르고 조선말을 가르치는 교사를 조선어교사라 부른다.”

이 말이 끝나자 학부형과 학생들이 큰 소리로 말했다.

“내 말과 글이 국어지 왜국말이 국어냐…?”

그러나 북촌방인은 굿굿한 자세로 말했다.

“일본황제는 천황이고, 중국황제는 천왕이고, 조선황제는 천자이니 천황의 말을 들어야 한다. 단군임금님이 환인천제의 아들로 세상을 그리워하므로 그의 서자를 보내 지상을 다스리게 하였다. 그때 지상에는 사람이 없었으므로 곰을 여자로 만들어 천자와 결혼, 단군을 낳았으니 조선사람들은 곰의 자손이요, 일본사람들은 천황의 자손이다. 뿐만 아니라 태극기는 하느님이 만든 하늘과 땅을 상징하여 붉은 빛과 푸른 빛을 음양으로 만들어 자손들을 8괘에 배정하여 이룬 것이니 마땅히 해를 상징하는 일본기를 숭상하여야 한다.”

강연이 끝나자 웅성그리는 사람도 많았지만 한 사람도 반증하는 사람이 없었다. 학생들은 기가 막혀 물었다.

"아까 일본사람이 우리 교장선생님에게 '바가…', '고라…' '칙소…'라 하였는데, 도대체 무슨 뜻입니까?"

"바가는 바보라는 뜻으로 말과 사슴을 구분하지 못한다는 뜻이고, 고라는 학대하는 소리로 '야, 이 새끼 너 같은 것들이…' 하는 소리며, 칙소는 종일토록 먹기만 좋아하고 똥 오줌도 가리지 못하는 짐승같은 무리라는 말이다." 하였다. 이에 분개한 학생들이 동맹휴학하여 학교는 있으나 마나 소용이 없게 되었고 일본사람들은 그대로 쫓겨갔다.

이 광경을 본 최범술은 "호랑이를 잡으려면 호랑이 굴에 들어가야 한다" 하고 우선 다솔사(多率寺)에 들어가 학문을 익힌 뒤 일본에 들어가 일본의 시조, 일본국기의 역사를 알아 반증하는 공부를 하고 마침내 한국에 나와 국회의원이 되어 이 나라의 헌법을 기초하고 명성학교, 해인대학 등을 설립하니 남녀개방운동이 이로부터 시작되었다.

최치원이 중국에서 가져왔다는 차를 다솔사에 심어 한국차로 새롭게 생산하고 다도를 통해 인심을 순화하고 정신을 개발하도록 하였다.

그의 말로는 이승만 정권 때 월정사 주지 이종욱스님과 함께 왜색승, 대처승으로 낙인찍혀 여러 가지 행동에 제약을 받게 되었지만 신채호선생의 역사관을 배경으로 아인슈타인과 타골선생의 강연을 듣고 만당운동을 일으켜 독립운동에 앞장섰다.

비록 적이지만 일본사람들은 세계정복을 위해 자기 나름대로 윤리도덕을 훈련시키고 황인(皇人)의 인격을 도야한 뒤 세계정복을 실현코자 하는 역사

의식을 배양하고 있으니 우리도 늦었지만 국민개도와 준법정신을 익혀 무
궁화 금수강산을 가꾸자고 목이 터져라고 계몽하고 다녔다.

　생각하면 울분이 터지는 일이지만 자그마치 이조 500년 동안 양반선민의
사대주의로 백성들을 바보취급하고 살았으니 먼저 깨달은 사람들의 지배를
받지 아니할 수 있겠는가. 장차 한국에 진주한 미군들은 한국사람들은 먹는
것, 입는 것, 자는 것만 잘 만들어 주고 명예에 돈만 주면 개들처럼 서로 싸
우면서 외국사람들 말을 잘 듣는다 하면서 백 년을 넘게 다스리고 있는 것
이다.

19. 제주 복지왕 춘강 이동한

춘강 이동한선생은 제주도 출신이다. 두 살 때부터 직립보행이 불가능한 소아마비자였다. 온 집안은 슬픔과 오열 속에 나날을 보내고 있었지만 어머니 오태인여사의 원력으로 부산 메리놀병원에 가서 1년간 치료를 받고, 열다섯 살부터 열여덟 살까지 명동 성모병원에 다니면서 열여섯번의 수술을 받아 절반의 성공을 이룸으로써 한쪽 보조기와 한쪽 목발을 의지하여 간신히 평행으로 걸을 수 있는 사람이 되었다.

그러나 눈을 뜨고 보니 자신은 사닥다리가 없는 징검다리에 서 있는 것을 느꼈다. 불철주야 독학으로 중학 3년 과정을 건너뛰고 고등학교 졸업을 한 뒤 제주실업전문학교에 입학하여 4년간 전교1등의 영예를 안게 되었다.

이어서 동국대학교 행정대학원을 다녔으나 학문 속에서도 자유롭게 걷지 못하는 고독은 날이 갈수록 쌓여만 갔다.

그런데 어떻게 어떻게 하여 한국계량기사 자격증을 따 수도 계량기사업에 손을 댔다가 택시미터 부착 수리공이 되어 1968년 삼성공무사를 설립하고 이어서 조경기능사 자격을 따 1985년에는 제주공항 조경공사를 수주받아 양묘사업까지 하게 되었다.

그런데 한 가지 생각나는 일이 있었다. 담양 용화사에 가던지 제주도에 오시면 자신의 머리를 쓰다듬어 주시며 하시던 묵담스님 말씀이다.

"너만 잘 먹고 잘 살려하지 말고 남에게 기쁨을 주는 일을 하라."

어려서는 그게 무슨 말인지 알 수 없었으나 차차 인격이 도야되면서 스님의 말씀이 귀하게 들려왔다. 사실 지금까지 자신의 하는 일이 부모님을 위해서 또는 형제들을 위해서 모두 모두 좋은 일이라고 생각해 왔으나 노스님의 말씀 속에는 뼈대가 들어 있었다.

"글쎄 어떤 일이 남에게 기쁨을 주는 일일까……?"

생각해 보니 결국 내 자신이 할 수 있는 일이기도 하였다. 장애인이 되어 집안사람들의 기를 죽이고 보는 사람마다 혐오했던 과거가 연상되었다. 그래서 제일 먼저 생각한 것이 1982년 '전원예식장'이었다. 인구 100만이 사는 제주도에 예식장이 없었기 때문이다. 어머니의 지혜를 빌려 대지 1천 평이 넘는 곳에 전원예식장을 지었으니 모두 이것은 사라사, 보림사, 보덕사, 성광사에 다니며 중생을 위해서 헌신하신 어머니의 공덕이었다.

어머니 보수월(寶水月)은 진실로 마음이 넉넉하고 따뜻한 분이었다. 어느 곳에 무슨 불사가 있다고 하면 빠지지 않고 찾아가 동참하고 만인에게 함께 하기를 권선하였다. 개인적인 일 뿐 아니라 부인회, 적십자사, 봉사회, 노인회 등등 어느 곳이고 빠지는 곳이 없었기 때문에 춘강의 장애인 활동에 크게 도움이 되었다.

"혹시 일을 하다가 사람들에게 후레자식이란 소리를 들으면 너만 욕을 먹는게 아니고 돌아가신 아버지까지도 욕을 먹히는 것이니 조심하라"

하신 어머니의 따뜻한 가슴을 생각하여,

"성현님께 공경하고, 조상님께 효순하고, 부모님께 효도하고, 형제들께 우애하리라."

고 늘 다짐하며 살았다.

춘강은 매일 아침 출근하면 묵담스님께서 내리신,

'明明百草頭에 明明祖師意'

를 새기고,

'마음으로 짓는 것은 모두 허망한 것이고

생각이 끊어지면 일체가 진실하다

다만 깨달음을 여래의 밭에 심으면

이 몸이 그대로 살아있는 부처다.'

하는 글귀를 읽고 어두운 마음을 쫓아내고 밝은 마음으로 하루의 일과를 시작하였다. 드디어 4분5열된 맹아단체와 농아단체, 장애인단체가 연합해서 사회복지법인을 만들어 그들의 앞날을 위해서 치료도 치료지만 기술을 개발하여 사시적(斜視的)시각을 버리고 재활복지법인을 꾸며 27명이 함께 일하는 세탁업, 고가의 귀금속으로 금은반지와 칠보액자, 갖가지 악세사리를 제작하는 공예부, 박고, 호고, 감치는 한복사업부, 복사용지부 등 열개의 사업장에서 각기 10명씩하여 총 100명의 기술자가 나왔고, 열 개의 읍면에 배정하여 천명의 고용효과가 나오자 정부에서도 협조하여 제주도내 3600여명의 기술자가 기쁨을 맛보게 되었다.

뿐만 아니라 재활의원을 개설하여 각 사업의 종사들의 건강을 보살피는 병원까지 만들어져 거기 종사하는 의사, 간호원, 도우미까지 195명이나 되는 대식구를 거느리게 되었다.

실로 춘강의 꿈과 생각은 끝이 없었다. 어려서부터 꿈꾸던 아이들의 희망이 봄 강물에 목욕함으로써 한이 풀어졌으며 늘 남의 도움에 의지 하여야만 했던 아이들이 성장하여 어른이 되니 춘강예식장에서 짝을 맞추어 이 세상이 필요로 하는 제2, 제3의 백성들을 탄생케 되었으니 이것은 개인의 영광인 동시에 나라와 세계인의 희망이요 사랑이었다.

탐라에는 이들을 돕는 자비의 전화, 근로센타, 교통봉사대가 생겼고 장애인 정보교육장, 이동목욕탕, 전용판매장 등이 생기니 정부요인들도 관심을 가져 1992년에는 김영삼대통령 부인 손명순여사, 안병우 청와대 중소기업 특별위원장, 영국 천체물리학자 스티븐 호킹박사, 이상석 보건복지부장관, 네팔 수산부장관, 이명박 대통령 등이 방문하여 격려하였다.

전국장애인들과 연관하여 장애인체육대회, 재활의학진료, 가족과 함께하는 복지관, 세계일주여행 등 다양한 프로그램과 행사가 이루어졌다.

세상에 신세만 지고 있던 장애인들이 앞장서서 초 · 중 · 고등학교 글짓기대회, 게이트볼대회를 열고, 부탄연수생 문화체험, 자조모임, 평생교육이 이루어져 제주도 라이온스클럽에서는 합동순회진료까지 도와주었다.

네덜란드에서는 아시아에서는 최초로 수중치료기를 가져와 도와 주었고, 정부에서도 이 광경을 보고 공예품 전시회에서 최우수상 삼성신화고안 세트상을 주었다.

춘강선생은 이로부터 세상에 널리 알려져 신문기자들을 위한 강연회, 세미나, 장애인 돕기 걷기대회를 하여 각 신문사와 방송국을 통해 세계인의 이목을 끌게 되었다.

한 사람의 장애인이 스스로 일어나니 만 사람의 꿈이 실현되었고 한이 맺힌 부모 형제들의 눈물이 가시게 되었다

21세기 관세음보살 춘강 이동한선생의 만수무강을 빈다.

20. 행정의 대가 녹원(綠園) 대화상

영허(映虛) 오인갑(吳仁甲) 대화상은 경남 합천사람이다. 1941년 합천 해인사 탄옹스님께 출가하고 한암스님께 비구계를 받았으며 10안거를 스님 밑에서 지냈다.

오대산 출신 가운데서도 이사(理事)가 분명한 사람은 한암스님 밑에서 조련한 사람들이다. 그런데 스님은 10년을 상원사에서 지냈으니 그 인품은 가히 짐작할 수 있다.

그 후 바로 조계종 제8교구본사 직지사 주지가 되었다가 중앙종회의원, 능인학원 이사장, 중앙종회 의장, 전국교구본사 연합회장을 거쳐 조계종 총무원장이 되어 제도를 개혁코저 안간힘을 썼다.

85년부터 해외에 자주 나가 스리랑카 말라태스려회 대승정이 되고 통일주체공동회의 고문이 되었으며 조계종 원로의원으로서 동대행정대학원을 나왔다. 스리랑카 푸리베다대학과 키르기즈대학에서 명예철학박사 학위를 받고, 일본 대정대학 용곡대에서도 문학박사학위를 받았다.

모습은 단정하고 행정도 깨끗하여 모든 일을 후환이 없이 하였으며 인화

단결하고 후배양성에 심혈을 기울였다.

스님과의 인연은 경희대 병원 후문쪽에 있는 연화사에서 처음 만났는데, 나는 스님이 그곳 주지로 오시기 전 5. 6년 전부터 경희대 한의과대학 법회를 그곳에서 보고 있었기 때문이다.

연화사는 규모는 작으나 장희빈 황후 어머니를 모신 기복사찰이기 때문에 탱화, 불상 등 모두가 문화재로 등록되어 있는 사찰이었다. 스님이 오시면서 문화재 기금도 받아내고 사찰을 공적으로 운영하여 주위 요사채를 새로 짓고 학생회관도 만들고, 병원 안에 법당을 개설하여 고통 받고 있는 환자들에게 도움이 되게 하였다.

한국불교의 문제는 종단인데, 그 동안 범불교적으로 조직된 법사회가 스님이 떠나신 뒤로 조계종 일변도로 돌아가 교수법회, 학생법회가 지지부진하게 되었다. 사실 미얀마, 스리랑카 등 어려운 나라 환자들이 이곳 불자 교수님들과 학생들의 성금에 의해 수 10명이 수술을 받고 귀국하여 국제불교 운동에 지대한 영향을 주었다.

스님은 현직에서 물러난 뒤에도 끊임없이 지방불교에 심혈을 기울여 직지사 발전에 지대한 영향을 주었다. 특히 우리하고는 고 권상로박사님 전집 10권을 거금을 들여 출간하였고, 전집 보급에도 많은 힘을 기울여 주었다.

나는 금강선원 일을 그만두고 2018년부터 상락향에 들어와 거의 한문으로 되어있는 퇴경당전서를 한글로 번역하기로 작정하고 한국 지명연혁고로부터 시작하였으나 함께 할 도반을 얻지 못하고 있다.

스님께서는 고 전관응 큰스님과 함께 권상로 박사님 문집뿐 아니라 효성 조명기 박사님 문집까지 발간하는데 큰 공을 세웠으니 모두가 종단에 대한 기본원력이고 종조의 뜻을 받드는 정성이 누구보다도 앞장서 있었기 때문 이다.

직지사 주지를 맡아서도 지방 말사들의 복원과 도제양성에 큰 힘을 기울였다. 어느 곳이고 절이 만들어지면 그 절은 내 권속, 내 자신 만이 사용하는 절이 아니라 만인공영의 사찰로 써서 지방 유학생들에게 까지도 숙식을 제공하고 학비를 조달하였다.

21. 여장부 광우(光雨)스님

법명은 태허(泰虛)이고 속명은 이광우(李光雨)이다. 경북 군위출신이다. 38년 직지사 성문스님에게 출가하여 청담, 자운스님에게 계를 받고 직지사 선원, 동화사 부도암, 남장사 관음선원, 대전 세등선원 등에서 10안거를 마치고 본래 있던 삼선교에 이르러 아버지의 뜻을 따라 정각사를 건립하였다.

아버지는 일찍부터 김동화박사님, 김포광스님 등과 도반으로 한 소식을 얻은 도인으로 인식되었다.

동국대학교에 들어가니 여자(비구니)도 양복을 입고 머리를 길러야 된다 하여 머리를 기르고 양복을 입고 남자처럼 당당하게 학교를 다녔다.

김동화박사님의 뜻을 따라 월간 〈신행불교〉를 36년간 발행하였고, 청소년교화협회 일을 20년간 보았다.

아버지께서 돌아가서 49재를 지내는 날 동대 교수님들과 수 많은 유지들이 모였는데, 김포광박사님께서 법문을 하게 되었다. 노타이에 구두를 신고 있으니 어떤 교수님이 자신의 넥타이를 풀어 주시고 또 한 스님이 가사장삼을 벗어 입혀드렸다. 또 한 분은 고무신을 벗어 구두와 바꾸어 신게 하는가 하면 다른 한 분은 자신의 모자를 벗어 김박사님 머리위에 씌여 드렸다. 그리고 난 후 법상에 올라가 영가에에 말했다.

"영가시여, 나는 이 세상에 태어나서 자네 덕분에 옷도 새로 갈아입고 모자도 쓰고 고무신도 신고 양복 위에 넥타이까지 매었네. 자네도 이 세상에 태어나서 이 같은 모습은 처음 볼 것일세. 자네는 세상사람들의 체면도 보지 않고 모든 것 다 벗어버리고 홀가분한 모습으로 내 앞에 앉아 있으니 얼마나 복이 많은가. 그 동안 80평생 살아오면서 쌓았던 모든 업장 한꺼번에 불살라 버리고 원하는대로 3계를 유행하소. 부처님께서 깨달으신 백억 일월세계는 너무도 넓고 깊으니 다 돌아 다닐 것까지는 없어. 동방세계에 가서 유리광세계나 구경하고 극락세계가서 연화장세계를 보고, 남방 환희세계 보승장여래불과 북방 무우세계 부동존부처님께 인사하고 중앙 화장세계 비로자나 부처님 따라 다니면 이 세상 것도 있고 저 세상 것도 있어 이 세상에서 보지 못한 것은 골고루 다 볼 것이니 갔다 와서 여행담을 나에게 말해주면 나는 다시 구경갈 필요없이 자네와 함께 파수공행(把手共行) 하겠네. 알았는가? 알았으면 오늘 재자들의 정성을 생각하여 잘 음복하시고 먼저 가서 구경하소…"

모였던 선남선녀들이 박장대소를 하였다. 그런데도 포광스님은 한 마디 말씀없이 공양하시고 절을 떠났다.

스님은 그 뒤로 정각사에 장학재단을 발족하여 매년 18명에게 장학금을 지급하고 뇌허학술상을 재정하여 15년간 상을 주었는데 84년부터 10년간 평통자문위원으로 정치활동도 하였다.

특히 86년에는 범민족올림픽추진 중앙협의회 심사위원이 되어 목동청소년회관을 지었으며, 전국 비구니회장이 되어 비구니회관을 건립하고 생명공양실천회 이사를 지냈다.

1996년 불교 TV에서 조계종 비구니계단을 설립할 때 전계사가 되었으며,

인도 보디가야 국제 3단대계 때도 존증아사리가 되었다.

  스님은 평생 김동화박사님의 신행불교를 신앙의 표본으로 삼고,
  첫째는 인과인연을 믿고,
  둘째는 그 인과 인연이 한 마음 속에서 이루어진다 깨달았으며,
  셋째는 착한 일 하고 악한 짓 하지 말고,
  넷째는 세상을 즐겁게 인연을 소중히 받든다 하였다.

  일찍이 비구니가 되어 비구니계까지 받았으면서도 동국대학교에 들어갈 때는 양복을 입고 하이칼라를 하였으니 남자들이 하지 못하는 일도 서슴없이 나서서 모범을 보였지만 단체생활에 폐를 끼치지 않으려는 스님의 신념이 크게 작용한 것이다. 특히 이것은 일본에서 공부하고 돌아오신 김동화박사님과 전관응스님의 영향이 컸다.

  옷이야 무엇을 입든 행동은 언제나 비구니였으며, 깨달은 대로 몸소 실천하여 부처님의 적자 노릇을 톡톡히 하고 갔다. 청소년교화연합회에서는 공로상으로, 나라에서는 대통령 표창으로 스님의 공로를 포상하였는데, 스리랑카 사르보디아에서는 명예상을 주어 스님의 공로를 찬양하기도 하였다.

22. 비구니 국제포교사 광옥(光玉)스님

광옥스님은 호가 법성(法性)이다. 1943년에 평양에서 태어나 60년에 화암사에 입산, 자운스님과 동산스님에게 계를 받고 카나다 불광사에 들어가 17년 동안 선방에서 살았다.

그 뒤 조계종 중앙포교사로 국제포교사를 겸해 카나다 홍법원장을 역임하고 관음사 주지, 약수사 주지, 사당유치원 이사장, 미림어린이집을 운영하며 어린이 불교에 깊은 관심을 가졌다.

동대불교과를 나와 총동창회 부회장이 되고, 제12기 평통자문위원이 되어 조계종 총무원장 공로상, 캐나다연방정부 공로상, 조계종 해외포교상 등을 받았다.

나는 불교에 들어와 북한 출신 오시권스님, 도성스님, 숭산스님, 원불교 황온순여사님과 밀접한 관계를 가지고 일을 하면서 이들로부터 많은 가르침을 받았는데 이 분들은 피난지에서 기사회생해서 그런지 무슨 일이든 죽기 아니면 살기를 작정하고 일하기 때문에 거의 중도패하는 일이 없었다.

비구니로서 국내활동도 어려운데 캐나다까지 가서 10안거 이상을 지내면서 불광사를 짓고 외로운 교포들을 위안하며 열심히 포교하신 스님을 진심으로 존경한다.

나는 1985년 하와이에서 숭산스님을 만나 뉴욕과 프라브덴스에서 포교하는 것을 보고 놀랐다. 평상시 잘 먹지 못하다가 어쩌다 밥을 보면 많이 드시고 공원에서 청소하면서 주는 대로 받아 먹은 것이 당뇨가 되어 돌아가실 때까지 그 병을 버리지 못하고 타계하셨는데, 그런 와중에서도 거리에서 쓰러져 있는 약물중독자, 알콜중독자, 프리섹스와 끽연(喫煙)에 찌들려있는 사람들을 스님방에 엎고 와서 죽을 쑤어 먹이며 간호하는 모습을 보고 실로 감동하였다.

그런데 광옥스님인들 낯선 타국에 가서 용맹정진하면서 불철주야 불사포교에 심혈을 기울일 때 그 어려움이야 어찌 말로 다 할 수 있었겠는가. 그런데도 종종 불교방송에서 뵈오면 언제나 깨끗한 미소로서 자비의 손길을 만중생에게 뻗치고 있었다.

특히 어린이 포교에 관심을 가지고 사당유치원과 미림어린이집을 운영했다는 하는 것은 특별한 원력을 가지지 않고는 실천하기 어려운 일이다.

관음경에 무진의보살이 관세음보살을 보고 부처님께 무엇하는 분인가 물으니 "잘 맞는 곳에 따라 주는 이다" 하였는데, 어느 곳이고 손을 대면 끝을 보지 않는 일이 없다는 말을 들었다.

서울에 비구니회상이 탑공승방, 보문사, 청량리 청량사, 금호동 미타사를 쳤는데, 스님이 약수사 주지가 되면서 약수동에 비구니회상이 국제적인 선원으로 발전하게 되었다.

고향이 이북이라 평화통일을 갈망하지 아니할 수 없지만 비구니로서 평통자문위원이 된다는 것 또한 쉬운 일이 아니다. 뼈대가 통뼈가 되고 원력이 광대하지 않으면 할 수 없다는 일이다.

내가 일찍이 일본교포 김종기씨와 함께 〈동양신선사상〉에 대한 책을 내어 중국사회과학연구소에 가서 출판기념회를 가졌는데, 그때 가서 보니 북한 연구소에서 발간한 팔만대장경 해설서와 반야사상, 고려대장경 해설편 등 36권이 있는 것을 보고 깜짝 놀라니 황심천박사님께서 "이 세상 모든 종교가 다 없어질지라도 불교의 진리는 없어지지 아니할 것입니다" 하며 그 책 한 부질을 주어 내 서재에 꽂아놓고 있다.

설사 언제고 통일이 되어 서양문물이 벼락치기로 들어가 소용돌이를 치더라도 옛 금강산 유적지와 묘향산 수행자기 복원된다면 한국불교는 마침내 금수강산의 꽃으로 새롭게 피어날 것이다.

오시권, 숭산, 황온순여사 같은 분들은 먼저 갔지만 광옥스님과 같은 인연 있는 불자들을 길러 놓았으니 북한불교의 선구자가 되기를 바란다.

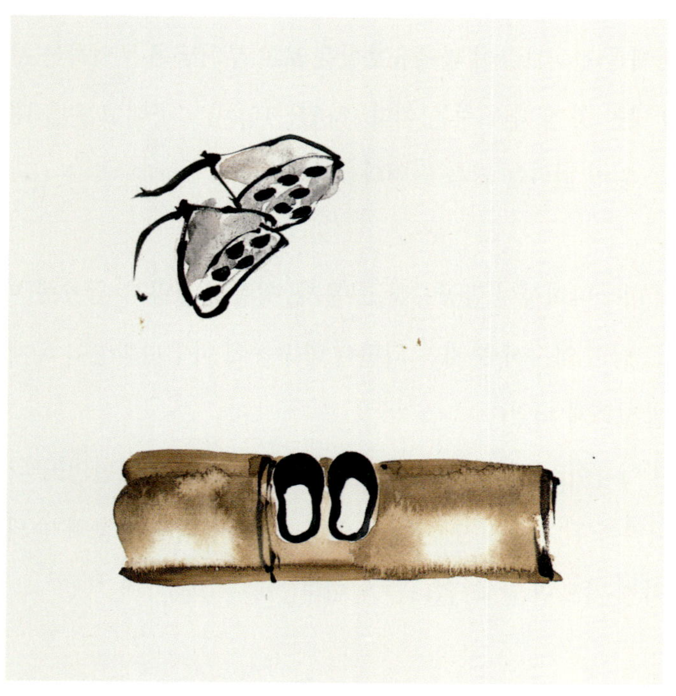

23. 공철 김준경(空徹 金俊烱) 박사

공철박사는 전남 영암 김준연 국회의원의 집안사람이다. 1955년 법주사 동암스님에게 출가하여 고암, 석암스님에게 계를 받고 법주사에서 안거하다가 부산 가야사 주지로 있을 때 석림정사를 창건하고 태국 마하미존불교대학에 유학 귀국 후 동대불교대학에 들어와 박사과정을 밟고, 고려대 교육대학원에서 석사, 동대서 다시 박사학위를 받았다.

70년대 말 춘천 오봉산 청평사 주지로 있으면서 조계종 중앙포교사가 되어 불교교육대학 학장을 지내고 동대, 강원대 교수로 있으면서 조계종 전국 법사단 단장을 역임하였다.

논문은 세친의 불성론, 보살사상 등으로 석사학위를 받고, 불교교육학, 충효사상, 원효의 교판론으로 박사학위를 받았다.

남이 따르지 못할 정도로 부지런하고 노력가였으나 집안에 아이 하나가 특수 장애인이 있어 행동에 여러 제약을 받았다.

"나는 전생에 많은 죄를 지어 첫애가 장애인이 되어 나와서 세상에 기를 펴지 못하고 있습니다."

나이는 우리보다 5년 선배지만 항상 학구적인 면에서 도반역할을 하였다.

태국에 가서 보니 상좌부와 대중부의 차이가 분명해, 상좌부는 1의1발로 부처님 당시 대중생활을 그대로 하고 있지만 대중부는 하루에 2식, 3식을 하면서도 수행은 그대로 하고 있었다.

우리나라에서는 퇴속했던 사람이 어느 새 머리를 깎고 대선배로 앞자리에 앉아 있는데, 남방불교에서는 환속을 해야 할 것 같으면 그 사정을 종단에 고하고 사계(捨戒)한 다음 평민거사로 하향한다. 그러나 교육이나 부모 병간호행이 끝나면 다시 출가할 수 있는데, 한 사람이 일곱 번까지 출가할 수 있으나 그 위치는 3척동자라도 엄격히 선후배가 구분된다.

남방불교는 우리처럼 사시마지를 올리는 불공이 따로 없고 아침 6시부터 10시 사이에 탁발을 하여 걸사(乞士) 생활을 하므로 비구(比丘)라는 명칭을 쓴다. 그래서 근본불교에서는 출가해서 혼자사는 사람들 모두를 비구라 하지 않고 반드시 걸식하는 사람만을 비구라 부른다.

그런데 우리나라에서는 홀로 독신생활을 하는 사람을 비구라 부르고 있으니 이것은 뜻에 맞지 않는 것 같다. 그래서 남방불교스님들이 한국에 와서 한국스님들을 보고 '명자비구'라 폄칭하는 것 같다.

또 남방불교에서는 지관선(止觀禪)을 주로 닦는데 북방불교에서는 간화선(看話禪)을 닦고, 법문을 할 때도 방(棒)과 할(喝)을 함부로 써 법회 날에는 전장(戰場)과 비슷한 분위기가 조성되는 경우도 있다.

공철법사는 일찍이 남방불교를 체험하여 한국불교로서는 바르게 근본불교를 가르칠 수 없다 생각하고 불교교육대학을 만들어 능력이 닿는데 까지는 후배양성에 심혈을 기울였다.

나이는 차이가 있어도 늦게사 같은 반에 편입하여 공부는 같이 하였으나 졸업은 뒤에 하였고, 석사, 박사학위를 받을 때는 여러 교수님들과 함께 학위식을 축하해 주었다.

무슨 인연으로 부산 가야사 주지를 맡고 있으면서 석림정사를 창건 서울과 부산 양면에서 불교대학을 운영하다 지쳐 고생을 많이 하였다. 부처님은 가는 곳 마다 처처안락국으로 살았지만 한국은 기후풍토가 다르기 때문에 사찰관리에 힘을 쏟지 않고는 발전하기 어려웠다.

갖가지 인연으로 주위 후배들과 함께 분교를 수십개 만들어 뛰다가 그만 지쳐 주저앉는 경우가 있었는데, 종교로서의 불교는 주식회사식 기업운영은 배제되어야 한다. 부처님은 제자도 많고 살림해 주는 부유한 상인계급 장자들이 물심양면으로 후원을 아끼지 않아 광대한 지역의 포교가 가능했지만 우리나라에서는 경쟁자가 많아 시기 질투하므로 분수에 맞추어 포교하고 전법하는 것이 좋으리라.

24. 허장출세로 세상을 놀라게 한 고불스님

스님은 1985년 제12대 국회의원에 당선되면서 당에서는 약속한 기금을 다 내지 않는 사기꾼이라 폭설하고 불교계에서는 중이 국회의원은 무슨 국회의원이냐 체탈도첩해야 한다 야단법석이 이루어졌으나 결국 국회에서는 국민이 선출한 대의원으로서의 역할을 수행했고, 한편 불교 승려로서의 스님은 부산 대각사 종주로서 오늘날까지 그 모습을 살려가고 있다.

해방 후 제헌국회의원으로서는 최범술, 이종욱 큰스님이 있었으나 3, 4대가 못가서 이교도 국회의원들에게 밀려 세력을 상실하고 근근득신 쌀에 뉘처럼 지방대의원으로 그 명맥을 유지하였을 뿐 불자승려로서는 드러난 사람이 없다.

국회에서나 지방의회에서 몇몇 불자들이 세를 과시하고 있지만 세력이 워낙 미미하여 불자로서 도리를 다 하지 못하고 있는 실정이다.

스님은 경남밀양 출신으로 본관이 김해가 되므로 800만 김해 김씨 자손으로 그 세를 크게 과시한 일이 있다. 국회의원만 70여명이 넘었으므로 큰 소리 칠만도 하였다.

1944년 창녕 관용사 학봉스님을 은사로 득도하고 47년 해인사 상월스님과 동산스님께 비구계와 보살계를 받고 5안거를 성만한 뒤 통도사 구하스님께 건당하였다.

이로부터 밀양 표충사, 경주 불국사, 해남 대흥사 주지를 거쳐 57년까지 전국순회강연을 2백회 이상 하였다.

스님은 1957년 경남 사암연합회 회장을 역임하면서 30년동안 부처님 오신날을 전후하여 농어촌 의료봉사와 빈민구제 효행운동에 앞장섰으며 매년 호국선열, 유엔묘지, 국립묘지를 참배하며 위령재를 지냈다.

68년에는 한국종교연합회 이사가 되고 일본임제종 초청으로일본에 가서 특강을 하였으며 세계불교지도자대회에 참석한 뒤 71년에 조계사 주지가 되었다.

이어서 조계종 총무원장 권한대행으로 월남난민구호운동에 앞장섰으며 대한불교부인회 총재, 불교신문사 사장, 부산불교연합회 회장을 지냈다.

82년 대학장학회를 설립 불교문화연구원을 개설하였고 세계불교도우의회가 스리랑카에서 열렸을 때 개회사를 하고, 86년 불교재산 관리법안을 관통시키고, 세계불교승가회 총재로서 사찰불교포교원 위원장이 되기도 하였다.

주간불교신문사 회장, 한국3군전몰장병위령재 대법주가 되기도 하였고, 종단협의회 명예종정, 유네스코 평화대사, 세계불교성보박물관 건립총관장이 되었다.

이렇게 스님은 불철주야 뛰어다니면서 회장, 고문, 총재 등 명예가 수십가지가 되었기 때문에 별명이 중대장이라 불렀고, 서경보스님 다음으로 명예박사학위가 많아 실속 없는 명예회장으로 알려졌다.

학력은 불교전문강원에 해인대학, 동대정경대학원 밖에 다닌 것이 없는데 미국 켈리포니아 오리엔탈대학에서 문학박사학위를 받고, 코롬보 상카대학에서 교육학박사, 모스코바종합대학에서 명예법학박사, 중국북경대학에서 명예사회학박사를 받아 북경대 명예교수가 되기도 하였다.

저서로 보면 법화경, 지장경, 불조법어, 약사본원경 등이 있고, 논문으로서는 달마대사사상 밖에 없으므로 빈깡통박사로 소문이 나 있다.

그러나 나는 이 글을 쓰면서 그 이력 속에 나타난 행적과 이름을 보고 한국불교가 1940년도부터 1980년대까지는 빈 깡통시대가 아니었나 생각해 보았다.

깡통 가운데서도 큰 깡통에 해당하는 드럼 깡은 어디를 가던지 큰소리치고 작은 깡통들을 모두 다 쓸어 담아버리는 것이니 하지 않으려면 몰라도 할려고 하면 우리 스님처럼 크게 한 번 하여야 되지 않을까 생각된다.

그러므로 야운스님이 자경문 가운데서 말씀하지 하니 했던가.

愚心不學增憍慢이요
癡意無修長我人이로다
空腹高心如餓虎요
無知放逸似顚猿이로다

25. 보살불교의 실천자 경우(鏡牛) 대법사

경우스님은 1942년 성주 선석사 행인스님에게 득도하고 김태흡스님에게 계를 받고 동산스님에게 보살계를 받았다. 경북 영주 출신으로 본 이름은 안영근이다.

45년 해인사 전문강원에서 4교과를 마치고 대승사 쌍연사원에서 3안거를 마친 뒤 61년 동국대학교에 입학하고, 인도 다남죠이 앙골라 팔리대학에서 명예철학박사 학위를 받았다.

1946년 성주 포교당 포교사로 있으면서 조계종(통합종단) 총무원에서 실시한 중덕법계고시에 합격하고, 50년 영주 진월사 주지가 되었다가 대덕법계를 품수하였다.

1955년에는 영주 안양원 원장이 되면서부터 모든 불보살들은 삭발염의와 관계없이 포교하고 전법하였다는 것을 알아 원래부터 길러 온 머리를 깎지 않고 단발머리로 일생을 지내고 있다. 그런데 80년대 인도에 갔다가 부처님 성도 때 모습을 보고 자신의 생각이 그릇된 것이 아니었다는 사실을 확인하게 되었다.

58년 녹원사 경남·경북 지국장을 하고 5.16 이후 성주 임정사 주지가 되었다. 태고종 중앙의원, 종사법계를 받고 75년 영주시 종교분과 협의체 분

과위원장이 되고, 경북불교대학 학장, 한국불교통신대학 대학원장을 역임
하였다.

따라서 영주시장으로부터 감사패를 받았는데, 시민들을 선도하고 화합시
킨 공로였다.

스님은 돈이 생기면 시장거리에 나가 담배와 술을 사 놓고는 지나가는 사
람들에게 권장하고 한가한 사람들에게는 상담도 해 주었기 때문에 불교대
학에 3천 명이 넘는 남자학생들이 입학하였다.

무엇이든 필요하면 먹을 때 먹고 입을 때 입는 것이 상식인데 1940년부터
7, 80년대 사이는 끼니를 제대로 끓이지 못하는 사람들도 많았다. 더군다나
시장에 가도 담배 한 대, 술 한 잔 사 먹지 못하는 사람들이 많았기 때문에
그런 분들을 보고 삶의 보람과 영광을 얻도록 가르쳐 칭찬받았다.

영주 안양원 신도치고 아미타불, 관세음보살 모르는 사람이 없고 스님에
게 갈 때는 누구나 마른 안주와 백세주 한병 정도는 가지고 가는데, 법회가
끝나고 나면 으레 공양 후 제2법회가 이루어지기 때문이다.

평상시 맑은 정신으로 하지 못하던 말도 차 한잔 마시고 나면 스스럼없이
하여 다정하게 지냈기 때문에 안양원 상담소는 물론 해원상생도량으로도 이
해되었었다.

아침 3시면 도량석하고 예불 한 뒤에 아미타불 3천 번을 하기 때문에 절에
가지 못하는 사람은 집에서 염불한다. 스님은 아침, 점심, 저녁으로 하루에
1만 번씩 하다 보면 말마다 타불(陀佛)이요, 노래하면 관음(觀音)이었다.

아미타불재하방(阿彌陀佛在何方)할고
착득심두절막망(着得心頭切莫忘)하라

염도염궁무념처(念到念窮無念處)하면
육문상광자금광(六門常光紫金光)하리라

고려시대 나옹스님의 시를 이렇게 한 수 읊고 나서 나옹스님의 누나 이야기로 꽃을 피운다.

옛날 나는 불국사 조신이란 중으로 영주에 와서 살다가 낙산사 불량답(佛糧畓) 관리인으로 갔다가 5분 동안에 3생인과의 꿈을 꾸고 인생무상을 느낀 뒤 다시 영주로 와서 이렇게 말 하고 있다.
그래서 일연스님이 나의 행을 보고 다음과 같이 시를 지었다.

快適須臾意己閑 日音從愁裏蒼顔
不須更待黃梁熟 方悟勞生一夢間
治身誠否先誠意 鰥夢蛾眉賊夢藏
何以秋來淸夜夢 時時合眼到淸凉

잠시 즐거울 때는 한가롭더니
어느덧 근심 속에 늙어졌구나
좁쌀 밥이 다 되기도 전에
인생이란 한 가지 꿈인 것을 깨달았도다
치신의 잘잘못은 먼저 성의에 있는데
홀아비는 미인을, 도적은 창고를 꿈꾼다
어찌 가을의 청야몽만으로
때때로 눈만 감으면 청량에 이르랴!

26. 자기를 스승삼아 공부하는 경암(鏡岩) 큰스님

성암 김창현 경암스님은 제천 송화사 스님이다. 1967년에 불입종 종정 태허스님에게 출가하여 불입종 교육원장, 역경원장을 거쳐 제천 봉양읍에 송화사를 창립하고 법화유치원을 설립, 어린이교육에 심혈을 기울여 오고 있다.

어린이는 나라의 떡잎으로 대단히 중요한 위치에 있으나 불교는 대부분 노인 중심으로 염불, 선만을 가르치고 있으므로 이래서는 안되겠다는 생각으로 시골에서 개척사업을 시작하였다.

날아라 새들아 푸른 하늘을
달려라 냇물아 푸른 들판을
오월은 푸르구나 우리들은 자란다
오늘은 어린이날 우리들 세상

원래 이 노래는 작곡가 안기영이 바 장조의 행진곡으로 만들었던 것인데 안선생이 월북하자 윤석중씨가 작사하고 윤주영이 작곡하여 어린이날에 부르는 노래가 되었다.

1952년부터 강소천선생은 '어린이 다이제스트'란 아동잡지를 내서 영양이 되지 않는 군것질 같은 것을 피하고 피가 되고 살이 되는 글들을 모아 잡지를 편집했다.

스님은 시조시인으로 일찍이 '부뇌목의 여진', '인연', '산승문답', '불타의 여운', '시조시장경', '마음 떠난 자리에', '무문관 이야기', 등 많은 저서를 내었기 때문에 옛날의 박창해, 홍웅선, 최병칠, 최태호, 박영종, 주요섭, 강소천, 김영일, 박경종, 박은종, 김요섭, 장수철 등 동화작가들을 생각하면서 어린이 보육교육에 심혈을 기울였다.

사실 우리나라 어린이 교육은 북한의 어린이 보육과 교육에 관심을 가져 1976년 법이 제정, 취학전의 어린이를 키우고 가르치는 보양교육 즉 탁아소, 유치원, 육아원, 애육원 등을 만들었다.

그런데 스님은 1988년 유치원을 만들어 현재까지 원장을 겸하고 계시니 그 경험과 경륜이 누구도 따라 갈 수 없다. 특히 몸이 구루병으로 발육하지 못하고 여러 가지 장애가 많은 것도 불고하고 어린이들과 함께 뛰어 노니까 몸도 운동이 잘 되어 나이들어서도 늙지 않고 항상 젊음을 유지하고 있다.

유치원에 가면 1959년 부산에서 창작된 권길상의 어린이 왈츠를 부르는 소리가 들렸고 1948년에 방송된 행진곡 소리도 우렁차게 들린다.

꽃과 같이 고웁게
나비같이 춤추며
무럭무럭 자라서
이 강산을 꾸미면
웃음꽃이 피리라.

〈왈츠곡〉

발맞추어 나가자 앞으로 가자
어깨동무 하고 가자 앞으로 가자
우리들은 씩씩한 어린이라네
금수강산 이어받을 새싹이라네.

이렇게 해서 나라에서는 어린이헌장이 만들어지고 회관이 꾸며져 오고 있
는데도 불교는 옛날 호랑이 담배피우는 이야기로 노인법회만 보고 있으므
로 스님은 발심하여 어린이 유치원을 만들고 회관을 지은 뒤 어린이들로 하
여금 마음대로 뛰어놀고 마음껏 노래하고 춤추게 하였다.

스님은 항상 자등명 법등명 법문을 거울삼아,

나는 세상의 아버지로(我亦爲世父)
모든 고통 구하리라(救濟苦患者)

를 삶의 지표로 삼고 생활해 오
며, 옛 불입종(佛入宗)이 관음
종으로 바뀌자 옛 스승의 정신
을 받들어 불입종 이름을 그대
로 가지고 제천으로 자리를 옮
겨 불사(佛事)를 진행해 가고
있다.

27. 역경사 변각성(邊覺性)스님

각성스님은 전남 장성 출신이다. 해인사 도원스님 상좌로 동산스님에게 비구계를 받고 해인사 강원을 졸업, 범어사에서 3안거를 하였다.

60년대부터 은해사, 해인사, 범어사, 통도사, 백양사, 금산사 강사를 거쳐 동국역경원에 들어가 능엄경, 구사론, 유식론, 화엄경 등을 번역하고 중의위원으로 활동하면서 저서생활에 주력하여 능엄·기신·화엄경을 역주하고, 도덕경·중용·대학·논어에도 밝아 수차 논강하였고, 유식·능가·원각경 등을 강의하여 많은 학인들을 양성하였다.

변재가 뛰어나고 학예(學藝)가 영민하여 무엇이고 대하면 통하지 못한 것이 없다. 특히 운허스님에게 인증되어 동국역경원상을 받았고, 부산 사상구에 화엄사를 가지고 포교하여 불교학자적인 기질을 널리 선양하였다.

스님은 특히 한문에 밝아 유·불·선 3도교에 통해 있었고 동양사상에 조예가 깊었다. '깐깐 기신', '차돌 능엄'을 염주알처럼 꿰어 법수(法數) 해석이 아주 밝았으며, 불교물리학인 구사론과 불교심리학인 유식학에 밝아 난해한 불법도 알기 쉽게 풀이하였다.

"하나님께서 인간을 위해 비를 내리고 눈도 내린다."

하면,

"그런 소리 하지 말라. 하나의 물이 냉기에 얼면 우박, 눈이 되고, 난기에 젖어들면 비와 바람이 된다."

하면서 이슬, 눈, 서리, 아리랑이, 바람, 태풍을 과학자 이상으로 자연현상의 발생 원인을 풀어 설명하여 듣는 사람이 털끝만큼도 의심이 생기지 않게 하였다.

그뿐만이 아니다. 인간 본연의 정신현상인 꿈도 심리학적으로 풀이하여 길흉화복을 분명히 이해하게 하여 한 치의 의심도 남지 않게 하였다.

스님은 강사로 뿐만 아니라 역경장(譯經匠)으로도 이름이 났었기 때문에 난해(難解)한 글 초서(草書)등을 자문하는 사람들이 많았고, 어떠한 한문도 쉽게 풀이하여 알기 쉽게 가르쳤다.

특히 일심이문(一心二門), 삼대사관(三大四觀), 5행 등 법의 기신론을 인연, 입의, 해석분으로 차례대로 설명하여 마명보살이 백본요의경(百本了義經)을 한꺼번에 모아 정리한 것을 볶은 콩 주어 삼키듯 어렵지 않게 해설하였고, 통현장자 신화엄론, 천친보살의 10지론, 바수반두 법화론, 친광보살 불지론, 무착보살 반야론, 미륵보살 유가사지론 등을 눈앞에서 보는 듯 선명하게 설명하였다.

설계(說戒)를 할 때는 "계는 모든 악병에게 양약이 되고, 두려움 속에서는 수호자가 되며, 어두운 곳에서는 광명이 되고, 3악도 가운데서는 교량이 되는 것이라는 것을 분명히 알기 때문에 나는 계를 잘 지키지 못한 사람이지만 좋은 약, 밝은 등대를 보고 따라가기 때문에 아무리 어려운 일이 있어도 두려운 마음이 없다.”

고 계의 중요성을 강조하였다.

　사실 계는 스승 가운데 스승이고, 이 몸 가운데 손과 발과 같아 무엇이고 들면 잡고, 가고 싶으면 가듯 걸림는 것이 계율이다. 계는 땅과 같아 만물을 성장케 하고, 계는 바다와 같아 만복이 마지막 돌아가는 곳이기 때문이다.

　이렇게 스님은 8만대장경을 꿰고 있어 무엇이고 물으면 쉽게 대답하고 가닥을 내어 헤매는 중생들을 바른 길로 인도하였다.

28. 아름다운 문학인 조정래, 김초혜선생

일생을 황홀한 글 감옥에서 살아가는 조정래작가, 그리고 그 감옥을 옆에서
지켜주고 있는 김초혜시인, 이 분들은 천생연분이요, 이 시대의 모범성자이다.

1943년에 전남 순천에서 태어나 동대 국문과를 졸업, 현대문학에 등단한
조정래씨는 그 동안 '어떤 전설', '20년을 비가 내리는 땅', '황토', '그늘 자
리', '유행의 땅', '대장경', '불놀이', '인간연습', '사람의 탈' 등 단편, 중
편을 쓰다가 '태백산맥', '아리랑', '한강' 등 대하소설을 써 한국인의 혼을
불살랐다.

그 뒤 '홀로선 나무', '신채호', '안중근', '한용운', '김구', '박태준', '세
종대왕', '이순신' 등을 써 청소년들의 지표를 형성하고, 현대문학상, 한국
문학상, 성옥문학상, 동국문학상, 단재문학상, 노산문학상, 광주예술문화상,
동리문학상, 만해문학상 등 수 많은 상을 휩쓸었다.

부인 김초혜씨는 충북 청주에서 태어나 동국대학 현대문학의 동문으로서
할머니가 손자 재연에게 주는 '행복이' 등을 써서 한국문학상, 시인협회상,
현대문학상, 지용문학상을 받고 한국현대시박물관 관장을 역임하였다.

이분은 서정주선생의 문인으로 일찍이 시인이 되었기 때문에 스물여덟 살

에 등단한 조정래선생이 언제나 군으로 불려져 아내가 문학후배로 인식되었다. 그러나 그가 쓴 글을 읽고 지적하고 수정하고, 감독하고 충고 격려하며 편재까지 마치면 최초의 지지자로 축하하는 사람이 되었다. 이렇게 두 사람은 서로 격려하며 한 배속에서 태어난 형제들처럼 우애하며 잘 살고 있다.

그런데 아버지 철운스님께서 돌아가신 뒤 사모님께서 우리 금강선원에 찾아 오셨다.

"나는 절에서 살면서 공부하고 싶습니다."

그래서 대중과 의논한 후

"자손들이 허락하면 그렇게 하도록 하겠습니다."

하였더니 하루는 간단한 보따리 하나를 들고 오셔서 3층의 작은 골방을 드렸다. 큰 방들은 모두 기존의 입방인들이 차지하고 있었기 때문이다.

그런데 사모님께서 입방하신지 한 달이 못되어 강남 노인대학에 입학하여 자그마치 일곱 번을 거듭 무결석자, 최우수자가 되어 학장상, 구청장상, 시장상 등 방안이 상장으로 가득 찼다.

"나도 이만하면 큰아들처럼 박사학위는 받지 못했다 할지라도 노인대학생으로서는 1등이지요!"

하고 박수를 치셨다.

어느날 저녁공양을 마친 뒤,

"어, 내 속이 좀 이상하네. 속에서 비린내가 납니다."

하여 서둘러 경희대학병원 응급실로 모시고 갔더니,

"심장에서 피가 새 나와 노인병이라 기대하기 어렵습니다."

"그렇다면 마지막으로 혈액주사 한 병을 놓아 주세요."

오후 7시부터 이튿날 오후 5시까지 주사가 딱 끝나자 코 끝의 바람도 끝이 났다.

7. 8년전 아버지 조종현원장님이 돌아가실 때도 경희대학병원에 불려갔더니 관음종 총무원장스님과 넷째 아들이 옆에서 지키고 있었다.

"내가 감기가 들렸다고 입원시켜 보름이 다 되었는데, 내 병은 내가 알거든. 보름 후에 내 갈터이니 초상 준비를 의논들 하게...."

관음종 총무원장스님이,

"아니, 우리 종단의 종정 스님인데 우리 절에 가서 영면하셔야지요!"

아드님이 말했다.

"아버님, 우리가 8남매인데 한 번도 한자리에 다 모여보지 못했습니다."

그래서 내가,

"돌아가신 뒤 49재도 모시게 될 터인데 살아있는 자식들 마음을 들어주지 못한다 해서야 되겠습니까. 초상은 가족장으로 하고 49재는 종단에서 모시고, 저는 작은 비석하나 상락향에 세워드리겠습니다."

하였더니 집으로 가서 딱 보름만에 입적(入寂)하셨다. 아내와 남편이, 자식과 며느리가 의논하여 글을 쓰듯 가는 것도 이렇게 올바르게 가시니 어느 누가 이를 조사열반이라 하지 않으리…

스님께서 일찍이 선문염송을 강의하시고 대나무를 깎아 만들어 주신 전법게가 있으니 여기 전재(轉載)하도록 하겠다.

一枝無孔笛 雷音徧大天

병인년 납월 8일에 81세로 가신 선암사 5대강주 철운 조종현 큰스님께서 내려주신 선물이다.

29. 만년포교사 설호당(雪湖堂) 대화상

설호당은 1942년 경북 김천출신으로 이름이 김만권(金萬權)이다. 조계종 대승사 주지로 대구 달서구에 대승사라는 절을 만들어 조계종 전국신도회 경북지부 포교사로서 하루에 2, 3회씩 포교하기를 반백년(半百年)을 한 사람이다.

용주사 고봉스님의 제자로 개척적인 불교로 대구 교도소, 경찰서, 운불회, 맹인불자회, 불교대학 전임강사로 활약하였다.

동대 불교과에서 처음 만났는데, 재학시절부터 고봉스님을 시봉하면서 보살 서원사의 연구, '법화경', '금강경강의', '아미타경', '유마경' 등의 강본을 써서 위오이칙(爲悟以則) 즉사이진(卽事而眞)의 불교를 널리 전파하였다.

내가 혜광맹인불자(慧光盲人佛子)를 조직하여 서울에서 활약하는 것을 보고 대구 팔공산 문앞에서 로지탁발(露地託鉢)을 3년간 하여 대구 혜광맹인불자들의 거처와 포교당을 마련하고 그들과 반생을 함께하였다.

특히 교도소 재소자들에게는 매주 법문도 빠지지 아니했지만 무의탁자들에게 영치금을 넣어주고 가족이 있는 사람들에게는 형편따라 가족을 살펴

어린 학생들의 장학금을 마련하여 조달하였다.

불교사상연구회는 고봉화상이 불교의 정법화, 생활화, 대중화를 위해 일생동안 봉사하던 단체인데, 거기 주임 법사가 되어 불교의 생활화, 대중화에 앞장서 새로운 불교운동의 지표를 마련하기도 하였다.

운불련(運佛聯)은 운전불자들의 지표를 마련하여 노인환자들의 병원이송, 맹인불자들의 편의제공을 위해 손과 발이 되도록 하고 불교입문(佛敎入門), 정토불교개설(淨土佛敎槪說)을 써서 사바세계를 불국정토로 만들자는 플래카드를 들고 열심히 포교하였다.

특히 청소년 교화에 힘을 많이 썼는데, 일요법회는 말할 것도 없지만 계절따라 크고 작은 사찰들을 방문하여 등 만들기, 거리행진, 노인들 받들기 운동을 전개하여 새시대, 새불교에 관한 선구자적 역할을 하였다.

학생신분으로 돈이 없을 때는 어김없이 바랑 짊어지고 거리에 나가 탁발하였다. 부처님은 하루에 한 번씩 밥을 얻어 잡수시면서도 포교하였는데, 하루에 세 때 밥을 먹고도 포교하지 못한다면 부처님 은혜를 어떻게 갚겠느냐하며 날마다 거리로 나갔다.

말하자면 중은 먹고 하는 일이 포교와 전법이 되어야 한다 강조하면서 아무리 어려워도 피아노 강사, 악기부대를 동원하여 어린이들에게는 동요를 가르치고 청년들에게는 거리를 행진하며 불교포교를 목이 터져라 외쳤다.

항상 그의 머리에는 깨달음으로서 법칙을 삼고 일과 이치를 구분하지 않아 초상집이 되었던지 결혼식장이 되었던지 합창단 가수들을 데리고 다니면서 불사에 충실하였다.

오늘날에도 그의 문하생들이 대구 불교청년회, 학생회를 주관하고 있으며, 노인들도 바둑, 장기보다는 염불참선을 주로하며 거리청소에 앞장서고 있다.

누구의 말을 듣고 포교하는 것이 아니라 시대적 요구에 따라 편의 제공하는 것을 포교의 주 임무로 삼고 있기 때문에 일손이 부족한 사람, 수족이 없는 사람에게는 자손과 같은 역할을 하도록 가르쳐 주고, 의지없는 사람들에게는 손발이 되며, 동사무소 행정서사에 이르기까지 눈 뜬 사람들이 길잡이가 되게 하였으므로 만인의 아들 딸로서 후회없는 인생을 살았다.

지금도 야간에 팔공산 기슭에서 목탁치며 탁발하는 모습이 선명하다. 가나 오나 한 마음, 불교만세를 외치던 만권법사의 청정한 함성이 귓전에 선연하다.

30. 학몽대선사(鶴夢大禪師)

학몽스님의 본명은 장지형(張志衡)이고, 호는 설봉, 함경도 부령사람이다. 25세에 석왕사 성파스님에게 출가하고 만공스님께 선지(禪旨)를 받았다. 서울 선학원에 계시면서 후학들을 제접하다가 부산 범어사 내원암 조실로 갔다가 69년 봄 80세를 일기로 사세(捨世)하였다.

내가 처음 뵙기는 1963년 대학 2학년 때인데, 하얀 고무신에 하얀 두루마기를 입고 안국동 네 거리, 인사동 거리를 종종 도반들과 함께 걸어 다니셨는데, 법문도 선문염송(禪門拈頌)을 가지고 원문을 본문대로 한 두 마디 일러 주시고 이야기식으로 이를 풀어 주셨다.

"갓 태어난 부처님이 4방으로 일곱 발짝씩을 걷고 한 손은 하늘을 가리키고 한 손은 땅을 가리키며 천상천하 유아독존이라 하였다 하는데, 과연 이 말이 수긍이 가는가 철운 조종현원장은 이렇게 시를 지었지.

온누리 가로 세로 활개칠 이 거 누구인고
룸비니 봄동산에 하늘 꽃비 내려오네
갓 나신 발가숭이 '나'만 높다 하더라

나라고 하오시니 발가숭이 나란 말가

높다고 하오시니 하늘 위에 또 하날가

외친 이 가고 없으니 물을 곳을 몰라라

물을 곳 몰랐더니 곳곳마다 발가숭이

올라서 돌처보니 나도 또한 발가숭이

옳거니 나 날 때 한 소리로세 기억 다시 새롭네.

이것이 진짜 사자후 소리고 독립지인의 행보이다.

그런데 자네들 연애해 보았어?"

"못해 보았습니다."

"그러면 내가 진짜 연애하는 방법 하나 가르쳐 줄게."

하고 다음과 같이 이야기 하였다.

"부처님 당시 사위성 임금님 4촌이 인도 임금님께 시집가기로 작정하였는데, 꽃같이 단장하고 앉은 자리에서 그대로 열반에 들었거든…

그래서 너무 안타깝게 생각해 그 시체를 장엄하게 꾸며 시다림(공동묘지)에 갖다 놓았지. 만장(挽章)만 해도 1천 개가 넘어 사람들의 구경거리가 되었으므로 일곱명의 현녀가 구경을 갔어… 가서 보니 보름밖에 안된 여인의 시신이 백골이 되어 허수아비처럼 횅하니 앉아 있는 것을 보자 자신들도 모르게 '악!' 하고 소리를 질렀지.

그런데 하늘에서 제석천왕이 내려다 보니 현녀들이 자신이 거느리고 있는 3천 궁녀보다 순수하고 아름답게 보이는 것이야. 그래서 왕은 꽃다발을 하나씩 가지고 와 걸어주며 말했지.

‘나와 함께 사귀면 어떻겠느냐?’

‘우리와 사귀려면 세 가지가 필요합니다.

첫째는 뿌리없는 나무 한 그루이고,

둘째는 메아리가 울리지 않는 골짜기,

셋째는 그림자 없는 땅덩이 한 평입니다.’

그래서 제석천왕이 아무리 찾아보아도 찾을 수가 없어 끝으로 부처님께 가서 물었지.

‘부처님, 어디를 가야 이 세 가지를 구할 수 있을까요?’

‘제석!’

‘예.’

‘바로 그것이야…..’

이 소식을 가지고 가니

‘좋습니다. 저희들과 함께 춤을 춥시다.’

하여 지금까지 춤을 추고 있어…….”

스님은 웃지도 않고 진지하게 그러면서도 코미디언처럼 이야기하였다. 부처님당시부터 유마거사 백통시인처럼 바보 천치 같이 모든 관념을 초월한 도인이 있다는 말은 들었으나 서울 한 복판에서 여자 고무신에 흰 버선을 신고 노래하고 춤추며 선문염송(禪門拈頌)을 강의하는 이는 처음 보았다.

지금은 떠나 가신지가 오래 되었지만 스님 제자 한 사람이 살아있어 겨울에도 러닝샤스 하나로 지내기 때문에 별명이 런닝샤스 스님이라 부른다.

31. 법운노화상(法雲老和尙)

철석같은 신심

비단같은 마음

연꽃같이 깨끗한 행으로

무연중생(無緣衆生)을 제도하고

무진중생(無盡衆生)을 교화하며

정업중생(淨業衆生)들을 제도하신

어른 법운노스님은

"금생에는 나를 제도하지 못할지라도 남 먼저 제도한다"

는 원력을 세우시고 일생을 그렇게 살아오셨다.

강원도 고성에서 태어나 유점사에서 축발하시고 자비의 원력으로 평양포
교당을 세우시고 서울 수송동 각황사에서 포교하시다가 전 석왕사 포교당
을 인수하여 불이성 법륜사를 개원하고 대중생활 불도량으로 공개하였다.

첫째는 교화도량으로 쓰고,

둘째는 인재양성 도량으로 이용하며,

셋째는 종권수호도량으로 쓰기 위해서였다.

그리하여 법륜사는 수복 후에는 이북에서 넘어온 스님들이나 피난민들의 임시 휴식소가 되었고 법난 후에는 종단 사찰에서 쫓겨난 스님들의 안식처가 되었으며 지방에서 유학 온 학생들의 기숙사로 사용되었다.

스님은 수가 많든 적든 하루 세 때 음식을 굶기지 않도록 노력하고 공부하러 온 학생들에게 숙식은 물론 때로는 학비까지 조달해 주는 아버지, 어머니가 되었다.

스님의 한 가지 소망은 불교청년회관을 지금 파고다공원 근처에 만들어 기독교 YMCA처럼 청년운동의 기점이 되도록 발원하였으나 끝내 성취하지 못하고 그만 열반에 드시었다.

"스님은 금년 춘추가 95 되시나요?"

"생사의 꼬리는 끝도 갓도 없느니라."

"스님은 평생 포단도 사용하지 않았다 들었는데요?"

"3천대천세계가 모두 내 자리이기 때문이다."

"스님께서는 무슨 설법을 주로 하십니까?"

"밥 달라 하면 밥 주고, 옷달라 하면 옷 주었지...."

"스님은 동진 출가하여 일생을 독신으로 살으셨다 하는데, 세상을 그리워하지 않으셨습니까?"

"그러게 세상에서 살고 있지...."

보살들이 오면 "방생하세요", 거사들이 오면 "복 지으세요" 하여 누구고 그냥 가게 하는 법이 없었다.

"복은 어떻게 지어야 합니까?"

"마당쓰는 것도 복이요, 상을 놓는 것도 복이요, 담배 끊는 것도 복이고 술 적게 마시는 것도 복입니다."

"방생은요?"

"고기방생도 방생이고, 사람방생도 방생이지만 고통방생이 제일입니다."

그래서 방생회장은 다음과 같이 노래불렀다.

가지도 없고 잎도 없는 나무지만

봄 바람에 뿌리가 생생하게 살아나네.

푸르지도 희지도 않는 빛이

꽃을 피워도 흔적이 남지 않네.

스님은 항상 화엄경 정행품과 보현행원품을 생활지표로 삼아왔다.

1. 누구에게나 절 잘하고,

2. 부처님 칭찬하고,

3. 배고픈 사람들에게 공양하고,

4. 업장을 소멸하고,

5. 남의 공덕을 기뻐 따라주고,

6. 항상 법륜을 굴리고,

7. 불교가 오래 오래 세상에 머물게
   하고,

8. 항상 따라 배우고,

9. 항상 중생을 보살피고,

10. 모두 다 사실적으로 회향하는 것이다.

32. 장애인 도인 영화노스님

천애의 고아 장애인은 세상에 태어나면서부터 사랑을 받지 못한다. 부모 형제는 말할 것도 없지만 가는 곳마다 걱정거리가 되기 때문이다.

그런데 다행히 은인을 만나 부처님과 인연을 맺으면서부터 절에서 살게 되었으나, 대중 앞에 나서기 어렵고 항상 후원이나 뒷 마당에 서서 세상 구경을 하는 입장에 서게 되었다.

나이 60이 넘어 활안스님과 인연이 되어 처음으로 해외 나들이를 하게 되었는데, 부처님의 나라 인도에 가서 보니 우리나라는 천국에 가까웠다. 집도 없어 숲속에서 사는 사람들이 태반은 되어 보였고 음식을 먹을 때도 숟가락이나 젓가락이 없이 손으로 먹었으며, 화장실은 남녀에 구분없이 길거리에서 대소변을 보고 살았다.

자신은 비록 몸은 불편하더라도 천국에서 살고 있구나 생각이 나서 누구보다도 힘이 생겨 가이드 뒤를 따라 룸비니, 가비라국, 붓다가야, 베나레스 등 8대 성지를 구경하였다.

특히 간디스 강가에서 장작더미에 얹혀져 화장되는 사람들을 보고 상여 속에서 관 밖의 친지들의 전송을 받으며 땅속에 묻히는 한국의 장례의식이 얼마나 장엄한가를 새삼스럽게 느꼈다.

이렇게 중국, 미국, 한국 등 여러 나라를 구경하고 금강선원 기로원에 들어오니 독방에 TV, 라디오, 세탁기 그리고 화장실을 마음대로 쓸 수 있어 숨을 거둘 때까지 염불, 참선, 독경을 마음껏 하였다.

그전에는 세상에 태어나 장가도 못가고, 자식 하나도 없이 쓸쓸하게 사는 것이 한이 되었으나 같은 처지의 사람들이 10여명씩 함께 살다보니 쓸데없는 망상이 모두 사라졌다.

부처님은 왕자로 태어나 먹고 입고 사는 것에 한 가지도 걸림이 없는데 생노병사에 허덕이는 중생들을 보고 출가하여 풀도 제대로 나지 않는 돌산에 올라가 6년동안 고행하신 것을 생각하니 한 가지도 그리운 것이 없었다.

그래서 정부에서 나오는 장애인 연금을 모아 나 보다도 더 불우한 아이들이 사는 보육원에 보내고, 그들을 위해 염불하고 참선하기로 작정하였다.

새벽 4시 잠에서 깨어나면 앉아서 아침예불하고 나라를 위해서 천념(千念)염불을 하였고, 사시가 되면 법당 부전스님의 염불소리에 맞추어 사시마지를 올렸다.

그리고 저녁에는 먼저가신 부모님과 형제들을 위해 기도하고 그 동안 나를 위해 헌신하신 모든 분들께 감사하였다.

90이 넘어 다소 답답한 느낌이 있었으나 한 달에 한 번씩 국내 성지를 구경시켜 주었다. 진도, 완도 등의 바닷가를 구경하면서 산과 물, 바다를 겸해서 가지고 있는 대한민국이 얼마나 행복한 나라인 것을 새삼스럽게 느꼈고, 영광 백제불교 도래지에 이르러서는 파키스탄 출신 마라난타스님이 중국을 거쳐 한국에 불교를 전해주기 위해 희생봉사한 일도 알게 되었다.

대통령별장 청남대, 밤낮없이 지키고 있는 38선을 둘러보고 장병들의 고마움도 새삼스럽게 느낄 수 있었다.

스님은 하늘 땅이 생기기 이전 우주 인생을 창조한 내 마음을 믿고 살았기 때문에 죽음에 대한 두려움은 일찍이 없어졌다. 그리하여 94세에 이르러 노인병원에 입원했을 때도 병고에 시달리는 중생들을 위해 기도하였다.

첫째는 4대 소성의 이 몸이 공하고,
둘째는 그 공속에 난 병도 공하고,
셋째는 그 공하다는 생각까지도 공하다는 것을 이미 알고 있었기 때문이다.

스님은 병원에 위문 온 스님들과 대화하다 2016년 6월 20일 자는 듯이 가셨다.

지무생사(知無生死)
증무생사(證無生死)
행무생사(行無生死)

33. 한국의 공자(孔子) 김지수박사

물이 오염되면 지하 광천수가 생각나고 공기가 탁해지면 푸른 하늘이 생각난다. 일찍이 서울대 법대를 졸업하고 국립대만대학 국립연구소에 가서 3년간 중국의 도학을 연구한 뒤 한국에 돌아와 고향 법전원에서 숨어사는 한국의 공자님이 계신다.

옛날에는 인광대사 가언록(嘉言錄)을 번역하여 "화두놓고 염불하세" 하더니, 중간에는 운명을 뛰어넘는 원요범(遠了凡) 인생을 설명하였다.

최근에는 포청천을 번역하여 청념정직한 중국문화를 소개하며 사회정화를 고대하고 있다.

중국문화는 인구만 하여도 14. 5억이 되어 별별종류의 인생이 뒤죽박죽 어울려 살고 있기 때문에 우리와 같은 단일민족으로서는 상상할 수 없는 일들이 많이 생기고 있다.

옛날 조선족(朝鮮族)들이 천산에서 내려와 배달민족을 형성하였을 때 만주벌판에서 콩, 메밀 같은 잡곡을 생산하여 수레에 실고 장사를 가면 하천에서 도면을 구해 언어 문자를 만들었던 은나라가 스스로 문화인을 자처하며 콩팔아 먹고 사는 족속들이라 폄하 하면서 그들은 상(商)나라 사람이라 업신여겼다. 그래서 옆에서 살던 사람들이 은사람 문자에 상나라 콩을 가지고 두부를 만들어 널리 나누어 먹는 것을 보고 골고루 나누어 먹고 잘 살므로 주(周) 나라라 불렀다. 인·의·예·지를 잘 지키기 때문에 법대로 바꾸어 다 같이 평화롭게 살자 한 것이 주역이 되었다. 한국 사람들은 공자님이 펼쳐놓은 주역을 갖다가 인생도 골고루, 나라도 골고루 나누어 먹는 주역(주나라 易)을 발전시켰다 한다.

어떻게 되었던지 그 뒤 중국은 양반의 나라, 대부의 나라가 되어 56개 민족이 한 가족처럼 조화를 이루고 사는데 알고 보면 선비는 선비의 길, 농부는 농부의 길, 공인은 공인의 길, 상인은 상도를 잘 걸어 자리이타에 충실한 인생을 살고 있기 때문이다.

세상이 민주화가 되면서 모두 제 잘난 맛에 사는데, 제가 잘났으면 남도 잘 난줄 알아 서로 사람대접을 하고 살아야 될 것이 아닌가.

검·판사는 지혜로서 선악을 재판하고, 정치가는 청렴결백으로서 정의로운 사회를 이끌어 가 부정부패에 강직하여야 한다. 황제의 얼굴에 침을 뛰게 하면서도 역린(逆鱗)은 직간을 하여 원통을 풀어주는 정치, 가난을 구제하는 경제, 탐욕을 경계하고 정조를 귀히 여기는 사회를 만들었기 때문에 동양제국에 뿌리 되었던 것이다.

받는 물건도 죄악이 되기 앞서 이익을 보면 의(義)를 생각하고 범제사에 뇌물까지 없에 역대의 군주들은 이렇게 가렴주구를 감독했다.

고사리를 꺾지 않더라도 백이숙제와 같은 이가 나온 은나라 역사, 입술을 지켜 의를 지킨 우나라 궁지기와 같이, 부하의 재판을 책임지고 죽어간 진나라 이리(李離), 세 임금을 섬겨 가면서도 청빈한 노나라 계문자, 죽어서 임금님을 감동시킨 위나라 사어(史魚), 살인배 아버지를 놓아주고 대신 죽은 초나라 석사(石奢) 등 우, 은, 진, 초, 노, 송, 위, 재, 조나라 위인들을 들어 제자백가의 청렴결백을 살린 중국의 도학도들을 이 시대에 소개하여 만인의 가슴을 울려주고 있다.

　검은 백로가 되기 전에 부패없는 구제로 고난의 사회를 구제하는 포청천이 되도록 권장한 보적 김지수박사의 학문과 삶에 밝은 빛이 있기를 손 모아 빈다.

34. 효성 조명기(曉城 趙明基) 박사

조박사님은 동국대학교 불교대학장으로 계시다가 총장이 되셨다. 대학 1학년 때는 불교문화사를 가르쳐 주시고, 3학년 때는 의천 대각국사에 대하여 특강을 들었다.

선생님께서 부총장으로 계실 때 학교에 승낙을 받지 않고 우리들끼리 의논하여 김포광박사님께 금강경 특강을 받아 혼난 일이 있다. 백총장님께서 학생들 감독을 잘 못했다고 부총장님을 불러 학생들 앞에 세워놓고 회초리로 종아리를 때렸기 때문이다.

"포광스님이 할 일없이 앉아 끼니를 제대로 끓이지 못해 학생들과 의론하여 한 일이다."

하니 화가 풀어졌지만 김포광박사님은 그로 인하여 돌아가실 때 까지 대학원 강의 한 강좌를 맡아 한 달에 7,200원씩 거마비를 받으셨다.

그런데 우리가 놀란 것은 부총장님이 시켜서 한일도 아닌데 변명 한 마디 없이 매를 맞고 나서 라후라가 부처님께 야단맞은 것 같이 하셨다는 사실이다.

불교문화연구소에 계실 때는 많은 후배들을 데리고 불교학 연구의 방법을 가르치셨고, 대각국사 문집을 낼 때나 돌아가신 뒤 사학대사전(史學大辭典)을 낼 때도 동참한 바 있는데, 요즈음 와서 그 저서를 살펴보면 참으로 놀라지 않을 수 없다.

일본 유학할 때부터 안 일이지만 일본사람들은 공부할 때 그냥 공부만 하는 것이 아니고 염불하고 참선하며 실참실수하는 것을 보고, "나도 이렇게 인재를 양성하여야 되겠다" 생각하였지만 막상 귀국하여 보니 학문적 재정적 준비가 그렇게 되어있지 않아 실천을 못하고 고민하시던 모습이 눈에 선하다.

"일본불교대학생들이 수백 명씩 모여 아미타불 염불하는데로 가서보니 모두가 다 아미타불로 보여 이상하다고 생각했는데, 100일이 지나니 자신의 모습도 그렇게 되어 깜짝 놀랐다."
하시며,
"우리는 그렇게 시키면 다 도망 갈 것이다."
하면서 껄껄 웃으시던 모습이 지금도 눈에 선하다.

서돈각박사님께서,
"백총자님의 명령으로 고려대장경 인쇄본을 만드실 때는 천진난만한 애기처럼 기뻐하시던 모습이 눈에 선하다."
하셨고, 집에 가면 쌍계사 진감국사 대공탑비, 서산 계심사 대웅보전, 강화 정수사 법당 건물도를 낱낱이 그려 모서 놓고 불교문화재의 소중함을 가르쳐주시던 모습, 회암사지 쌍사자 석등과 법천사 지광국사 효행탑 등 보물 389호와 국보 101호를 자랑삼아 설명하시던 모습은 여전히 잊혀지지 않는다.

특히 일본국립중앙박물관에 소장된 보물 1331호의 방형대좌금동미륵보살반가사유상과 일본사람들이 가지고 있는 설총의 관경변상도, 수월관음 등은 꼭 우리나라에 모셔다가 전시하고 싶다고 염원하셨는데, 몸소 실천하지 못하고 돌아가셨다.

무엇이고 귀한 것을 보면 비밀리 소장하고 싶은 생각이 간절하면서도 학생들에게 보여주고 싶은 마음은 설레는 처녀총각의 마음 보다도 더 뛰는 것을 보았다.

학문을 사랑하는 마음, 제자를 기르고 싶어 하는 마음은 자신만의 욕망뿐 아니라 이 나라 불교를 새롭게 이어나갈 후배들을 기르고자 염원하는 생각이 더욱 간절하였던 것이다.

특히 선생님께서 가지고 계시던

① 일승법계도 원통기

② 유식론소 2장의

③ 진여세계의 칠대만법

④ 천봉시집

⑤ 중론술기

⑥ 육조단경 언해본 등 1백여 점은 희귀한 자료들인데 동대도서관과 박물관 등에 보관되어 후배들의 귀한 자료가 되게 하였다.

지금도 곳곳에서 전시하고 있는 문화재를 보면 두 눈썹 사이에 검정 점이 있는 효성 조명기박사님의 모습이 떠오르게 한다.

35. 북한 대장경을 집필한 김자연 선생님

북한에서는 1980년부터 8만대장경을 집필하기 시작하였다. 집필진은 10여 인으로서 김일성대학 교수들과 사회과학연구소 연구원들이었다.

세 차례에 의해,

1. 팔만대장경 해제본 15권

2. 고려대장경 해제본 6권

3. 팔만대장경 선역본 17권

등 총 38권으로 대장경 전체를 이해하는데 도움이 되는 책들이다.

듣건데 캄보디아가 공산화되면서 당시의 왕 노로돔 시하누크(Norodom Sihanouk)가 중국으로 피난 왔다가 한가한 시간을 타 금강산을 구경하고 많은 절터에 감탄하니 김일성주석께서,

"우리나라에는 고려 때 만든 8만대장경이 있고 사회과학연구소에서 그것을 연구하는 사람들이 있다."

하여 구경시켜주니,

"국민의 교양서로 번역하면 장차 불국토를 이룰 수 있다."

는 말을 듣고 번역하기 시작하였다 한다.

나는 일본 교포 김종기씨와 함께 〈동양의 신선사상〉을 집필하여 중국사
회과학연구소에 갔다가 이 책 한 벌씩을 구해와,

"자본, 공산주의가 사람 때문에 생긴 것이니 무력과 사상 싸움으로는 평
화를 이룰 수 없고 대장경의 내용을 깨달음으로써 참된 평화가 이룩될 수 있
으니 이북사람들도 불경을 바로 보고 깨닫게 해 주십시오."
하고 발원하였다.

과연 4반세기를 지나고 보니 남북이 화해무드를 조성하고 세계평화를 구
상하는 회의가 국내외에서 이루어지고 있는 것을 보고 불보살의 가피가 헛
되지 않다 생각하고 있다.

남한 사람들은 절마다 아침 저녁으로 예불드리고 발원문을 외울 때,
우순풍조민안락(雨順風調民安樂)
천하태평법륜전(天下太平法輪轉)
남북통일속성취(南北統一速成就)
하고 발원한다.

임진왜란때는 7. 80된 노스님들은 절안에서 "하루 빨리 전쟁이 끝나도록"
기도하고 힘이 있는 스님들은 빈손으로 출전하여 봉사대원으로 임금님을 호
위하며 백성들을 안전하게 보호하였던 것이다.

비록 시대는 달라졌지만 진리는 하나도 변한 것이 없고 국토도 백성도 달
라진 것이 없다. 통일신라 때부터 당나라를 의지하여 살아온 정부가 고려 때
이르러서는 원나라의 지배를 받고, 조선조에 이르러서는 배불정책으로 산

중으로 쫓겨가 갖은 고통을 겪으면서도 3.1운동 때는 민중의 길잡이가 되어 독립만세를 외쳤고, 6.25이후에는 전란 중에 파괴된 절을 복구하는 가운데서도 아침 저녁 예불드릴 때마다 조국 평화통일을 간절히 빌고 있는 것이다.

나는 캄보디아에 갔다가 김일성장군이 왕궁사찰에 들려 부처님께 합장하고 예배드리는 모습을 보고 불국토의 재현이 머지않았다고 믿고 있다.

8만대장경은 어떤 사람, 어떤 나라의 국보가 아니라 모든 인류의 보물이고 동서사상의 기본이 되는 경전이기 때문이다.

한번 읽고 보고 듣기만 하여도 다생겁의 업장이 소멸되는데, 하물며 꾸준히 읽고 외우며 사경한다면 그 공덕이야 다 설명할 수 있겠는가.

36. 무산(霧山) 조오현대종사

　무산대종사는 1932년 밀양에서 태어나 2018년 설악산에서 열반하였다. 1957년 밀양 성천사 인월스님에게 출가하여 금교산 토굴에서 6년간 고행하고 66년 철운 조종현스님의 추천으로 시조문학에 등단하였다. 범어사 석암스님께 비구계와 보살계를 받고 신흥사 주지가 되었으며, 89년 낙산사에서 오도송을 발표하고, 신흥사 회주가 되었다.

　97년 만해 실천선양회를 설립, 만해대상을 시상하고 백담사에 부금선원을 개원하고 진전사를 복원하였다. 2천년대에 들어 만해마을을 만들고 백담사 기본선원을 운영하였다.

　6·25사변 후 한국불교는 죽은 재와 같았다. 깊은 산속에 있는 절들은 빨치산들의 은거지가 되었다가 불타버리고 야산지대에 있던 절들은 텅빈 초막처럼 귀신이 나올 정도였다.

　그런데 스님은 한 평생 설악동에 파묻혀 허물어진 절을 복원하고, 오는 손님 즐겨 맞으며 언제 어느 세월을 지냈는지 자신도 알지 못하게 살았다.

　하루라는 오늘

오늘이라는 하루

뜨는 해도 보고

지는 해도 보았다.

더 이상 볼 것 없다고

알 까고 죽는 하루살이

죽을 때가 되었는데도

나는 아직 살아 있다.

그 어느 날 그 하루도 사는 것 같이 안했다.

천년을 산다해도

성자는 아득한 하루 살이에…

파도치는 이마에 주름,

간조주름한 눈매

쪽 곧은 코

파안대소(破顏大笑)하는 입술이

영락없는 시골 할아버지 같았다.

어쩌면 꿈꾸는 방기(放氣) 소리처럼 냄새도 형태도 없이 허공을 나는 마음, 그 마음이 바로 조오현의 시였다.

날마다 안개 속에서 살다 보니 호가 '무산'이 되어 있어도 가물가물 떠나도 가물가물, 그 가물 속에 조오현은 영생할 것이다.

나는 2천년대 초 낙산사에서 지내다가 스님을 뵙고 철운스님과 사모님의

역사를 이야기 하였더니,

　"그분이 바로 나의 은사여."

하고 지난날을 이야기 하였다. 백담사 만해마을도 좋고 설악산 흔들바위도 좋지만 나그네들이 쉬어가는 낙산사가 좋다고 하시며 지나가는 사람마다 노자돈을 주셨다.

　그리고 혹 시를 읊는 시인이나 문필가가 오면 멀리 설악산과 동해의 앞 바다를 바라보며 산처럼 높고 바다처럼 깊으라고 격려해 주신다. 누가 파서 깊어진 것도 아니고 누가 쌓아 높아진 것도 아닌데 계절 따라 나타난 푸르름과 녹음, 가을 단풍에 북풍 한설이 몰아치는 가운데서도 춥고 더움을 잊어버리고 만인의 쉼터가 되어주는 설악산, 동해바다…

　속 맺힌 것이 있으면 그곳에 가서 풀어버리고 쌈지대까지도 안겨주시는 스님, 그 스님은 아직도 60년대 철운스님을 잊지 않고 있다.

　"'거 누가 날 찾아?

　조주의 방(棒)인가,

　덕산의 할(喝)인가!'

　나는 그 분의 세심하고 율에 맞는 시를 잊을 수 없다."

하고 말했다.

　중앙대 박우식박사, 경기대 김민서박사, 유순덕씨등은 오현의 시를 조사 활구하여 고칙시(古則詩), 자연경계의 선취시(禪趣詩), 중생구제의 우범시

(又凡詩), 승속일여의 선화시(禪話詩)로 구분하고, 태초의 운율에 맞추어 노래하고 있다.

37. 법거량(法擧揚)의 달인 진제대선사(眞際大禪師)

스님께서 법상에 오르자 물었다.

"오늘 법회가 국제무차법회인데, 허물이 있습니까, 없습니까?"

"입을 열면 그릇친다."

"그렇다면 차나 한자 드시고 내려오십시오."

"임제스님께서 4빈주(賓主)법문을 하셨는데, 어떤 것이 주중주(主中主) 입니까?"

"너무 깊어 거기에는 부처님도 계시지 않는다."

"주중빈(主中賓)은요?"

"만리장강에 흰 기러기가 날아가고 있다."

"빈주의 거리가 얼마나 됩니까?"

"밝은 달이 비치니 맑은 바람이 부는구나…."

"손안의 주장자는 어디로부터 왔습니까?"

"그런 생각하면 옳지 못하다."

스님은 이렇게 법거량을 즐기며 후배들을 제접하였다.

진제스님은 경남 남해출신이다. 해인사에서 출가 석우스님께 계를 받고 통도사에서 구족계를 받은 뒤 곧장 향곡스님을 따라 경허, 혜월, 운봉스님의 법을 이었다.

해운정사를 창건 금모선원의 조실로 선학원, 중앙선원 이사장, 조실로 계시면서 백양사 제1. 2차 무차대회 때 법주가 되었다.

봉암사 태고선원 조실로 있으면서 해운정사에서 국제무차대회를 소집하고 조계종 원로로서 대종사법계에 올랐다.

스님은 종종 옛 못에서 달을 건지며 돌사람처럼 무뚝뚝한 웃음을 지으며 꿈속에 사는 사람들의 꿈풀이를 해 주신다.

"가는 곳마다 주인이 되라. 서 있는 곳이 바로 진리의 자리다."

그렇게 되면 돌사람도 물을 긷고, 석녀도 꽃을 딴다. 이것이 스님이 가르친 물속의 달이요, 맑은 바람이다. 세상 사람들은 옳고 그르고, 선악, 득실에 얽매어 꼼짝달싹하지 못하고 살고 있기 때문이다.

UC 버클리대학 랭커스터 교수가 물었다.

"참선은 어떻게 해야 합니까?"

"분별시비 다 놓아 버리고 일념으로 정진하는 것입니다."

"임제선풍의 특징은요?"

"억. 이 속에 죽이고, 살리고, 주고, 빼앗는 것이 다 들어 있습니다."

"퇴폐해 가는 정신세계의 약은 무엇입니까?"

"선입니다. 선을 하면 안정과 평화를 얻을 수 있습니다."

"돈오돈수와 점수돈오는 어디서부터 생긴 것입니까?"

"5조홍인의 문하 6조스님과 신수스님에게서 비롯된 것입니다."

"스님은 어느 쪽입니까?"

"五九畫日又逢春입니다."

(동지로부터 45일이 지나면 봄이 온다는 말이다.)

조선일보 최보식기자가 물었다.

"3계가 한 집안이고 만물이 동체라 하는데요!"

"절 도량에 연등이 둥둥 떠 있구나…."

"어떻게 출가 하셨습니까?"

"불공갔다 석우스님을 만나 도를 구하면 부처가 된다는 말씀을 듣고 출가 하였지!"

"향곡스님에게 법을 받으셨다면서요?"

"여름 해제일에 한 말씀 부탁드리니 9·9는 81이고 6·6은 36이라 하였어… 여기서는 나는 취사심(取捨心)이 없어지고 평상심을 되 찾았지…"

"무슨 낙으로 사십니까?"

"사는게 낙이요, 낙 속에 삶이 있지…"

"언제 가시렵니까?"

"토끼 꼬리 빠지는 날…."

알 것도 같고 모를 것도 같아 왕복 10시간 차를 몰고 다시 서울로 올라왔다.

박동민 경제신문사 기자와 중앙일보 박정호 기자가 물었다.

"이뭣고 속에서 밥이 나옵니까?"

"욕심을 버리면 풍요가 온다."

"나는 누구입니까?"

"질문 속에 지혜가 들어있다. 지혜가 생기면 약육강식만 생각하지 않고 상호부조(相互扶助)도 생각하게 된다. 두 칸 토굴 속에 두 다리 뻗고 있으니 바닷바람 시원하게 만년을 부는구나...."

"'남 진제, 북 송담' 이라 하는데 사실입니까?"

"그것은 그들의 말이지...."

"깨달음을 얻은 다음에는 어떻게 합니까?"

"중생이 보살이 되지...."

"어떻게 해야 한 소식을 얻습니까?"

"매화보고 물어보게....."

이렇게 스님은 법상에서나 토굴에서나 항상 자유스럽게 문답하고 자유스럽게 행동하신다.

38. 세계제일 목공장(木工匠) 박찬수선생

　　박찬수선생은 대한민국 중요무형문화재 108호로서 목조각장이다. 여주에 목아(木芽)박물관을 가지고 있으면서 세계각국의 초대전에 나아가 대한민국 예술상을 전하신 분이다.

　　八자 눈썹에 구불구불한 수염, 언제나 땀받이 넌링샤스 하나로 구슬땀을 흘리며 조각하는 모습은 태초 이전의 원시인으로 보인다. 그러나 그의 손에서 나오는 부처님과 보살, 나한, 신장, 역사(力士), 조사들은 허공 가운데서 나타난 무지개처럼 신선하고 다양하다.

　　손수 나무를 베어 자연 건조 시키고 밑그림을 그려 원목과 궁합을 맞춘다. 만일 옹이가 그 속에 들어가면 혹부리가 되기 쉽게 때문이다.

　　걸목을 잘라 우선 균형을 잡는다. 통나무를 자귀로 깎아내는 모습은 보통 사람으로서는 상상도 하기 힘든다. 연필 초안도 없이 눈대중으로 그냥 콕콕 찍어 깎아내기 때문이다. 이렇게 걸목이 정돈되면 다음에 조각에 들어가는데, 앞서의 끌 자귀는 놓아버리고 예리한 칼들로 조각상을 다듬는다.

　　특히 옷칠을 해야 할 때는 어교와 애교를 혼합하여 배접하고 정착시켜 사이사이가 공간이 생기지 않도록 반질반질하게 만든 뒤 금박을 입혀 채색한다.

불상의 채색은 음양의 배합이 필요함으로 구부러진 곳과 들어난 곳이 음양의 조화를 이룰 수 있도록 배려하고 적당히 농도를 입혀 강약을 나타낸다.

특히 조각이 끝난 뒤 채색이나 금박을 입힐 때는 굳어진 조각상을 끓는 밀랍에 담가 수지(樹脂)가 울어나지 않도록 배려하고 더러 눈썹, 입술 등 색깔이 들어가야 할 곳은 천연 안초를 사용하여 조화를 이루게 한 뒤 점잖은 사람이 화장하듯 천천히 한 겹씩 입혀간다.

밀랍은 나무 세포 사이에 스며들어 견고해 지기 때문에 조각의 수명과 연관이 있으므로 진짜 정신 차려 두 번, 세 번 입힌다.

만약 옷칠 개금을 하게 되면 초분을 바른 뒤 6~7회 내지 많이 할 때는 12회 내지 15회까지 하는데, 잘되면 상의 내구성을 높일뿐 아니라 금색과 금가루가 붙는데 접착이 잘된다.

그러므로 아교와 어교 금박과 금가루는 화장품 가운데서 최상품이어야 하기 때문에 99% 박을 내어 사용한다.

목조각에서 가장 중요한 것은 연장이다. 연장이 좋지 않으면 족각의 리듬이 풀어질 수 있기 때문이다. 그래서 그는 틈만 나면 연장을 갈고 다듬으며 담금질을 계속한다.

나는 두 차례 석가여래 좌상과 문수동자 3존불감 등을 제조하는 과정을 지켜보았는데, 공자님의 아버지가 구산에서 천일기도하여 안징재(공자님 어머니)를 만다는 것보다 더 어렵다는 것을 느꼈다.

그래서 선생님은 얼굴을 제대로 씻을 틈도 없어 기름기가 번질번질 할 때가 많은 데 나는 그런 모습을 볼 때 마다

"아, 이제 큰 아이 한 분 탄생되는가 보다."

하고 큰 숨을 쉰다.

파계사 관세음보살, 일본 광륭사에 있는 미륵반가상은 오히려 일본문화
재 보다도 더 장중하고 부드러운 선율이 흘렀고, 눈을 부릅뜬 금강, 천왕상
들은 곧 벽에서 튀어나올 것 같은 기분을 느낀다.
한국의 여신상, 동남동녀는 산중의 선녀가 호랑이를 데리고 노는 것 같았
고, 반쯤 누워있는 배불뚝이 나한상은 매우 해학적이었다.

우리나라에서 이런 보배 인재를 모시고 있다는 것만도 천행으로 생각하
고, 오래 오래 계시면서 훌륭한 인재 길러주시기 바란다.

39. 신촌 봉원사 대운(大雲) 큰스님

　대운스님은 봉원사 터주대감이다. 1939년에 서울에서 태어나 16세에 봉원사 원명스님을 은사로 출가하여 벽해스님과 묵담스님에게 계를 받고 동국대학교 불교학과를 졸업한 뒤 봉원사에서 10안거를 성만하였다.

　봉원사는 신라 진성여왕 3년 도선국사가 연희동에 짓고 반야사라 불렀는데, 이태조가 3존상을 모시고 원당으로 삼았기 때문에 태조의 영정사찰로 인식되었다.

　그런데 선조 때 왜병에 의해 불탄 것을 지인대사가 중창하고 이어서 영조 때 사액을 받아 봉원사로 고쳤다.

　이런 내력을 아는 사람이 거의 없으므로 장차 봉원의 뜻대로 절을 복원하여 명자 그대로 천하 제일의 성지를 만들기 위한 서원을 세우고 전래의 풍습을 따라 국재(國齋)를 자주 지내다 보니 거국적인 면에서 영산도량(靈山道場)으로 성장하게 되었다.

　단청장 만봉 큰스님이 인간문화재가 되자 송암 큰스님이 범재장이 되어 지금은 세계문화유산의 보호사찰로 인증을 받고 있다.

그래서 스님도 인간문화재 50호 지정을 받고 영산회 보존회 회장으로서
자문위원의 역할을 하다가 봉원사 주지, 태고종 총무원 부원장이 되기도 하
였다.

　　自在熾盛與端嚴　名稱吉祥及尊貴
　　如是六德皆圓滿　應當總號婆伽梵

이라 불보를 찬탄하면

　　契經應頌與授記　諷頌自說及緣起
　　本事本生亦方廣　未曾譬喩幷論議

이라 하여 법보를 찬탄한다.

　　等地三賢幷四果　菩薩聲聞緣覺乘
　　無色聲中現色聲　大悲爲體利群生

하고 스님들을 찬탄하면 합원대중이

　　願此香供遍法界　普供無盡三寶海
　　慈悲受供增善根　永法住世報佛恩

하고 향공양을 올린다.

이렇게 하면 이어서 등공양, 꽃공양, 과일공양, 차공양, 향미공양 등 하여 6법공양을 올린 뒤 4다라니 작법무(作法舞)를 하고 천수바라춤을 추는데, 한 두 사람이 하는 것이 아니라 3, 40명씩 조를 짜서 하면 마치 영산회상이 재연된 것 같아 합원 대중은 다 같이 발우를 들고 마당에 나와서 법답게 공양을 한다.

그렇게 하면 굶주린 아귀떼들이 무질서 하게 모여 들어 치고 밟고 하며 음식을 빼앗아 먹던 아귀세계가 일시에 인천공양(人天供養)세계로 변하여 법답게 밥을 먹고 무엇을 할 것인가에 대한 모습을 적나나하게 공부하게 된다.

부처님 당시 스님들은 그 수가 천으로부터 만에 이르러도 질서있게 복장 단정히 하여 법답게 밥을 먹고 공부하는 모습을 보여주어 이 세상에서 공밥을 먹는 사람이 한 사람도 없다는 것을 배우게 하였다.

"밥 먹으면 도량 정비하고 각기 분야별로 공부하여 번뇌를 없애고 깨달음을 얻어 길을 쓸고 농사를 짓고 직(職)에 따라 본업에 나아가 각기 해야 할 것을 하면 이 세상은 왕법(王法)이 따로 없어도 불국토의 세계가 저절로 이룩된 다는 것을 가르쳤다.

대운스님은 이렇게 인간문화재 스님들을 질서있게 기르치고 참관 인사들을 지도하여 교육 아닌 교육을 평생동안 해왔다. 훤출한 키에 가사장삼을 입고 덕스런 모습, 일음연창(一音演唱)으로 범음을 설하면 따라 배우지 않는 사람이 없다.

40. 아버지 품속에서 자라난 육락(六樂) 스님

육락스님은 경북 영풍군 평은면 진월사 출신이다. 경북불교대학에 강의 갔다가 저녁 공양을 함께 하는데 너무도 그 음성이 철소리가 나서,

"방송 한번 해 보겠느냐?"

하니, 좋다고 하며,

"우리 아버지 이야기를 한 번 해 보겠습니다."

하여 방송을 하게 되었는데, 경향 각지에서 이 방송을 들은 사람들이 수천, 수만이 되어 그의 녹음테이프가 구름과 파도처럼 천지를 휩쓸었다.

아버지 이종억은 여덟 살에 부산 영주동 중심여관으로 이사와 초량에서 한문교육(천자 · 소학 · 대학 · 중용 · 논어 · 맹자)등을 받고, 13세살에 부산 공립학교를 수료하고, 통도사 설암스님을 시봉하다가 이듬해 자일스님께 출가 16세에 범어사 영정학교에 입학, 이듬해 독립만세를 불렀다.

열아홉에 도첩을 받고 밀양 표충사 내원선원, 스무살에 직지사 천불선원에 있다가 내소사 금방스님과 선문답을 하고, 다시 백양사 선원에서 4집을 보고 학명스님의 선지를 따라 중국의 선지식들을 참배하였다.

그 동안 스님의 이름은 종억에서 종업, 근식, 근우, 병장으로 만나는 선지식을 따라 달라졌고, 범어사 금강계단에서 비구계를 받고는 화담으로, 일본

조도전대학을 다녔고, 부산에 돌아와서는 신혜월스님에게 해장이란 법명을 받고, 동래 고경사 주지가 되었다.

서울 대각사 조직간사가 되어서는 백용성스님에게서 태어, 종진이라 법명을 받고 삼장역경원 교정사가 되었다. 과로로 몸이 시원치 않아 청주 현사에서 백일기도하고, 인천 동명학교 교장이 되었다가 대전대학교 지부장이 되고, 충남 회덕지부에 가서 관음기도로 영기(靈氣)를 얻어 수 많은 사람들을 치료하였다.

이어서 동경 이학원을 졸업 이학사 학위를 받고 법호를 동강이라 부르게 되었다. 아울러 동경 지압원에서 의료사 자격을 얻고 38년 범어사 아사리가 되었으며, 아울러 부산 영주동 동광의료원 원장이 되었다.

아울러 일본 복강 8번교당의 포교사가 되고, 서울에 중앙불전이 생기자 입학, 마침내 동국대학교를 졸업하였다.

44세에 어머니 청련화의 장례를 치르고 경기도 개풍군 총지사 주지가 되었다. 고양군에 아동포교단을 설립하고 동대 전임강사로 있으면서 쉰 세 살에 동래 포교당 주지가 된다. 이어서 55세에 김해 은사 주지가 되고 울산 대덕사 동래포교당 포교사가 되었다가 마침내 태백산에 들어가 그 동안 지냈던 경과를 총정리하고 77세를 일기로 서울 연화사에서 입적하시니 열반송은 다음과 같다.

七七年間道遊幻世　四大肉身今朝棄
棄却然後向甚麼　無向無去亦無住
欲知我去眞面目　靑山不動水長流

이런 가운데서 화엄, 법화, 살림을 19회를 하면서 많은 자료를 남겼으므로 육락스님의 법문은 돌아가신 화담스님이 다시 살아난 것 같았다.

육락이여,

눈이 즐거운가, 귀가 즐거운가

코가 즐거운가, 입이 즐거운가

몸이 즐거운가, 뜻이 즐거운가

6×6은 36이요

8×8은 본래 공이로다.

41. 봉원사(奉元寺) 강사 동호(東浩) 대화상

1970년대 하얀 눈이 소복이 대린 봄날 귀한 손님이 오셨다.

"이 산중에 어쩐 일이십니까?"

"제자 한 분을 불교통신대학에 입학시키고져 왔습니다."

스승과 제자가 아무리 가깝다 하여도 눈 오는 날 새벽녘에 먼길을 찾아 온다는 것은 쉬운 일은 아니다.

"오래 전부터 서대문 형무소 법사로 나가고 있는데 법문자료가 필요합니다. 나 또한 해인사에서 공부하여 한문 밖에 모르기 때문입니다."

그래서 스님을 위해서 '불교강연법문집', '불교교양대학강좌' 등을 편집하여 포교하는데 도움을 주었다.

그런데 스님은 만나면 고소한 이야기를 재미있게 잘 하셨다.

"옛날 옛적에 인도에 바구라라는 아이가 있었는데, 세 살에 어머니를 여의고 계모 밑에서 생활하였는데, 계모가 아이를 미워하여 간디스강가에 빨래 갔다가 아이를 강속으로 밀어 넣어버렸다.

옛날에도 부엌에서 전을 지지는데, 전이 먹고 싶어 가까이 가니 끓은 전판에 그를 밀어 넣었으나 한 곳도 상처가 나지 않자 그만 꺼내 놓은 일이 있었다.

또 한번은 끓는 국 속에 밀어 넣었으나 상처가 나지 않자 그대로 꺼내 놓은 일도 있다.

그런데 이번에는 하늘도 땅도 잘 모르는 물속에다 집어 넣어 버렸는데, 갑자기 한 어부가 큰 고기를 그물로 낚아 왔으므로 배를 갈라 보니 그 아이가 고기 배속에서 눈을 부릅뜨고 있었다. 그래서 너무 신기하여 어부는 아이를 양아들로 삼았다가 부처님께 데려가 물으니,

'이 아이는 5백년 동안 살생을 하지 않고 방생을 하여 그 공덕으로 세 번씩이나 죽을 고비를 겪으면서도 죽지 않고 살아났구나.'
하며 찬탄하였다. 그래서 출가하여 스님이 되었는데, 그 명이 자그만치 164세에 이르러 병이 없이 좌탈하였다."

방생은 장수의 원인이요
건강의 상징이며
살생하면 단명하고
몸에 병이 많다.

가능하면 집에
모기, 파리를 생기지 않도록
청결히 하면
그의 집이 그대로 정토세계가 되리라.

이렇게 이야기하고 노래하면 사람들이 좋아하여 스님이 살아 계실 때는 봉원사에 신도들이 구름 몰려 오듯 하였다. 그런데 하루는 옆구리에 꿩털이 달린 어린 아이가 와서 그 연유를 묻자,

"너는 전생에 축생들에게 경을 강의한 과보이니 내 말을 잘 들으라."

하고 열반경에 나오는 치계(雉鷄) 이야기를 들려주었다.

"옛날 옛적에 중국 왕록산(王鹿山)에 구마라 존자가 살고 있었는데 학인 들과 공부를 하고 있으면 꿩 한 마리가 와서 나무 밑에서 듣고 있다 날아가 곤 하였다. 신기하여 제자들이 가서 쓰다듬어 주었는데, 한 번은 꿩 법사스 님이 책상 밑에 와서 법문을 듣다가 그대로 앉아서 죽었다.

그래서 염불하여 초상치고 49재를 지내주었는데, 하루는 구마라 존자의 꿈에 나타나, '스님, 제가 저 아랫집 가서 태어나 있으니 우리집에 와서 공 양을 받으세요.' 하여 존자가 학인들을 데리고 그 곳에 가 아이의 옆구리를 잘 살펴 보니 꿩털이 나 있었다.

아이는 나이들어 아버지께서 장가가라고 하니,

'전생에도 꿩이 되어 매에게 쫓겨 다녔는데, 금생에도 잘 못하면 생사에 윤회까지 하게 될 터이니 저는 출가하여 성불하겠습니다.'

하고 출가하여 비구가 되었고, 법명을 담익(曇翼)이라 불렀다."

이렇게 스님은 재미있는 이
야기로 설법을 잘 하였기 때문
에 한 사람도 법문시간에 잠자
는 사람이 없었다.

42. 티베트명상의 선구자 다정(茶汀)선생

다정 김규현선생은 더벅머리에 티베트 바람모자를 쓰고 만다라 와 탕카를 들고 말 없는 히말리야를 부모삼아 살아가는 사람이다.

성균관대학을 거처 해인강원을 나온 엘리트로서 북경 중앙미술대학에서 수인목판화(水印木版畵)를 전공하고 라사 티베트대학에서 만다라와 탕카를 연구한 사람이다.

1993년 양자강·항하·갠지스강을 단신으로 종주하여 그의 일기를 신문과 잡지에 연재, 세상을 놀라게 한 사나이 이기도 하다. 그 후 한림대 동북아대학원과 티베트대학에 출강하면서 티베트문화연구소를 설립, 후배들을 기르고 있다.

'티베트의 사계(四季)'는 그의 삶이고 삼발과 티베트화는 그의 이상이자 연구소재이다. 20년간 홍천강 수리재에서 황금물고기를 낚고 있으니 언제 이 세상에 나올지 알 수가 없다.

나는 2천 년대 초 히말라야의 사진 한 장을 받아 지금도 고이 간직하고 있으며, 히말라야의 성자 밀라레빠를 스승으로 늘 모시고 있다.

자기 부모의 재산을 송두리째 빼앗아 간 집안 사람들을 악마의 주문으로 송두리째 돌 자갈 밭에 묻어버리고 승리의 월계관을 머리에 쓰고 자신있게 살겠다던 밀라레빠가 실의에 빠져 나락으로 쓸려 들어가기 직전 자신을 구해준 스승을 따라 일생을 발가벗은 몸으로 눈 속에서 살다간 성자, 그는 극과 극을 내달리며 이 세상의 참 사랑이 무엇인지 크게 깨달았다.

진실로 아버지를 그리워 찾고 있는 밀라레빠에게 구름속에 나타난 스승이 노래한다.

"아들아, 왜 그리 간절한 마음으로 나를 찾느냐!

인생이 괴로우냐?

신심이 변했느냐?

생각이 어지럽느냐?

팔풍(八風)이 동했느냐?

3보에 예배드리며

6도 중생에게 공덕을 베풀라.

진리를 위하여

중생의 행복을 위하여

명상하는 자에겐

언제나 스승이 같이 하느니라."

나는 프라브덴스로부터 뉴욕까지 차를 타고 오면서 홍신자씨로부터 네팔에서 1주일 걸려 세계문명의 시원이 되는 해호수와 달호수를 거쳐 해발 5000m가 넘는 산골짜기에서 인생이 오직 호흡하나에 달려있었다는 것을 간절하게 들은 바 있다.

"음식 먹는 것도 팔을 움직이는 것도 먹은 음식을 소화하는 것까지도 오직 호흡 하나에 달려있었으니 어찌 다른 생각이 날 수 있었겠습니까. 팔 하나도 들 수 없는 가운데서 심호흡을 배우는 것은 누구의 가르침이 필요치 않았습니다.

그런 가운데서도 6800m의 창당고원을 넘어 생명을 걸고 살아왔는데, 그 가운데서 언제 세수했는지 알 수 없는 유목민들의 미소가 참으로 아름다웠습니다."

이것은 꿈 같은 이야기다. 나도 해와 달호수를 바라보면서 히말리야의 허리를 밟으며 티베트의 신비와 명상을 체험한 일이 있는데, 네팔에서 룸비니 갈 때 저녁 하늘에 꽃피웠던 설화(雪花)는 입속에서 빛나는 임플란트 보다도 더 찬란하고 아름다웠다.

한반도의 여섯배가 넘는 광활한 국토, 그 속에서 폐민족은 전 티베트를 통일하고 하늘과 땅을 공경하며 만물을 사랑, 그들과 동화하면서 척박한 땅을 개척하여 마침내 인도와 중국을 정복하고 토번(土蕃)이라는 나라를 세워 전 세계의 3분의 1을 지배한 일이 있다.

너무도 많은 여러 형태의 신들을 마치 산 사람 모시듯 섬기기 때문에 "신들의 나라 히말라야"로 알려지기도 하고, 푸른 하늘에 황금구슬을 뿌려 놓은 포탈라를 지상의 천국으로 인식하는 사람들도 생겼던 것이다.

강디새, 강란포, 향산, 향취산, 곤륜산, 계라사산이라 불리느 6714m에 달하는 칼일라스는 세계 탄트라의 무대였고, 여러 종교의 탄생지였으며 샤머니즘의 고향이기도 하였다.

이러한 사람들의 언어와 풍습, 구전의 신화들을 종합 연구하는 사람이 바로 다정 김규현선생이다.

히말리아 산맥의 여러 산봉들을 정복한 세계적인 등산가가 동서양을 통해 그 수를 헤아릴 수 없이 많지만 이들 모두는 한결같이 자신들이 오른 산정을 숭배하게 된다고 한다. 이러한 산악인들의 마음경계를 탐색하는 사람이 김규현씨라고 생각한다.

그는 명상의 아버지 일뿐 아니라 폐민족의 자손으로서 세계시원의 역사를 밝히는 산악인이요, 인류 최초의 문화인이다.

곰팡이 냄새나는 신화를 눈 속의 꽃으로 다시 탄생시킨 다정선생의 열의와 깊은 산 신앙에 감사드린다.

43. 나의 친구 평산(平山)

평산은 나와 동갑이지만 나 보다 한달 뒤에 태어났다. 전북 김제에서 태어나 전주영생고등학교를 나와 동대불교과에서 함께 공부하였다.

한 가지 몸이 불편하여 뛰어난 머리와 재주를 가지고 있으면서도 다른 일을 하지 않고 앉아서 하는 편집장 일을 평생동안 하였다.

어제 밤 그를 생각하며 그의 에세이를 머리맡에 놓고 잤는데, 새벽 두시 꿈을 꾸니 삼각산 느티나무 사이에 5. 6명의 걸사들이 앉아 제 마음대로 공부하고, 글씨 쓰고, 하늘 처다보고 바람염불(風誦念佛) 하는 사람들이 있어 한 삼태기 먹을 것을 가지고 올라 갔더니 한 사람도 처다 보는 사람이 없었다.

골고루 나누어 주고 옛 뒤주 하나를 열어보니 황금찬란한 빛이 나는 대장경이 꽉 차 있어 그만 뚜껑을 닫아 버리니 한 사람이 말했다.

"뭘 하는가. 자기 일이나 할 일이지...."

너무도 부끄러워 둥근 바위 위에 작대기를 걸치고 앉았다가 꿈을 깼는데, 삼각산에서 뗑그렁 하고 풍경소리가 들렸다.

책을 펴 보니 1969년 "친구와 도반(道伴)" 이야기가 나왔다.

죽마고우(竹馬故友)

도원결의(桃園結義)

관포지교(管鮑之交)

그런가 하면 술친구도 있고 도반도 있으며, 또 먹을 것이 있으면 서로 불러 히히덕거리면서 먹다가 먹을 것이 떨어지면 털털 털고 일어서는 친구도 있다고 하였다.

그러나 많은 친구보다는 술에 미치지 않고, 도박하다 도망치지 않는 친구가 좋고, 지음(知音)이 있으면 더욱 좋다고 하였다.

백아와 종자기는 열자(列子)가 그러던 친구, 딩동댕 산 울림을 표현하면(峩峩曲) 산에 갈 준비를 하고, 흐르는 물소리를 내면(洋洋曲) 바다에 나갈 준비를 하고 문 앞에 대기하고 있는 친구….

그래서 종자기가 세상을 떠나자 백아는 거문고를 부숴버리고 다시는 거문고 줄을 매지 않았다 한다. 그것을 백아절현(伯牙絶絃)이라 하던가.

친구를 떠나 도를 닦을 때 벗이 된 사람을 도반이라 부르는데, 그는 두 도반의 예를 들었다.

신라시대 백월산의 노힐부득과 달달박박, 그리고 중국 절강성 국청사에 살았던 한산과 습득이다.

백월산 도반은 밭갈이하고 논풀던 친구다. 둘이 일생동안 반포지정(返哺之情)으로 살았는데, 나이들어 괭이하나 지게도 무거워 아이들이 제 각기 어

머니를 모실 만한 처지가 되니,

"자, 우리 이러지 말고 높은 산 밑에 들어가 공부나 하다 가세…"

하고 한 분은 백월산 북쪽에 자리하고, 한 분은 남쪽에 자리하여 아미타불, 미륵불을 외우다가 저녁 늦게 찾아본 아낙네를 친구에게 보내면서 먼저 깨달음을 얻게 하고 자기는 천천히 찾아가 현신금색 아미타불과 미륵불이 된 일이 있는데, 이것이야 말로 진짜 도반이 아닌가 생각하였다.

또 한산은 한산에 살면서 장에 갔다 주어온 습득이와 공양주 채공으로 살면서 불공드리고 재 지내러 오는 청신사 청신녀들의 인과를 꿰뚫어 손벽치고 춤을 추며 노래를 하다가 절에서 쫓겨나 그나마 밥도 제대로 얻어먹지 못하고 살며 피차교유를 나누던 친구, 그 친구들이 생각난다 하였다.

두토회란 모임을 가져 종종 한 번씩 만났으나 이제 나이 80이 되면서 전화를 걸어도 받는 사람이 없으니, 하늘로 갔는가, 땅으로 갔는가.

"학다리 길다고 자르지 말고, 자라 발 짧다고 이어대지 말라."
고 한 장자의 속어(俗語)를 외치던 친구여,

"소뿔이 굽었다고 바로 잡지 말고, 길면 긴대로 짧으면 짧은대로 굽으면 굽은대로, 곧으면 곧은 대로 맞추어 사세."
하던 친구여,

옛날 자네가 편집해낸 '금강'과 '법시', '불교', '한국신문'을 보면서 세상의 흥망성쇠를 구경하다 보니 자네가 생각나서 이 글을 쓴 것이네… 용서하소.

솔바람 재우려다

제가 먼저 잠든 오후

태고를 되짚는 흐르는 정적에

세월도 짓 눌리고

시공도 초월했네…

44. 멕시코에 태권도를 전한 문대원 관장님

2009년 여름 세종문화원에서 전통뮤지컬을 관람하고 법일스님과 같이 차를 마시는 자리에서 정기자법사님께서 문의하기를,

"멕시코 교민회 회장이며 세계태권도연맹 기술위원장이신 문대원선생이 우리의 다도와 명상, 발우공양(鉢盂供養)을 멕시코인들에게 보여주고 싶어 하는데 그곳까지 갈 수 있겠습니까?"

해서 그곳에 가기로 약속을 하고, 다음 해 문대원선생의 초청을 받아 멕시코 산미구엘로 떠나게 되었다.

전통강원출신 성주스님이 발우시범을 보이기로 하고 명상은 보현법사님과 대덕스님, 해설은 내가 맡기로 하고는 금강선원에서 발우 31개를 보시 받았다.

이듬해 2월 6일 인천공항에서 출발하여 열시간 비행 끝에 미국 샌프란시스코에 도착하여 비자 체크를 하고는 자그마치 1시간 20분간 여덟 군데를 거치는 큰짐, 작은 짐, 몸수색까지 빠짐없이 검사를 받은 뒤 다시 비행기를 타고 멕시코에 이르니 광대뼈가 튀어나오고 눈이 부리부리한 은나라 자손들이 종종걸음을 걷고 있었다.

지금부터 12,000여년 전 히말리아에 화산이 폭발하였을 때 태평양이 온통 얼음바다가 되어 배달민족의 한 자손들이 그 얼음을 타고 멀리멀리 가다가 정착한 곳이 오늘날 멕시코라고 한다.

공항에는 주로 노인과 장애인들이 물건을 실어 나르는 전기차와 휠체어를 타고 와서 자동차까지 짐을 날아다 주었다.

1960년 세계올림픽을 위해 시내 도로가 바둑판처럼 질서있게 놓여있고 가는 곳마다 울창한 숲들이 도로를 따라 줄지어 있었다. 1년 내내 상하(常夏)의 나라라 숲이 우거지고 풀이 잘 자라 농업, 목축에 아주 알맞은 천혜(天惠)의 도량이었다.

사모님은 정찬희여사, 호를 한아(韓雅)라 부르는데, 어려서부터 인간문화재 성금련(成琴蓮)여사로부터 가야금을 배우고 박귀희명창으로부터 소리를 전수받아 인간문화재 이수자로 되어있었다.

안암골에서 김용옥이 짓고 이윤주가 쓴 글을 보니 얼마나 수련된 예술가인지 짐작이 갔다.

비단길 보다도 더 고운
그 마음을 스치는 소리
굵은 삼베보다 더 거칠어라

그 거친 소리 방맹이로 두드리고 두드려
곱게 다진 세월 몇겁이요
방망이 두드리는 손에 맺힌
땀과 피가 그대의 무릎을 적셨구나…

중부 김충렬선생의 주역강의를 듣고 순천휴명(順天休命)이라는 수료증과 '長天嚴父無時不授命 大地慈母何處非故鄕' 라는 글을 받았다고 한다.

앞산은 '이끼따끄씨아무뜰' 이고 뒷산은 '뽀뽀까때빼틀' 이라 부르는데 마치 일본의 부소산, 제주도 한라산과 같이 사시사철 눈이 쌓여 있다고 한다.

저녁식사 때는 10인 이상이 둘러앉아 먹을 수 있는 커다란 자개상에 근대조림, 고사리국, 기름없는 도가니탕, 원색적인 두부조림이 탐스럽게 놓여있는데, 20년 이상 목수생활을 한 멕시코인이 우리를 위해 만든 것이라 하였다.

상층에는 효당 최범술스님이 다도하러 왔다가,

'春風大雅能容物 秋水文章不染塵'

이란 글을 써 주어 청아, 담박, 순진, 무구한 성품들을 잘 표시해 놓았다.

문관장님은 1963년 전 미국 무도대회 때 2m가 넘는 장신 선수를 때려눕힌 뒤로 64년부터 66년까지 전 미국을 휩쓸자 68년 멕시코에서 초청하여 일본의 가라데들과 시합하여 마침내는 쿵푸까지도 제압하니 한국태권도가 전 멕시코를 휩쓸어 세계태권도회의 기술감독까지 오르게 되었다고 하였다.

문관장님의 무술은 무술이 아니라 무예로서 사람의 신체구조를 따라 예술적으로 응용하는 방법이 남달랐다고 한다.

발우공양은 한국에서처럼 네 개의 발우를 순서적으로 펴고 물과 밥, 국을 받은 후,

"한 방울의 물에도 천지의 은혜가 스며있고, 한 알의 곡식에도 만인의 노고가 담겨있습니다. 이 음식을 먹고 건강을 유지하여 사해대중을 위해 봉사하겠습니다."

하고 공양을 하고, 공양을 마친 후에는,

"이 인연공덕이 널리 일체에 미쳐 우리 모두 다 함께 불국토를 건설하겠습니다."

하고 공양을 마쳤다.

다음 다도는 공양 후 차를 법답게 받아 마시고, 다도 후에는 두 시간 동안 명상을 하였다.

명상은 앉는 자세로부터 호흡하는 방법, 생각을 가라앉히고 속 생각이 흘러가는 것을 관찰하여 지관수습(止觀修習)이 제대로 되게 하고 마지막엔 경행을 하여 평온한 마음속에 의심스러운 것을 묻고 대답했다.

그 뒤 우리는 산미구엘 특수마을에 가서 은광과 미구엘 농장을 구경하고 미이라 전시장을 보고 국립인류박물관을 구경하였다.

조그마한 대한민국 사람이 대한민국에 비해 10배에 가까운 나라의 정신적 육체적 지도자가 되어 세계를 제패하고 있는 것을 보고 사람의 일은 한 생각에 달려있음을 다시 한번 확인하게 되었다.

온천장이 있는 곳에 2층집을 비워 불당을 만들고 불교를 무술과 결합하여 새로운 역사를 창조하자고 건의해 왔으나 금강선원 기로원 식구들을 위해 실천하지 못했는데, 언젠가는 가서 문관장님과 정여사의 뜻을 꼭 펴드리고 싶다.

45. 춘곡(春谷)스님의 여래선과 조사선

여래선과 조사선은 규봉종밀선사가 외도, 범부, 소승, 대승, 최상승의 5종 선을 설명함으로부터 시작된 것이지만 그 역사를 따진다면 능가경(楞伽經)과 반야경(般若經)을 의지하여 언어도단(言語道斷)하고 심행처멸(心行處滅)한 선을 여래선이라 말하고 그 후 역대 조사들이 여래의 청정선을 의지하여 우부(愚夫), 관찰(觀察), 반연(攀緣), 청정선(淸淨禪)을 배경으로 설명한 것이다.

그러나 알고 보면 자재(自在), 치성(熾盛), 단엄(端嚴), 명칭(名稱), 길상(吉祥)을 있는 그대로 쓰는 것이 여래선이고 등등(燈燈)이 불멸(不滅), 꺼지지 않게 계승해 나가는 것이 조사선이다.

그러므로 옛사람이,

圓覺山中生一樹(원각산중생일수)

開花天地未分前(개화천지미분전)

非靑非白亦非黑(비청비백역비흑)

不在春風不在天(부재춘풍부재천)

하여 마음속에서 오분향(五分香)이 풍기는 것이 선이라 하였다.

戒定慧解知是香(계정혜해지시향)

遍十方刹常芬馥(변시방찰상분복)

願此香煙亦如是(원차향연역여시)

熏現自他五分身(훈현자타오분신)

그러므로 달마 이후에는 조사의 가풍이 이루어져 등등이 상속하였으며,

達摩傳燈爲計活(달마전등위계활)

宗師秉燭作家風(종사병촉작가풍)

燈燈相續方不滅(등등상속방불멸)

代代流通振祖宗(대대유통진조종)

그것을 실천하기 위해서는 대원의 심지에 대비의 기름을 붓고 보리의 등불로 세상을 비쳐 모두 성불하게 하였다고 하였다.

大願爲炷大悲油(대원위주대비유)

大捨爲火三法聚(대사위화삼법취)

菩提心燈照法界(보리심등조법계)

照諸群生願成佛(조제군생원성불)

그러므로 향엄이 양산에게

去年貧未是貧(거년빈미시빈)

今年貧是始貧(금년빈시시빈)

去年貧無卓錐地(거년빈무탁추지)

今年貧是錐也無(금년빈시추야무)

하자

"그대가 여래선을 얻었으나 조사선을 얻지 못했다."

하였으니, 아직 여기에는 믿음이 활짝 피지 못했기 때문이다.

牧丹花王含妙有(모란화왕함묘유)

芍藥金藥體芬芳(작약금계체분방)

菡萏紅蓮同染淨(함담홍연동염정)

更生黃蘭霜後新(갱생황란상후신)

그대는 지금 여래선의 경지에 있는가, 조사선의 등불을 켜고 있는가. 지금 중국에는 물속에서 활짝 핀 수중연과 물 밖에 나와 천개의 잎을 순서적으로 펴는 옥천사 천엽연이 있는가 하면 사바세계 곳곳에 처염상정(處染常淨)의 꽃이 활짝 피고 있으니 스스로 점검해 보아야 할 것이다.

花奢芬馥水中蓮(화사분복수중연)

千葉奔出玉泉蓮(천분분출옥천연)

處染常淨娑婆蓮(처염상정사바연)

分現自他五分身(분현자타오분신)

46. 팔없는 포교사 도기(度奇) 스님

도기스님은 38년 영주에서 태어났다. 6.25 후 초등학교 동기 들과 함께 개울가에서 놀면서 탄피를 주어 돌을 치다가 폭발하여 두 팔을 날려버리고, 눈, 코, 얼굴 할 것 없이 파편이 온 몸을 태워 꼭 죽게 되었는데, 한 스님이 와서 말하기를 죽지 않으려면

"법계와 같은 마음을 가지고 염불하라. 그리하면 안심을 얻을 것이다."

그래서 스님의 법문은 법계여등안심(法界如等安心)이다.

두 팔이 없는데도 양 어깨에 가죽장갑을 끼워 붓글씨를 쓰면 자신의 키보다도 더 길고 넓은 글씨를 써 만인을 감탄케 하였다. 스님은 항상 염불이 습관이 되어 누구나 보면,

"관세음보살님께 매달려 보세요. 되지 않는 일이 없습니다. 정성이 부족하면 할 수 없지만....."

정신통일의 경계에 있기 때문에 무서운 것이 없었다.

영주의 이산면에 관음사라는 절을 지어 선학원에 등록하고 불철주야 정진하여 사람들이 보기만 해도 감격해 하였다.

나와는 일붕선종회에서 만났는데,

"나는 고은사 혜주스님을 의지하여 원광스님께 계를 받고 직지사 석암스님께 보살계를 받았습니다. 그 후 진월사, 용문사 총무를 지내고 관음사 주지로 있으면서 72사단과 50사단 향승을 하고 있습니다.

군부대에 갈 때는 단 한때라도 배불리 먹도록 빵, 닭고기, 돼지 족발 같은 것을 한 차씩 실고 가서 실컷 먹입니다. 그분들이 아니면 어떻게 우리가 밤잠을 편히 잘 수 있겠습니까.

교도소 사람들은 죄로 보아서는 밉지만 사람으로 보아서는 그 보다 더 불쌍한 사람이 없습니다. 그래서 매달 영치금을 백여명 분씩 보내고 있으며, 유가족들에게는 장학금을 주고 있습니다."

성한 사람도 할 수 없는 일을 두 팔이 없는 장애인 스님이 해 낸다고 하니 놀라운 일이다.

"내가 여기 온 것은 일붕선종회 회장이나 선교종 종회의원으로 온 것이 아니라 스님들에게 포교를 격려하기 위해서 왔습니다. 부처님 출가 후 하루도 빠지지 않고 탁발하여 굶주린 사람들을 얻어 먹이고 노는 입에 염불하고 참선시켜 나쁜 사람 되지 않고 착한 사람 만들었는데 우리는 도대체 무엇을 하는 것입니까.

방송국에서 불교를 비방하고 중을 업신여겨도 항의하는 사람 한 사람 없었습니다. 그래서 안동방송국에 가서 불교를 비방하는 사람을 찾았더니 병신이라고 업신여겨 국영변호사를 사서 재판하여 이겼습니다.

하나님의 사랑과 예수님의 박애로 세상을 불쌍하게 여겨야 할 종교인들이 자기조상을 마귀로 생각하고 이교도들을 사탄으로 몰아 집안 싸움으로 평지풍파를 일으키고 있으니 어찌 평화로울 수 있겠습니까.

말로만 포교하지 마시고 눈에는 눈, 이에는 이로 대하듯 우리도 무섭게 경고하고 마군이 마음을 항복받아야 합니다.”

손발이 멀쩡한 우리들도 얼굴이 뜨거워졌다. 그래서 스님은 90년대부터 법무부 교정위원이 되어 부처님의 가피로 글을 쓰고 알기쉬운 말로 설하여 많은 사람들을 감동시켰다.

그래서 조계종에서는 총무원장이 감사패를 주고, 종정스님은 사은패를 내렸으며, 법무부장관은 표창장을 내려 그 공로를 치하하였고, 세계법왕 일붕스님은 공로패를 주어 그 동안의 노고를 치하하였다.

눈에는 은태안경을 끼고 두 팔을 흔들거리며 연단에 서면 한 시간도 좋고 두 시간도 좋고 사람들의 마음을 휘어 잡니다. 나는 지금 사무실에 걸어놓은 “법계여등(法界如等)”이란 붓글씨를 보며 이 글을 쓰고 있다.

스님, 지금은 어느 곳에서 사자후를 하고 계십니까. 허공 가운데 별들이 총총합니다.

47. 한국의 백장선사 도법(道法)스님

　홍익진 도법스님은 전북 김제 출신으로 70년대 해인강원을 나와 80년대 금산사에서 화엄산림을 하였다.

　원주스님의 제자로 응봉스님께 사미계를 받고 자운스님께 비구계를 받았다. 송광사에서 20안거를 마치고 금산사 부주지가 되어 선우도량 상임대표로 일하면서 공부하는 풍토를 조성하였다.

　남방불교 스님들은 때가 되면 발우를 들고 나가 얻어 먹는데 우리나라에서는 수행자를 거지취급 하고 밥도 주지 않으니 스님들이 절주지 자리 때문에 싸움들을 하게 되고, 불교의 위신이 땅에 떨어져 있을 때 남원 실상사에 도량을 만들고 하루도 일하지 아니하면 하루도 먹지 않았던 중국의 백장스님을 따라 열심히 농사를 지었다.

　어떤 사람은 중이 농사 짓는다고 선비소리를 하고 있지만 8대 장삼 걸치고 절 뺏으러 다니는 깡배들 보다는 낫지 않느냐고 칭찬하였다.

　내가 1970년대 초 가평에 산전을 일구고 농사를 지으니 이떤 분이 와서 "중도 농사를 짓느냐?" 핀잔하였다.

　나는 새마을운동에 나아가 새 나라를 건설하고자 새마을운동을 일으키고

자 하였으나 신흥종교인들이 끼리끼리 모여 무지하고 가난한 농민들을 송두리 채 노예로 만드는 것을 보고,

여래의 밭에다가 (如來田)
보리의 종자를 심고 (菩提種)
번뇌의 풀을 매고 (煩惱草)
열반의 과를 얻자 (涅槃果)

하는 현수막을 걸고 농사를 지은 일이 있다. 그때 거리를 방황하던 사람들이 모여 백장선원을 만들고 "하루도 일 하지 않으면 먹지 않는다"는 백장스님의 수행정신을 실천하니 방황하던 사람들이 안심입명(安心立命)을 얻었다.

당시 지도자는 숭산스님의 제자 김의택(金義澤)법사님이었다. 그분 역시 왼쪽 다리를 잘못 써 앉으면 뻣정다리를 하고 앉아야 했지만 화계사에서 10년 이상 철야정진을 하여 누구보다도 선지(禪旨)가 열려 있었다.

인천에서 가평까지 출퇴근하다가 나중에는 아주 선방을 차려 일하며 공부하는 풍도를 잘 만들어 갔는데, 내가 78년 전국신도회 상임법사로 나가면서 홀로 정진하기를 20여 년간 하였다.

농사짓는 사람들이 수지타산을 따지고 있는데, 산과 물에게 물어보아라. 사람들이 산등을 끊어 집을 짓고 전답을 만들어 농사를 지어도 땅은 말이 없다. 사람이 오히려 그 속에서 손익계산을 하며 따지나 자연은 일체 말이 없다.

저절로 만들어진 세상에 저절로 흐르는 물을 마시면서도 감사한 마음이 없는 것이 인간이다.

도법스님은 인드라망 생명나눔 공동체를 가지고 죽으면 흙이 되고 재가 될 소중한 생명을 제2, 제3의 생명을 살리는 일을 중점적으로 하면서도 지구촌 물 없는 곳에 샘을 파고 집 없는 곳에 집을 지어 살게 하여 월주큰스님의 정신을 따라 곳곳에 학교를 짓고 노인을 위한 휴게소를 만들어 평화와 안락을 선사하였다. 조그마 하면서도 단정하고 돌맹이처럼 야무지게 생긴 스님은 이 세상에 무서울 것이 없었다.

중생은 보살 손에 자라고
부처의 손에서 깨달음을 얻기 때문이다.

48. 행정불교의 대가 범해(梵海)스님

범해 강대룡스님은 경북 예천출신이다. 1952년 영월고등학교를 졸업하고 보덕사에서 4집과를 마친 뒤 동대 사학과를 나와 법륜사 대륜스님 문도가 되어 묵담스님과 현경스님께 사미, 비구계를 받았다.

법륜사에서 16안거를 보내는 사이 태고종 총무원 총무국장, 중앙종회 사무국장, 학림사, 보행사 주지를 하고 한국불교종단협의회 교무부장을 지내면서 서대문 경찰서 경승으로 활동하였다.

스님은 필체가 좋고 인화단결을 잘하며 한국불교 조동종이 만들어질 때 사무총장으로 영동포경찰서 경승을 겸하였다가 조동종이 자리를 잡자 교육원장, 국제불교문화원장을 역임하였는데, 가는 곳마다 기초작업을 튼튼히 하여 칭찬받았다.

그러나 신흥 종단일수록 종도가 부족하고 자금이 딸려 운영에 어려움을 겪게 되므로 열의는 있지만 하는 일에 결과가 별로 나타나지 않아 고심도 많이 하였다.

1998년부터 서는 교수사로서 일붕선종회 의식교수, 조동종 중앙종회의장,

안동불교대 교수를 겸했으나 역시 소신을 펴기에는 힘이 들었다.

뿐만 아니라 종단이 분열되면서 먼저 있던 종단에서 사람들이 나누어져 나오므로 자연 불화의 대상으로 말을 많이 듣게 되었다.

우리시대 1960년대 이후 새로 생긴 종단의 이름을 들어보면,

① 한국불교대성종	② 대한불교 묘법연화종
③ 국제불교 승가회	④ 전통불교 조계종
⑤ 한국불교 원효종	⑥ 대한불교 법인종
⑦ 한국불교 해동종	⑧ 한국불교 미륵종
⑨ 조계불교 약사종	⑩ 국제불교 자비종
⑪ 대한불교 한웅종	⑫ 한국불교 조동종
⑬ 선불교 조계종	⑭ 한국불교 미타종
⑮ 동산불교 조계종	⑯ 대한불교 용산종
⑰ 현대불교 미륵종	⑱ 조계종 삼화불교
⑲ 대한불교 원융종	⑳ 대한불교 천태종
㉑ 대한불교 관음종	㉒ 대한불교 일승종
㉓ 정통밀교 총지종	㉔ 대한불교 열반종
㉕ 대한불교 삼론종	㉖ 대한불교 법상종
㉗ 대한불교 천우종	㉘ 대한불교 보문종
㉙ 대한불교 선교종	㉚ 한국불교 본원종

등 수백개의 종단이 결국 따지고 보면 조계종과 태고종에서 분열되어 나온 것이기 때문에 진각종, 천태종, 원불교, 진언종을 제외하고는 거의 비슷비

슷, 대동소이하였다.

　그러므로 어떤 이는 종단제조기로서 불려다닌 사람도 있고, 거기 또 연합불교를 만들어 408명이나 되는 종정을 거느리는 종정 할아버지 종단도 있었다.

　세월이 가면 모두 하나의 불교가 되겠지만 이것이 불기 2천 년대 한국불교의 실상인줄 안다면 제법 성실한 마음을 가지고 불교를 하고 불교를 체계 있게 정리해 주고자 하는 사람들까지도 사이비가 되는 경우가 있었다.

　범해스님은 출가정신이 투철하고 법륜사에서 노스님의 행을 따라 신행이 철저하였지만 새로 만들어지는 종단에 일들을 보아주다 보니 똑같은 사무승, 아양승으로 이해되게 되었다.

　안타까운 일이다.

49. 울산불교 개척자 덕진큰스님

덕진 김현수(德眞 金鉉洙)스님은 통도사 사람이다. 1951년 하동에서 태어나 76년 성파스님에게 출가하여 월하스님에게 계를 받고 극락선원, 김해 다보선원에서 선을 익히고 범어사 승가대학에서 이력을 마친 뒤 춘해대학 사회복지학과를 나왔다.

80년대 부산 금화사 주지를 하면서 어린이법회에 관심을 가져 대한불교어린이지도자연합회 부회장이 되어 불교천자문을 써서 친히 교육하였다.

뿐만 아니라 '어린이 법요집', '어린이 법회지침서', '우리말 의식집', '발원문선집' 등을 만들어 새싹어린이들에게 햅쌀처럼 밝은 마음을 가르쳐 주었다.

어려서부터 몸이 약해 절에 요양왔다가 스님이 되었는데, 그의 행동이 맑고 깨끗하여 여러 스님들에게 사랑을 받고, 경전 속 토막문장을 많이 외우고 있어 〈맑은 마음, 고운세상〉 같은 시집을 내기도 하였다.

스님은 항상 새로운 것이 있으면 천리를 멀다하지 않고 찾아가 공부하였다. 불교교육이 통신으로 이루어지자 가평까지 찾아와 기본교재를 낱낱이 챙겨 가지고 가서 울산불교교육원을 설립, 이사 및 문화국장을 역임하였다.

80년대 말부터 부산지구 향토예비군 법사단 단장, 울산 남부경찰서 경승 실장으로 있으면서 '문화세계'로 시인이 되고 울산 정토사를 창립하였다.

울산 정토사가 생기기 직전 삼호마을 무거촌에 2층 법당을 차려 포교하였는데, 한번은 가서 법회를 보고 아침 일찍 산책길에 나섰는데 개인공동묘지를 걸어 다니면서 염불로서 고혼들을 천도하였다.

그 뒤 공동묘지 주인이 공동묘지 입구에 다방을 만들어 운영하게 되자 스님께서 다도에 취미가 있어 지도해 주자 공동묘지 입구에 절을 지어 마이크를 통해 염불해 주면 좋겠다하여 정식으로 땅을 얻어 절을 짓게 되었다.

스님은 무엇이고 시작하면 끝을 보는 성품이다. 절을 지어 마이크를 통해 열심히 염불하니 사람들이 서로가 좋아하여 공동묘지도 잘 되고 절 또한 번성하게 되었다.

한 번은 법문을 갔는데, 신도가 운영하는 호텔에 방을 예약 하였으나 나는 절에서 자는 것이 좋다고 하자 스님 옆방을 주었다. 처음으로 새로 지은 요사체에 전기보일러를 설치하여 방이 쩔쩔 끓었다. 그래서 가운데 장지문을 열어 놓고 이야기를 하다 보니 서울 법사님들의 초청이 매우 어렵다는 것을 알았다.

법사님들이 내려오면 우선 왕복 기차표에 호텔비가 들어 초창기 절로서는 이러한 비용을 감당하기가 매우 힘이 든다고 하였다. 그래서 내가 제의하기를, "울산공대 학자들이 불교에 관심이 많다는 말을 들었는데, 시간을 내서 학장님과 한번 상의해 보십시오" 하였더니, 과연 관심있는 박사님들이 교양강의를 자청하여 일약 교양대학의 학생들이 2, 3백 명씩 모이게 되었다.

모처럼 생긴 교양대학이기 때문에 신도님들의 열의도 열의지만 스님처럼 정성들여 신도교육을 시키는 사람도 드물다.

　나는 스님의 행을 보고 그대로 적어 〈불국토의 새벽을 여는 사람〉이라는 저서를 내 칭찬한 일이 있다.

　나는 그때 스님과 함께 산책을 나왔다가 신라 때 경순왕이 아들 마의태자를 데리고 울산 문수암에 기도드리러 왔다 냇물이 불어 돌로 다리를 놓는데, 허리가 아파 허리를 쭈욱 펴고 앞을 바라보니 17, 8세 되어 보이는 문수보살이 멀리서 지나가므로, “여보세요, 여보세요” 하고 세 번 불러 삼호마을이 생겼다는 것을알게 되었고, 그 청년문수가 지나간 곳에 와서 보니 부산으로 들어가는 길과 울산으로 들어가는 길, 개운포로 가는 길이 있었는데, 문수동자가 어느 길로 갔는지 알 수 없어 ‘간 곳을 알 수 없다’는 무거(無去)마을이 생기고, 왕 일행이 지쳐 지금 울산대학 운동장 가에 있는 우물에 가서 바가지로 물을 마시고는 “할 수 없다. 그만 가자”하여 ‘헐수정’이 생긴 것을 알게 되었다.

　뿐만 아니라 제49대 헌강왕이 개운포에 놀러갔다가 안개가 끼어 길을 헤매게 되었는데, 용에게 절을 지어 주면 날이 개인다 하는 말을 듣고 ‘망해사’를 지어주자 처용이 나타나 춤을 추어 ‘처용무’가 생긴 곳이 바로 무거마을 옆에 있다는 것도 알게 되었다.

　그 후 나는 연천에 갔다가 경순왕이 신라에 귀화하여 그 묘지가 연천에 있는 것을 알게 되었고, 금강산으로 들어가 스님이 되었다는 것으로 알고 있는 마의태자가 그의 권속들과 함께 연천 일대에서 살아 그 묘지는 찾을 수 없어도 경주 김씨들의 비지(碑地)가 그곳에 있어 참배한 일이 있다.

　하여간 덕진스님으로 인하여 옛 문화유적지를 찾게 되고 경순왕가의 역사를 알게 되었으니 진실로 고마운 일이다.

　지금도 나이 70이 넘었지만 젊은 사람 못지 않게 글을 쓰고 포교하시니 '우리 불교계에 보기 드문 도인'이라 아니 할 수 없다.

50. 천태불교의 실천자 덕산대화상

　덕산 윤홍식스님은 강원도 춘천출신이다. 춘천고등학교를 졸업하고 동대 불교학과를 나와 천태종 종정 상월조사를 모시면서 충무원 교육국장, 계획부장, 종정사서, 교무, 사회부장을 골고루 거쳐 금강대학 부학장을 역임하였다.

　천태종은 중국 수나라 지의대사가 창종한 것인데, 한국에서는 1970년대 구인사에서 창종하였다

　87년부터 93년 사이 천태종 특강을 종종 맡으면서 스님을 자주 뵙고, 망우리, 낙성대, 신촌법당에서 법문하면서도 종단발전에 대한 이야기를 자주 나눈바 있다.

　전통적인 종단에 있을 때는 자리가 안정되지 않아 소신껏 일을 해도 결과가 잘 나지 아니했는데, 천태종 일을 보면서는 우선 조용히 수행할 수 있는 시간을 많이 가져 보람도 느낀다고 하였다.

　나이를 보면 한 살 손아래지만 학교로서는 2년 선배가 된다. 내가 2년 동안 선방에 있었기 때문이다.

　우선 모습이 산처럼 덕있게 생긴데다 거의 심야정진을 수년동안 하여 얼

굴에서 황금빛이 쏟아진다.

"종무행정은 다반사(茶飯事)라 당연히 해야 할 일이지만 전국에서 모여온 신도들이 철야정진하는 모습을 보면 감히 지도하는 사람이 잠을 잘 수가 없습니다."
하였다.

구인사에서 20여년 동안 이렇게 주경야독으로 공부하다가 신촌법당을 담당하여 도심포교에 앞장섰을 때는 철야정진하는 신도 수가 3천명이 넘었다.

1, 2층 굴방을 툭 터서 보일러 시설을 해 놓으니 집이 없는 사람은 집삼아 들어와 살고, 속상한 사람은 속풀이 하는 장소로, 외로운 사람은 친구를 만나 공부하기 위해 모여 드는데, 하루 세 때 간단히 먹고 밤낮 없이 정진하였다.

"구인사에 있을 때는 낮에는 농장에 나가 신도들을 데리고 일 많이 했는데, 여기서는 들일이 없어 종단 신도들의 생일을 조사하여 파티도 열어주고, 집에서 제사를 지내지 못하는 사람들을 한데 모아 제사를 지내주기도 합니다."

대중생활의 방편은 이렇게 형편따라 이루어졌다. '법화삼부경', '천태지관'을 낼 때는 불철주야 교학불교에 열성을 쏟고 관음정진으로 염불할 때는 시간과 공간을 잊어 버렸다.

내용은 잘 모르지만 집안 사람이 한 분 출가하여 같은 회상에 있었는데, 남녀분별이 엄격하기 때문에 세탁을 달라고 부탁하여도 주지 않고 혼자 알아서 처리하는 것을 보았다.

대조사 상월스님께서도 그렇게 철저한 생활을 하였다는 말을 들었는데, 그 밑에서 시봉하다보니 스님 또한 대조사가 다 되어 가는 것 같았다.

무슨 일이 있으면 항상 조명기박사님께 자문하여 교리나 의식에 차질이 없게 하였다.

천태지의대사가 중국 옥천사에 계실 때 신수스님과 6조 제자들을 함께 모셔 돈오 점수를 겸하였고, 마하지관을 닦을 때는 소지관(小止觀)까지 겸해서 통불교를 실천하였는데, 중국에 종파불교가 만연해지면서 아미타불, 관세음이 끼리끼리 달라지고 여래선과 조사선을 구분하며 통불교를 이루지 못한 것을 매우 안타깝게 생각하였다.

阿含十二方等八 (아함십이방등팔)
二十一載談般若 (이십일재담반야)

그 후 법화, 화엄을 통철하고 선을 닦았던 옛 조사님들의 수행방법이 종합불교로서 매우 이상적이었다는 말을 자주 하였다.

51. 사바의 염라대왕 대행큰스님

대행스님은 탄허스님의 제자이다. 1929년 서울에서 태어나 전쟁통에 갖은 고생을 하다가 1950년 상원사에서 탄허스님을 뵙고 좋은 일 하면 좋은 결과가 온다는 것을 깨달았다.

계를 받은 뒤에도 강원도, 경기도 일대에 다니면서 권선하여 치악산 상원사 중창불사를 완성하고 71년 안양에 한마음선원을 창건 조계종 대찰로 들어갔다.

높은 자리에 앉아 황금 백옥을 하늘 땅에 쌓아 올린다 하더라도 결국 떨어질 때 소리만 크지 별것 없는 것이 인생이라는 것을 크게 깨닫고 많은 사람들에게 큰일을 하도록 권했다.

나는 70년대 말 청소년 법회를 담당해 갔는데 일반법회는 김지견박사님이 보고 있었다. 1층에서 신고를 하고 3층에 올라가니 높은 단상에 올라 앉아 3배를 받았다.

어떤 보살님이 와서 3배를 드리니 다짜고짜 명령하였다.

"죽지 않으려면 도둑물품 다 내놓으시오."

"있는 데로 다 내 놓을 것이니 목숨만 살려 주십시오. 워커힐 아파트 세 채를 내 놓겠습니다."

"한 채는?"

"우리도 살 곳이 있어야 되지 않겠습니까?"

"그럼 좋다. 이 돈은 한 푼도 내가 쓰지 않네. 그러나 그 한 채가 없어질 때까지 장애인 신세는 면치 못할 것이야…"

"네, 알았습니다."

남편은 석달 전 태평로에서 길을 건너다가 택시에게 받쳐 크게 다쳤으나 간신히 목숨을 건져 중환자실에 입원해 있다 하였다. 나는 이 인연으로 그 뒤 얼마 있다가 서초동 빌라에 가서 남편 되시는 분을 만났는데, 실어증에 4지를 마음대로 쓰지 못하고 있었다. 집안에는 동서의 문화재가 즐비하게 늘어서 있는데, 값을 따질 수 없으나 대부분이 도둑물품이라고 하였다.

사고가 나는 날 밤에도 남대문에서 흥정하고 국보급 물건을 외국 사람에게 팔아넘기고 오다가 새벽 두시 인적이 한가한 시간 큰 길을 건너다 택시에 부딪쳤는데 인사불성, 사람을 알아보지 못하게 되었다는 것이다.

대행스님은 이 같이 모든 일이 한 마음을 속이고 잘못 쓴데서 비롯되었기 때문에 그 돈을 바른 곳에 쓰게 되면 죽은 뒤에라도 도움이 되니 그렇게 권선하고 있다 하였다.

어떻든 1950년대부터 70년대 사이 우리 사회는 부정부패 투성이었고 그런 돈을 통해 명예를 얻고 사랑을 구하면 결국 구린내나는 사람 밖에 되지 않기 때문에 더 이상 내 재산을 내놓지 못한다 하더라도 도둑물품이라도 내놓아 좋은 일 하자는 것이 한마음선원이었다

그래서 80년대부터 2001년 사이 제주, 부산, 광주, 울산, 대구, 진주, 대전, 포항, 청주, 강릉, 목포, 통영, 문경 등에 한마음선원 지부를 만들고, 미국 캐나다, 독일, 태국 등지에도 지부를 설립하였다. 한편 현대신문, 과학원 등 여러 단체를 구성하여 마음을 바르고 착하게 아름답게 쓰기 운동을 전개하였다.

내가 알기로는 현대불교신문도 그렇게 해서 만들어지고, 여러 잡지, 라디오, TV에도 성금을 보내 좋은 일 하는데 돈을 쓰다보니 한마음선원도 살고 그 돈을 이용하여 바르게 사는 운동을 전개하므로서 한국사회에 위대한 빛을 발하게 된 것이다.

그래서 2001년 스리랑카에서 사보라야 명예복지상을 타고 부정부패 속에서 신흥재벌이 된 사람들을 크게 깨우쳐주었다.

나는 몇 년동안 청소년법회를 보면서 잘못된 돈을 거두어 어두운 사회를 밝히는 등대가 되시는 대행스님을 보고 모르는 것보다는 아는 것이 낫고, 뿐만 아니라 알아서 번 돈으로 죽은 사람에게 까지 복을 지어주는 것을 보니 불교포교의 큰스승으로 존경하게 되었다.

52. 밀교개론(密敎槪論)의 선각자 김익순교수

　한국밀교는 삼국시대 이후 고려에 이르러 보편화 되어있었으나 조선조 때 불교가 산중으로 은둔하면서 개인의 기복이나 요행, 천복(天福), 가피(加被)의 한 부분으로서 응용되었을 뿐 대중적인 철학사상으로는 자리를 잡지 못했다.

　그런데 인도, 중국의 유학승들에 의해 다소 유행하기는 하였으나 진각종, 총화종처럼 대중적인 세력은 갖지 못하고 있었다. 그런데 오리엔트불교대학 출신 김익순 박사님께서 통신대학 3장학과 강의를 하면서 밀교를 전반적으로 공부해 보겠다 하여 신수대장경 18권으로부터 23권까지의 자료를 제공하였더니 자그마치 16년 동안 극구 노력하여 한국최초의 〈밀교개설〉을 출판하였다.

　공부란 남의 말을 듣고 건성으로 논문 몇편 읽는다고 되는 것이 아니다. 더군다나 밀교는 바이로자나 부처님(法身佛)의 광명으을 보거나 노사나부처님(報身佛)의 원력을 보거나 천백억 화신의 작용을 보기 전에는 누구나 함부로 할 수 있는 일이 아니다.

　진각종 대종사라든지, 총지종 개교사, 천태종 대조사처럼 신행일체 광명

변조(光明遍照)의 원리에 의해 천지를 밝히는 원력과 신행이 없이는 어려운 것이다.

그러므로 정태혁교수는 "근본불교는 전 불교의 토양이요, 부파불교는 그 위에 뻗은 뿌리며, 대승불교는 빛이고, 현상불교는 열매다" 하였다. 뿌리도 뻗지 않고 꽃도 펴보지 못한 종교는 종교로서의 가치를 상실하고 있다는 말이다.

그 동안 밀교를 수행하는 사람이 몸과 말과 뜻의 삼밀수행(三密修行)보다는 불·보살·명왕들의 가피를 통하여 신비의 실천이나 미신적 요행, 성적의 오묘한 힘만을 얻고 비종교적, 비도덕적 행위만을 주로 가르쳐 왔기 때문에 한국밀교는 타락한 종교, 주술로 조직된 비밀불교로 알려져 끝까지 편견과 오해를 일으켰던 것이다.

그런데 김교수는 밀교의 2대 비경(祕經)인 대일경(大日經)과 금강정경(金剛頂經)을 중심으로 밀교의 교주 법신대일여래(法身大日如來)의 위치와 덕을 설명하고 진여의 본체인 지·수·화·풍·공·식(地·水·火·風·空·識)의 체상용(體相用)을 밝힘으로서 만다라(曼茶羅)의 세계에 들어가 보리심을 통달하고 금강심을 성취하므로서 모든 소리와 문자, 생명의 근원을 밝혔다.

태장계만다라(胎藏界曼茶羅)의 12대원과 금강계만다라(金剛界曼茶羅)의 9회를 통해 양부만다라의 공양삼매 이치(理趣)를 밝히고 별존만달라 속에서 밀교의 호마(護摩), 관정법(灌頂法)을 인증하니 저절로 밀교의 계율이 삼마야(三摩耶)로 형성되어 성불의 이치를 밝히게 되었다.

사람은 누구나 불법의 이치를 갖추고 있으므로 즉신성불 할 수 있다 증거하고 이를 실천하려면 불보살의 가피 속에 자기불성을 개현(開顯)하여야 된다고 강조하였다.

이같은 사실은 인도에서도 달마굽다·선무외·용수에 의해 널리 보급되었고, 중국에 와서는 일행(一行), 불공(不空)에 의해 크게 성행하였으며, 우리나라에서는 혜일(惠日), 오진(悟眞), 해초(慧超)스님에 의해 번성하였다. 그리고 일본에서는 공해(空海)스님에 의해 널리 보급되었다.

김교수는 이같은 사실을 역사적으로 낱낱이 증명하면서 몸이 극도로 쇠약해져 세 차례 대수술을 받고도 호마의 법칙에 따라 지금 81세로서도 건강하게 살고 있다.

이를 보면 학문이란 하루 아침에 이루어지는 것이 아니라 깊고 넓은 세월 속에 이를 위해 희생한 모든 선사(先師)들의 피와 땀이 함께 어울려져 이루어지는 것이 아닌가 생각되었다.

아무쪼록 김교수의 건강을 빌고, 학문적 후계자가 생겨 밀교문화의 만다라가 이 세상에 활짝 필 것을 믿어 의심하지 않는다.

53. 집념의 비구니스님 도원(道源)대화상

학문의 위대성과 성공여부는 고사하고 나는 얼마 되지 않는 세상을 살면서 참으로 희귀한 인재들을 만나보고 있다.

학교구경도 해보지 못한 사람이 대학, 대학원을 다니고, 겨우 초등학교를 졸업한 사람이 국회의원, 장관이 되고, 중고등학교를 중도폐한 사람이 대학교수가 되어 세계의 학자들과 발돋움을 하는 것을 간간히 보아왔다.

그런데 어떤 비구니스님이,

"저는 모종단 모스님의 제자인데, 학력이 부족하다 하여 은사스님으로부터 나를 업신여기니 살 수가 없습니다. 공부 열심히 할 수 있으니 방 하나만 주십시오."

사실 이 스님은 출가 전 어떤 종단의 사무장으로 있었으나 후배들이 대학, 대학원을 나온 사람들로 줄줄이 밀고 들어오자 중학졸업증서라도 받아야 되겠다는 생각으로 고시공부로 고등학교 자격까지 받았으나 역시 대학출신들에게는 성명도 붙여보기 어려워 대학공부를 시작하겠다는 것이다.

일주일에 4일 동안은 절을 지켜야 하므로 집에 가 있어야 하고, 3일 동안은 학원과 학교에 나가야 하므로 서울에 방이 필요하다고 하였다.

적당한 방이 없어 불교통신대학 서울사무실을 빌려 주었는데, 열심히 공부하는 가운데서도 지방과 같지 않는 것이 있어 의논하였다.

"밥을 해먹고 사는 것은 걱정이 없는데, 저녁이면 차들이 다녀 방바닥이 들썩들썩 합니다."

"나는 가만히 누워서도 춘향이 가마를 잘 탑니다."

하였더니 아니나 다를까 한 달쯤 지낸 뒤,

"뱃사공이 물속에서 배타는 것 같아 날로 재미가 더 합니다."

이렇게 하는 사이에 동국대학교를 졸업하고 대학원까지 입학하게 되었다. 컴퓨터가 성숙해지자 지방학생의 아르바이트까지 해 가면서 결국에는 박사학위를 받았다.

나는 이러한 것을 기본으로 몽골에서 유학온 스님들에게 한국어와 불교학을 전공케 하여 다섯 명이 석사과정을 두명이 박사 과정을 수료하였다.

언젠가 주례를 서준 외동딸 신부가 신랑에 대하여 만족치 못한 마음을 가지고 있는 것 같았다. 아이를 둘이나 낳는데도 부부지간에 사랑을 잃고 믿음이 없다면 장차 이 가정이 어떻게 될 것인가 생각하며 물었다.

"무엇이 만족치 못한 점이 있느냐?"

"저는 대학을 나왔는데 남편은 고등학교 밖에 나오지 못했습니다."

"그렇다면 지금이라도 대학을 다니면 그만이지 무엇을 그리 걱정하고 있는가?"

"챙피스럽지 않아요."

"그러면 그대는 무슨 직장을 가지고 있으며 남편은 무슨 직장에 나가느냐?"

"저는 직장이 없고 남편은 농협에 나갑니다."

"지금 대학출신 가운데서도 직장이 없어 백수건달로 노는 사람들이 많이 있는데, 농협이라도 직장이 되어있다면 걱정할 것이 무엇있는가?"
하고 신랑을 불러 물었다.

"컴퓨터 잘 하는가?"

"보통 합니다."

"저녁 시간은 무엇으로 소비하는가?"

"컴퓨터놀이 합니다."

"그렇다면 방송통신대학에 들어가 공부하게...."

이렇게 하여 방송통신대학 경영학과에 들어가 2년만에 졸업하고 지금은 5급 공무원이 되어있다. 노력하지 아니해서 그렇지 마음만 단단히 먹는다면 못할 일이 무엇이 있겠는가. 부처님처럼 도를 깨치고, 공자님처럼 인·의·예·지·신도 만들어 낸 사람도 있지 않는가.

고학으로 성공한 사람들이야 더 말할 것이 없다. 단지 그렇게 공부하여 그것으로 무엇을 하느냐 하는 것이 문제다.

그 스님은 모 종단의 비구니회 회장이 되어 있지만 흔적없이 후배들을 길러내는 텃밭으로 혼신하고 있으며, 몽골 스님들은 각기 자기 절에 강사, 교수가 되어 몽골불교에 새로운 비전을 형성하고 있다.

보지 못했는가. 가짜 석사, 박사증을 가지고 남 위에 군림하다가 망신당한 선비들을. 곡식은 익어갈수록 고개를 숙이고 옥은 갈수록 그 빛이 속으로 들어가 밖으로 드러내 자랑하지 않는다.

백년 역사를 가진 동국대학교 학사들은 뒤에 들어온 석사, 박사들 때문에 숨소리 한번 크게 내 쉬지 못하고 있다고 한탄하는 분들도 계신다.

벼슬이 높으면 더욱 마음이 얄고, 부자가 되면 가슴이 후하다 하였으니 망신당하지 말고 덕 있는 선후배가 되기를 바란다.

54. 봉화산의 큰 선비 근일(勤日)대화상

6.25사변 때 절 주변은 공비들의 소굴이 되고 시내의 공공사찰은 빨치산들의 의식수단으로 사용되었다. 태백산 봉화산, 소백산 영통사는 3천 법려들의 훈련장으로, 스님들의 수행장으로 널리 알려져 있었으나, 전쟁통에 퇴락한 조사당에는 비가 줄줄 새고, 겨울바람이 마음대로 드나드는 무주공산으로 변했다.

그런데 이런 곳에 들어가 허물어진 벽을 바르고 기와를 입힌 뒤 4해의 시민들을 모아 염불정진하고 간경설법한 사람들이 있었으니, 소백산 영통사에는 담화대화상(曇華大和尚)이 그분이시고, 봉화산 부석사의 근일(勤日) 큰스님이 그 분이시다.

요즘 봉화산에 가면 천년 선비화가 향기롭고 조사당에는 의상대사(義湘大師)의 영정이 걸려있는데. 그 아래 작은 법당에는 선묘아가씨의 청초한 모습이 무지개처럼 피어나고 있다.

그 앞에 무량수전은 천년의 역사를 안고 있으나 불국사 석굴암처럼 풍화(風化)의 소침에도 까딱하지 않고 의상대사의 기품을 풍기고 있다.

나는 수십 차례 보광산에 올라가 근일스님 법문을 들었지만 그 보다도 외국사람들에게 선묘아가씨의 깊은 사랑을 전하고자 찾아 가기도 하였다.

의상대사가 승만부인의 후원으로 중국 산동성에 이르자 처음 보는 아가씨가 넋을 잃고 서 있었다.

"아버지, 저는 저 스님을 의지해서 공부하고 동해의 용이 되어 천지를 날아다니며 단비를 내리겠습니다."

외동딸 선묘는 의상대사에게 중국말을 가르치고 의식(衣食)을 준비하여 먼 길에 유학하는 스님에게 한치의 부족함이 생기지 않도록 시봉하였고, 십년동안 본토에 들어가 공부하실 때는 당실(唐室)의 비단위에 청룡 황룡을 수 놓은 가사를 만들어 입혀 드리고자 서원하였으나 나라의 명령을 받은 의상이 집에 들릴 틈도 없이 상선에 몸을 실고 바다 가운데로 둥둥 떠나가자 이 소식을 들은 선묘는 높은 해안에 올라 가 손수 만든 가사를 바다 가운데 던지며,

"진실로 내 마음이 해와 달과 같다면 반드시 이 옷을 스님께서 받아 입게 해 주옵소서."

하고 물속으로 떨어졌다. 서해바다의 풍랑이 의상을 삼키려 하니 선묘는 큰 용이 되어 그의 등에 배를 얹고 날라 서해안에 내려놓고 자신은 뜬 바위가 되어 하늘 위를 날아 다니다가 왕명으로 봉화산에 절을 지을 때는 뜬 돌로 절터를 잡아주어 오늘날의 부석사가 지어지게 하였다.

그 뿐만이 아니다. 3천법려가 먹을 물이 없어 고민하고 있을 때

"법당 밑을 파면 나의 젖부리가 두 개 있을 것이니 그 곳을 정으로 치면 나의 젖이 쏟아져 3천 법려의 목을 축일 수 있을 것입니다."

하여 그곳에 물줄기를 열어 지금까지 수 없이 많은 불자들이 목을 축이고 있다.

근일스님은 6.25 이후 폐허에 가까웠던 이 절에 들어와 절은 절대로 복원하고 스님들은 스님들대로 길러내어 영주, 의성, 풍기, 그리고 더 나아가서는 안동지역 불교에까지 큰 영향을 주고 있으니 이 시대의 의상이요 선묘보살이라 생각한다.

어떤 사람이고 돈 때문에 공부를 못하고 사업을 중도폐하게 되어있으면 쥐도 새도 모르게 도와 끝까지 공부도 하게 하고 사업을 추진하게 하였으니 이분이야 말로 말세의 대보살이라 아니 할 수 없다.

학비를 얻어 쓴 몽골, 캄보디아 유학생들이 항상 잊지 않고 있으며 넉넉한 차비로 먼 길을 위로해 주신 근일스님의 보시정신을 태국, 스리랑카 스님들이 감사하고 있다.

55. 경덕전등록의 화신 정수(正秀)스님

정수스님은 통도사 경봉스님의 손자 상좌이다. 모습은 조금 달라도 마음 쓰는 것과 행동하는 것이 꼭 닮았다. 천천히 하시는 말씀이나 객승들을 초청하여 공양대접하는 것, 멀고 가까움에 관계없이 거마비를 챙겨주시는 것은 아주 꼭 닮았다.

80년대 불교통신대학·대학원 교재가 완성되어 경·율·론·선·밀교·의식 등 여섯 가지 방향에서 교육을 하기로 신문에 냈는데, 선학과에 입학하고는,

"나는 노스님 시봉을 하고 있어 시간이 여의치 않으니 개인교수로 특별히 보살펴 주십시오."

하여 오전 10시에 오면 저녁 6시까지 꼬박 공부하고 8시에 기차로 내려갔다.

뿐만 아니라 정능에 어떤 스님이 운영하던 오래된 절을 사 20년 이상 정성을 들여 길을 내고 요사채를 손 보고, 마지막에는 법당, 종각까지 고쳐 새 집을 만들어 놓으니 옛날부터 인연있는 사람들이 옛이 그리워 모여 들었다.

낮에는 바깥일을 하고 저녁에는 기도하고 선을 하였는데, 어느 틈에 전등

록 30권을 초하여,

"내년에는 꼭 출판하고 싶습니다."

하였다. 세월을 꼽아보니 전등록을 시작한 지가 어언 23년이 걸렸다. 옛날 사람들은 먹을 갈아 붓으로 쓰고 원문을 베껴 번역하고 주(註)를 달았는데, 요즈음은 컴퓨터의 키만 누르면 천연 자료가 한꺼번에 나와 공부하기 쉽다고 한다.

성북동 사암연합회 회장을 10 수년 해왔기 때문에 관혼상제며 관민합동회의며 쉴 틈이 없는데도 어느 결에 공부하는지 원고를 한짐씩 짊어지고 다닌다.

옆에 시봉에게 들으니 새벽 3시까지는 등하가친(燈下可親)하고 새벽 예불이 끝난 뒤에 잠깐 눈을 붙인다고 하였다.

어찌되었던 재미가 없으면 공부가 잘 안되는 법이라,

"무슨 재미가 있어 그렇게 열심히 하십니까?"

물으니

"가정의 족보는 씨보(氏譜)에서 끝나지만 불보(佛譜)의 역사는 진겁(塵劫)에 통하기 때문에 흥미가 진진합니다. 뿐만 아니라 종족도 다르고 씨(氏)도 다른데도 불법문중에는 모두가 일불제자(一佛弟子)로 살펴주시니 다양한 역사와 문화가 더욱 흥미를 도두어 줍니다."

하면서 일미법문(一味法門)을 끝없이 들려주곤 하였다.

과거 7불로부터 인도 49조, 중국스님들의 역사는 말로 다 할 수 없다.

"부처님은 80세에 돌아가시고 마명(馬鳴), 용수(龍樹)도 열반에 들었지만 나는 달마대사가 152세에 중국에 오서 9년 면벽으로 혜가를 얻고 해문 천성사에서 독약이 든 음식을 드신 후 그대로 앉아 초상까지 쳤는데 3년 후 실크로드에서 인도사신 송운(宋雲)을 만나 신 한짝을 전해주신 후 서쪽으로 넘어간 모습을 보았으니 죽었습니까, 살았습니까!"

나는 이 이야기를 듣고 법흥스님과 같이 낙양 영녕사에 들려 달마대사가 152세 때 지은 시를 보고 웅이산에 이르러 달마대사 탑을 보았는데, 그 옆에 위 무제와 양 무제의 비석이 있어 이를 분명 증명해 주었다.

모양이야 있건 없건 법을 구하는 사람들에게 이렇게 불법의 이치를 신선사상으로 전해주고 있으니 이를 본 선사(禪師)가 잠을 잘 수 있겠는가. 9년 면벽도 오히려 짧음으로 서산대사의 스승 부용영관스님은 송곳하나 꼽을 곳 없는 가운데서 9년 면벽을 두 번씩이나 하였으니 우리 정수스님은 월하등명(月下燈明)으로 길이 길을 밝히리라 생각한다.

56. 하와이 뇌박사(腦博士)

1980년대 하와이 대원사 법회에 갔다가 하와이 TV방송국에서 알기쉬운 동양학 강의를 한 일이 있다. 그때 대원사의 요청으로 천수경특강을 한 일이 있는데, '정구업진언 수리수리 마하수리 수수리 사바하'를 강의하고 나니 스튜디오에 손님이 와 있다고 하였다.

하얀 두루마기에 흰 고무신을 신고 내려가니 6, 70년대 이민간 사람들이 그것을 만져보기 위해 와 있다가 "와!"하고 박수를 치곤하였는데, 박사님께서 물었다.

"나는 일생을 뇌를 연구하였는데, 어찌하여 불교경전에 뇌과학이 나옵니까?

오른쪽 뇌는 감정을, 왼쪽 뇌는 지성을 개발하여 각기 자기 소리를 하면 입은 그 소리에 따라 아나운서 역할을 합니다. 그것이 뇌과학입니다."

"그러나 보기만 해도 되는데 눈이 두 개이고, 듣기만 해도 되는데 귀가 두 개이며, 맡기만 해도 되는데 코가 두 개인데 이들의 견문각지(見聞覺知)를 전달할 때는 입이 제일 아래 가운데 붙어서 이 말 저 말을 골고루 전하게 되는 것입니다.

그런데 그 말 가운데는 깨끗한 말도 있고 더러운 말도 있어 세상을 시끄럽게 하기 때문에 그것들을 정화시키기 위해서 정구업진언을 하는 것입니다."

"정구업진언을 한다고 그것이 깨끗해집니까?"

"모를 때는 모르기 때문에 일을 저지르는데, 깨달아 알고 보면 그릇된 것이 밝아지고 때가 낀 것이 정화되기 때문에 입도 깨끗해 질 수 있습니다.

진언에서 '수리'는 깨끗하다는 뜻이고, '마하수리'는 아주 깨끗하다는 뜻이니 깨끗하고 깨끗하고 아주 깨끗해지면 만사가 형통하기 때문에 '수리수리 마하수리 수수리 사바하' 하는 것입니다."

하니 그만 악수를 하고 포옹을 하였다.

그런데 이분은 나에게 몇 번에 걸쳐 뇌강의를 해 주었다.

"뇌는 뇌 자체가 중요한 것이 아니라 뇌 작용에 문제가 생기기 때문에 뇌학을 공부시키는 것입니다.

현대인은 우울증과 불안, 걱정을 쳇바퀴 돌듯하고 있습니다. 모두 이것은 뇌 회로의 실조증(失調症)으로 한번 일어난 감정이 부정적으로 반복하면서 나쁜 습관에 물들기 때문에 그런 현상이 생깁니다. 이런 증상을 일으키는 소프트웨어를 바꾸면 차차 습관이 바뀌면서 하강나선을 이루며 풀어주게 됩니다.

그런데 사람들은 자신의 뇌는 전혀 생각하지 않고 다른 사람들이 나를 그렇게 보고 있다 원망하면서 우유부단한 생각으로 자신의 행복을 가로막고 짜증만 부리고 있는 것입니다.

나는 일찍이 간질병환자가 병을 치료할 목적으로 기도하러 왔기 때문에 습관을 고치면 달라질 수 있다 생각하고 낮잠 자는 습관을 밤으로, 간식하는 습관을 정식으로, 부정적인 생각을 감사하는 마음으로 고쳐 주었더니 2, 3개월 되니까 간질 회수가 반 이상으로 줄어들면서 차차 안정을 되찾았습니다.

사실 특수 환자는 돌발적인 행동을 자주하게 되어있는데, 되도록 주위사람들이 그것에 대하여 지나친 관심을 갖지 말고 자연스럽게 대하고 생활하면 대중가운데서 두려움을 느끼지 않습니다.”

그리하여 그는 뇌과학 보다는 천수경과 선(禪)에 더 관심을 갖는 새로운 학자(新學者)가 되었으며, 박정희 대통령이 한국에 초청하여 여러 대학에서 강의 할 때도 그런 말씀을 하였고, 중광스님이 그린 닭그림을 보고, “이 닭이야 말로 한국인의 성생활을 잘 표현한 것이라 하여 장차 미국에서는 제자처럼 따라 다니며 행동하였다.

하와이대학에서 전시회를 가졌을 때 수탉이 암탉을 누르고 있는 모습을 보고 물었다.

“이것이 무엇입니까?”

“위에 있는 닭은 그대 아버지이고 밑에 있는 것은 박사님의 어머니입니다.”

하여 박장대소를 하고, 방송국에서 40분짜리 영화를 만들 때 날씨가 더워 땀을 뻘뻘 흘리자 원주민들이 입는 우장을 입고 일산모를 쓰고는 속옷을 모두 벗어 버리자 물었다.

“시원하십니까?”

“조크가 저절로 춤을 춥니다.”

하여 40분짜리 영화가 45분짜리로 늘려져 나왔다.

이것은 억지로 꾸며서 되는 것이 아니고 뇌의 자연학이 지리, 풍토, 환경에 맞도록 상승나선을 만드는데 원인이 있는 것이다. 현대인들은 체면이란 것 때문에 오히려 자신의 뇌를 우울하게 만들고 있다.

57. 남방불교의 전령사 정명스님

정명스님은 옥천범음대학장 일운스님의 제자다. 일찍이 한양대 산업공학과를 나와 청주대 경학과, 미국 Drexel대학 최고경영과정을 거친 뒤 선암사 금강계단에서 득도하였다.

그 후 바로 미얀마 파옥 명상센타에 가서 위빠사나를 수행, 초기불교의 선수행을 체험하였다.

스님은 매일의 일과를 몸소 체험하면서 일기체로 정리하여 책 속의 책을 여러 권 냈는데, 한국에서는 BBS 불교방송 '무명을 밝히고' 에 출연하기도 하였다.

석가모니 부처님의 깡마른 고행상과 파옥스님들이 1일 1식, 하루에 한 때 탁발로 생활하는 모습을 보고 부처님 당시의 수행이 어떤 것이었던가를 체험하였다.

질서정연하게 까만 법복을 입고 파르라니 깎은 머리를 하고 마을로 탁발 나가는 사미행자들의 천진무구한 모습을 보고 그들에게 보시를 하기 위해서 수 없이 많은 단나(보시자)들이 무릎을 꿇고 공양하는 광경을 보고 정명스님은 한없이 눈물을 흘렸다고 한다.

천진무구한 모습으로 둘러앉은 수백 명의 스님들이 명상하는 모습은 이 세상 일 같지가 않았다.

파아란 유리벽 앞에 단정하게 모셔진 부처님은 한국부처님과는 너무도 달랐으며 구름처럼 울렁거리는 숲속의 탑처럼 서 있는 명상홀은 전혀 이 세상의 집과 같지 않았다.

직접 빨래하여 널어 말리고, 새로 지어진 꾸여(오두막) 속에서 누구와의 대화도 잊은 채 조용히 앉았다가 간신히 사람하나 지나갈 만한 오솔길로 경행을 하다보면 초하루, 보름 포살하는 모습이 무지개처럼 울렁인다.

"일어나라; 잠을 깨라."

마치 누가 소리를 지르지 않아도 옆에 사람이 놀라 깰까 보아 나비처럼 조심스럽게 날아가는 수행자들을 보면 공양받기가 민망스럽다. 현악기의 현을 적당하게 조절하여 마음을 살피지만 너무나도 정성껏 음식을 마련하여 길가에서 기다리는 신도님들을 보면 공양받기가 부끄러웠다고 한다.

그래서 과일의 황제 두리안을 먹으며 참회발원문을 외울때는 모기, 파리 등애가 괴롭혀도 쫓지 않고, 땀 흘리며 역사하는 개미들을 신비롭게 바라보며 선정에 들어 마음의 문을 열었다고 한다.

이 세상 어떤 사람들이 불교를 처음 접하면서 제행무상(諸行無常)·제법무아(諸法無我)를 모를까마는 열반을 따로 부르지 아니하여 열반적정(涅槃寂靜)이 눈앞에 전개되었다.

특히 장례식장에 가서 보면 어제 내 앞에 앉아서 공부하던 스님이 숨 하나에 사라진 모습이 눈앞에 전개되었다. 나고 늙고 병들고 죽는 것은 두 번 말

할 것도 없지만 오음성고(五蘊盛苦) · 구부득고(求不得苦)로 몸부림 치던 인
생, 거기에는 원수도 없고 친한 이도 없었다. 이별의 슬픔이라 던지 원수가
오며 개거품을 내품고 싸움하는 모습이라 던지, 주고 빼앗고 밀치고 잡아당
기는 일은 더더구나 없었다.

"바로 살아야지....."
정견(正見) · 정사(正思) · 정어(正語) · 정업(正業).....8정도를 낱낱이 외
우지 아니하여도 저절로 생명이 바른 길로 나아가 생각이 밝아지고 마음이
안정되었다.
"아, 저것이 정정(正定)이로구나...."
여기 무슨 수다원 · 사다암 · 아나함 · 아라한이 있으며, 보살 · 성문 · 연
각이 있겠는가.
단 30분도 안되는 사이에 6척장구가 한 주먹 재가 되어 보리수 밑에 뿌려
진다. 하늘, 땅 가리지 않고 다시 그 자라에 태어나 그 나무 밑에서 탁발하고
다시 그런 모습으로 명상하기 때문이다.

거기에는 윤회도 없고 업보도 없었다. 오직 한 가지 사람이 있을 뿐이었
다. 누구에게 이래라, 저래라 시키는 사람도 없었다. 스스로 해야 할 일을 알
고 먹어야 될 것을 먹고 선배가 후배를, 후배가 선배를 서로 도우며 살아가
기 때문이다.
과일을 익으면 저절로 떨어진다. 그러나 그 씨앗을 다시 대지의 품 안에
안겨 한 주먹도 아니 되는 씨앗이 아름들이 큰 나무가 되어 수행자들의 숲
이 되고 나는 새들, 벌레들의 안식처가 되어준다.

"영자야!"

어제 밤 함께 누웠던 아이가 밤중에 없어져 엄마는 새벽부터 그 이름을 부르며 찾아 다니다가 아이가 그 소리를 듣고 앞에 나타나면,

"내 그럴 줄 알았다."

목마른 사랑에 애타는 중생들의 고달픈 삶, 그는 거기서 고요한 하늘 땅을 보았으며 고양이, 촛불, 불나방을 보았다.

고향에 돌아와서는 은사스님이 운영하는 옥천범음대학(玉泉梵音大學)을 구경하다가 활안스님이 의지할 곳 없는 노스님들을 모시고 운영하는 기로원(耆老院)에 이르러,

여연화(如蓮華) 불착후(不着水) 심청정(心淸淨)
계수레(稽首禮) 무상존(無上尊) 초어피(超於彼)

를 되뇌었다.

58. 선무도(禪武道)의 개척자 적운스님

적운스님은 1975년 부산 범어사에서 양익 대종사에게 득도하고 동대, 서울대, 부산대, 한국종합예술대학교, 포천중문대에 출강하여 외래교수로서의 명목을 살리고 있다.

현재는 골굴사 주지, 재단법인 선무도 이사장, 세계선무도 총재 등을 역임하고 있는데, 하루도 쉴 사이 없이 뛰고 있다.

나는 옛날에 골굴사를 찾은 적이 있으나 그 곳이 원효스님께서 열반하신 혈사(穴寺)인 것은 몰랐다. 용암이 지글지글 끓다가 죽처럼 굳어진 것이 구멍 뚫린 바위인데 그 곳 땅속에 불이 용솟음처 올랐으므로 기(氣)가 쎈 곳으로 알려져 있는데, 원효대사는 금산 태고사, 동두천 자재암 처럼 그런 돌들이 번성한 산천을 찾아 유행(遊行)하였다. 그래서 금강삼매경론을 짓지 않았나 생각해 보기도 한다.

골굴사에는 그런 돌 바위에 마애불상을 새기고, 남궁바위와 여궁혈열을 만지며 거기서 흐르는 금강약수를 마시면 귀한 자식을 낳고 기운이 장사가 된다고 하여 세계의 기(氣) 운동하는 사람들이 많이 찾는다.

선무도는 불교의 사마타(止)와 위빠사나(觀)를 함께 닦는 정해쌍수(定慧

雙修)의 수행법으로 깨달음을 실천하는 무도이다. 현대인들은 정신적 고뇌가 신체적 질병을 가져올 수 있는 갖가지 스트레스에 시달리므로 몸과 마음을 한꺼번에 움직여 5온 12처 경계를 건강하게 만드는 무술이었다.

그러므로 그들은 매일 명상, 요가, 기공, 무술, 체조 등을 포함하여 총체적 수행법으로 몸을 단련하고 있었다.

활발한 기의 흐름으로 두뇌발달과 신체균형을 이루어 집중과 기억 순발력이 나타난다. 특히 허약체질의 개선으로 신체를 단련하는데 고관절, 척추교정, 요통, 불면증, 소화불량, 우울증 등 허약한 심신에 활력을 넣어주고 있었다.

특히 비만한 사람들, 변비 때문에 고생하는 사람들이 자연의 푸르름 속에서 맑은 공기를 마시며 집중수행을 하다 보니 과중한 업무에서 오는 스트레스가 풀려 동서양 사람들이 두 다리와 두 어깨를 날아가는 새처럼 나래를 펴고 있었다.

사실 이 무술은 부처님께서 기수급고독원에 계실 때 앞뒤의 두 문에 근육이 발달하고 발랄한 체력의 소유자가 지켜 서서 외도 (外道), 이견(異見), 편견(偏見)을 가진 데모꾼들을 격파하던 데서 시작이 되었는데, 부처님의 3대 포교방법과 연관이 있다.

첫째 막힌 자를 뚫어주는 통체(通滯)의 자세는 듣기만 해도 시원하리 만큼 트름이 나고,

둘째 굽어진 신체를 펴주는 정체술(正體術)은 굽혔다 펴기를 거듭하여 균형을 잡았으며,

셋째 거꾸러진 사람에게는 5장6부를 뒤집어 바른 생각이 들게 하였다.

부처님 당시 어의 지바카는 3. 7일 동안 소금물과 독주로 뇌를 잠재워 마침내 뇌를 수술하고 정상적인 사고를 가진 사람을 만들어 주었드시 꼬인 창자를 역으로 틀어주어 맺힌 어혈을 풀어주어 모두가 건강하고 활달자재한 신체를 가지도록 훈련하고 있었다.

적운스님은 불란서, 스페인, 미국 등 어려 나라에 가서 4천왕을 공연하여 갖가지 상을 휩쓸고, 영화, 연극, 사극 등에 출연하여 옛사람들의 정취를 5감으로 느끼게 하고 있었다.

아울러 그들은 템플스테이를 통해 먹고, 입고, 자는 것 까지도 자연스럽게 훈련하여 세계적인 문화체험을 실천한다고 하였다.

원효대사가 무애가를 부르면서 천지를 유랑하듯 적운스님은 단체로 혹은 개인적으로 신체의 구성과 성격의 차이를 따라 맞춤형 교습도 겸해서 하고 있었다.

옛날 홍신자씨가 인도에 들어가 사막 속에서 자기 오줌을 마시면서 수련했다는 말을 들었는데, 골굴사의 수련생들은 자기 뜻대로 말도 타고 그룹 활동도 해서 옛 화랑들이 거듭 탄생하는 기분도 느꼈다.

59. 장군법회의 주관자 도윤스님

도윤(道允)스님은 경북 선산출신이다. 깡마른 모습에 송곳하나 들어갈 틈이 없이 강직한 율사스님이다.

도봉동 쌍룡사 주지스님으로 계실 때부터 인연이 되어 호원동에도 여러 번 가서 법회를 보고 퇴계로에 장군법회를 만들어 군장성들을 교화하는 일을 담당하여 수년 동안 법회를 함께 보았다

1931년생으로 58년 동대 사학과를 나와 직지사 강원과 용주사 강원을 거쳐 학문에도 박학다식하시다. 직지사 관응스님 제자로 고암스님께 계를 받고 정암사, 적조암, 오세암, 봉정암 등에서 안거를 하여 몸이 돌덩이처럼 단단하였다.

72년 백담사 주지를 끝으로 대중생활을 접고 쌍룡사 주지를 하면서 승가대 발기인이 되어 2대학장을 역임하였기 때문에 고암 종정스님으로부터 표창을 받고, 강원도 인제에 영시암이란 절을 짓고 백장스님과 같이 일하며 정진하는 청규불사를 일으켰다.

무엇이고 한번 생각하면 끝을 보아야 함으로 수하에 사람이 잘 따르지 않는다. 그러나 스님은 한번 해야 되겠다고 생각하면 끝까지 밀어붙이는 성미

를 가지고 있다.

　내가 군장성법회를 볼 때 크게 실수를 한 일이 있다. 중국 석도에 갔다가 장보고의 역사지를 답사하고 무염국사의 봉사지가 있다 해서 갔는데, 과연 그곳에는 중국 산림청 건물이 들어선 곳에 무염국사의 비석이 있었다.

　무염국사는 신라 태종 무열왕의 손자로서 중국에 들어가 범패를 배우고 탁발로 병든 사람들을 모아 간호하였는데, 깊은 산골짜기에 이르러 생수가 샘처럼 솟아 그 물로 씻기고, 먹이고, 보살펴 많은 환자들을 회생시켰다. 그래서 그런지 지금도 그 곳에 혹표생수공장이 있어 그 물을 받아 청도 일대까지 수출하고 있었다.

　무염국사의 역사를 조사하다 보니 최치원 4산비문을 찾게 되어 틈만 나면 봉암사로, 쌍계사로 쫓아 다니는데 보령군에 갔다가 성주사지에서 낭혜화상 비문을 보고 창원 성주사로 갔다.

　혹 색다른 유적이 있는가 해서 이를 알아보기 위해 갔는데, 사실 그곳은 무염국사와는 직접적인 관계가 없었다. 그래서 다시 대구까지 버스를 타고 황간에 있다는 신묘사지를 찾아가니 저녁 11시가 다 되었다.

　황간 면사무소 총무계장 민명후선생이 일러주신 원촌마을 절터에 가니 막 가게문을 닫으려던 육부정 사장님이 면사무소에서 전화를 받았다고 하며 따뜻하게 대해주었다.

　저녁을 먹고 으스름 달밤에 절터에 올라가니 심묘사터는 이미 전답으로 모두 변해 있었다. 추풍령에 이르러 화물트럭을 타고 서울에 도착하니 새벽 2시가 다 되었는데, 흥분된 마음이 가라앉지 않아 그대로 뜬 눈으로 원고를 정리하고 스님의 출가지였던 설악산 오색석사로 가고자 마장동에서 차를 타고 양평부근을 지나는데 전화가 왔다.

"오늘이 법회날인데 어찌하여 아직 오지 않는가?"

깜박 잊어버린 것이다.

"미안하지만 스님께서 대신해 주십시오."

사정하고 오색석사에 이르니 마침 그날이 오색석사를 복원하다 돌아가신 황윤영스님의 제삿날이었다.

도량을 정비하는 도자가 옛 탑을 헐어 계단을 만들려 하므로 이를 정지시 킨 후 석재를 따로 빼 놓고는 군청에 연락하였더니 와서 그 탑을 복원 후에 문화재로 지정하였다.

하여간 이런 일로 인해 스님에게 큰 죄를 지었으나

"옛 조사의 역사를 찾아가 그리 되었으니 걱정하지 말라."

하고 법사비에 출판비까지 보태주었다. 그 후스님은 강원도에 가서 백장 스님과 같이 땅을 파고 씨를 뿌리면서 선삼매속에서 사신다 들었다.

60. 실담문자(悉曇文字)의 근원을 밝힌 강상원박사님

강박사님은 조선세종대학원(朝鮮世宗太學院) 총재이다.

1938년에 서울에서 태어나 한국 외국어대학을 졸업하고 공군장교로 임관, 미국뉴욕시립대학에서 철학석사학위를 받고, 동국대학에서 원효사상연구로 박사학위를 받았다.

주한 미대사관에 근무하기도 하고, 뉴욕평생대학 학장으로, 중앙승가대, 한국불교대, 동대서 교수생활을 하다가 2002년 한림원 원장에 이어 정음청 학술원 총재가 되었다.

천축국의 실담물자를 연구, 동국정운(東國正韻)을 주석하고 세종대왕께서 창제하신 한글이 법주사 신미대사(함허득통선사의 제자)에 의하여 집현전학사들이 발표하기 13년 전에 완성되었다는 것을 밝혔으며, 훈민정음 28자를 어원적(語源的)으로 풀이하였으며 세종대왕 당시 쓰여진 용비어천가(龍飛御天歌), 석보상절(釋譜詳節), 월인천강지곡(月印千江之曲)을 교정하여 출판하신 분이 바로 신미대사였음을 사실적으로 밝혔다.

그의 저술은 학자의 연구서적 학술서로서 일반사람들이 읽고 이해하기에는 너무 어렵지만 세계 학자들에게는 연구서로서 각광을 받고 있어 나오기가 바쁘게 세계 각국 도서관과 한국학을 연구하는 학자들에게 배부되었다.

불교서적으로는 법화경 영역, 금강경 영역 등 많은 저서를 내고 조선어의 할아버지격인 실담어(산스크리트)가 인도 실담어와 영어, 중국 한문의 증조할아버지요, 아버지라는 것을 밝혀 세계적인 학자들의 인정을 받고 있다.

그러나 한국에서는 우리 언어는 말할 것도 없지만 동이민족(東夷民族: 한민족의 선조)의 역사까지도 까마득히 잃어버리고 있는 세상에 한문이 동이민족의 글이고, 한글이 실담문자에서 나왔다고 한 들 거기 관심을 가지고 책을 읽을 사람이 몇이나 되겠는가.

내가 중국 사회과학원에 가서 천산 7대와 배달민족 18대의 역사를 받아가지고 와서 정리하자 '한국에도 이런 스님이 있었느냐!' 하며 깜짝 놀라고, 그때부터 우보지교(牛步之交)를 가지고 깊은 학문의 사우(師友)로서 가꾸고 있다.

실담문자는 천지, 자연의 소리를 본받아 소리나는 대로 글자를 만들어 만물의 뜻을 통달케 한 것이므로 지금부터 1만여년 적부터 살아왔던 동이민족의 글이요, 문자라는 것이다.

말하자면 어금니소리(牙音)에서 ㄱ, ㅋ, ㆁ가 나오고, 이빨소리(齒音)에서 ㅅ, ㅈ, ㅊ, ㅿ 같은 문자가 나오고, 목구멍소리(喉音)에서 ㅇ, ㆆ, ㅎ, ㆅ 같은 소리 28자의 훈민정음이 나오게 되었다는 것이다.

정음(正音)에 들어있으니

①은 홍무정음(洪武正音)으로 중국원시족의 토속어가 되고

②는 동위족의 정통실담어로서 한민족 언어의 뿌리가 되므로

③ 세종대왕께서 한글을 훈민정음(訓民正音)이라 이름을 붙였다는 것이다.

훈민정음 28자중 ·, ㅿ, ㅇ, ㆆ, ㆅ 등 5음에 청·탁 음을 배정하고 거기에
천(·), 지(ㅡ), 인(ㅣ) 3개를 결합하여 ㅏ, ㅑ, ㅓ, ㅕ, ㅗ, ㅛ, ㅜ, ㅠ, ㅡ, ㅣ 와
ㄱ, ㄴ, ㄷ, ㄹ, ㅁ, ㅂ, ㅅ, ㅇ, ㅈ, ㅊ, ㅋ, ㅌ, ㅍ, ㅎ을 보태 지금 쓰는 24자가
만들어 졌다는 것이다.

하늘(·)을 땅(ㅡ)과 사람이 함께 받들 때 '어'가 되고, 하늘을 등지고 나
를 받들면 '아'가 된다는 것이다. 사람이 땅(ㅡ)을 위로 받들면 'ㅗ'가 되고
두 사람이 받들면 'ㅛ'가 되고, 땅을 밟고 내려다 보면 'ㅜ' 'ㅠ'가 된다는
것이다.

어찌되었던 원리는 동이민족의 언어이고 소리였는데, 그것이 인도에 가서
는 실담문자가 되고, 다시 그것을 응용하여 중국의 한자와 우리 한글 훈민정
음이 되었으니 결국 한문과 한글은 동이민족의 언어요, 문자라는 것이다.

그래서 박사님은 단군나라의 외외탕탕(巍巍湯湯)한 문화가 장차 공자님
을 통해서 맹자의 왕도에 이르러 공화정책(共和政策)으로 변한 것이니 우리
는 근원을 찾아 우리 민족의 역사를 복원하고 우리 문자를 통해 세계언어의
풍토를 조성해야 한다고 강조하고 있다.

지금까지 세계는 땅을 중심으로 대소(大小)를 가렸지만 장차 세계는 언어
와 문자에 의해서 정복인과 피정복인이 가려질 것이라고 가름하고 있다. 의
미있는 말씀이다.

지금 세계가 유럽, 아메리카 중심으로 배정되고있는 것은 잉글리쉬라는
언어와 영어라는 문자에 의해 조직되고 있기 때문이다.

61. 금산 태고사 조실 도천(道天)스님

    스님은 평북 천산 출신으로 금산 태고사 조실이다. 1911년 금강산 마하연에서 출가하여 동산스님께 계를 받고 자그마치 22안거를 성만하고 해인사, 범어사, 내원사, 칠보암, 보광사, 토굴에 다니면서 몸이 움직이지 아니 할 때까지 선만 닦고 일만 하였는데, 얼굴은 깡말랐으나 눈에서는 불빛이 번쩍 번쩍 하였다.

    일을 하다 쉬는 시간이면 6조단경과 달마혈맥론을 가지고 다니면서 외우시고 경허스님 오도송을 구성지게 노래 불렀다.

사방을 돌아보아도 사람이 없네
의발을 누구에게 전할 것인가

봄날에 꽃이 활짝 피고 새들이 노래하며
가을 밤에 달이 밝고 바람은 맑기만 해라

정녕 이러한 때에 무생(無生)의
일곡가(一曲歌)를 얼마나 불렀던가

산빛이 문수의 눈이요 물소리는 관음의 귀로다

이랴 쯧쯧 소 부리고 말 부림이 그대로 보현이고

장서방 이첨지가 본래 비로자나다.

불조가 선교를 설한 것이

무슨 특별한게 있다고

분별시비만 내고 있는가

풀사람이 피리불고 나무 말이 졸고 있네

범부들이 자기 성품 알지 못하고 하는 말이

성인의 경계가 어찌 나의 분수가 되겠는가 잔소리한다.

가련하다 이런 사람 지옥 찌꺼기 밖에 될 수 없으니

내 전생일을 돌이켜보니 4생 6도를 험하게 돌고

돌다가 지쳐 금생을 대한 듯 눈앞이 가물가물

사람 앞에 다 말하지 못하겠네

다행이 숙인이 있어 사람되고 장부되니

출가득도하여 얻기 어려운 가운데 하나도 모자람이 없구나

어떤 사람이 말하기를

소가 되더라도 고삐 뚫을 구멍이 없다는 말을 듣고

그 아래 나의 본래 면목 깨닫고 보니

이름도 공하고 형상도 공하고 공한 것도 또한 공한 가운데

오직 한 빛만 밝아 흥망성쇠, 길흉화복이

모두가 한 가지 거품이었네

이렇게 노래 부르고 춤추다가 도천스님은 큰 소리로 오도송을 외었다.

忽聞人語無鼻孔 頓覺三千是我家

六月鷰巖山下路 歸人無事太平歌

이렇게 또 심우가 심우송을 읊으며,

"막힌 놈은 뚫고, 굽은 놈은 펴고, 꺼꾸러진 놈은 뒤집어라."

이 소식을 들은 미국행자 무량이 LA에 가 절 하나를 짓고 그 이름을 태고사라 한 뒤 참선곡을 읊으며 한 세상을 살아가고 있다.

"아 이사람들아, 6조스님 못 보았어. 일자무식이 돈오점수(頓悟漸修)하고, 달마대사 혈맥론(血脈論)을 꿰뚫은 것. 보조국사는 이러한 한국사람을 보고 수심결(修心訣)을 지어 가르치다가 아양승(啞羊僧), 독퇴승(禿頹僧), 조서승(鳥鼠僧)을 보고 정혜결사문을 지었거든....

지게를 지든 물동이를 이든 무슨 상관인가. 마음이 편하면 되었지. 지혜가 툭터지면 6도세계가 날고 뛰어 붙잡을 수 없으니 떠 내려가는 바가지 잡으려 하지 말고 도천(道川)에 목욕하소....

광대뼈가 툭 튀어나오고 두 눈이 쏘옥 들어가고 코구멍이 벌름벌름, 걸어가고 있다.

김해김씨 도천스님이여,

오늘도 지게지고 또 뭘 하십니까?

62. 옥천사 조실 도위(道偉)스님

도위스님은 1974년 중국 복건성 출신이다. 설봉사에서 공부하다가 복건성 불학원에 들어가 불교를 학문적으로 공부하고 우포 광화사에서 출가, 학성(學城)스님께 체계있게 공부하였다.

일본 산천 애지대학에 유학하여 학위를 받고 일본 인도불학연구소 연구원으로 있으면서 중국불교학술 고문으로 활동하고 있다. 복건성 불학원에서도 학술지도를 하면서 지난해 호북 옥천사 방장으로 취임하였다.

취임식에 초청되어 갔다 왔는데 그때 나의 저서를 보고 관심을 가졌다가 금년 6월 상락향에 친히 방문하였다.

"인도에서 근본불교 위에 부파불교가 생기고 거기서 상좌, 대중불교가 생겨 20부파가 이루어졌다는 것을 알고 있으나 실로 중국불교는 대승불교로서 인도불교와는 생리적으로 많은 차별이 있습니다.

그런데 내가 방장으로 있는 옥천사에 천태지자대사가 살고 있어 40여 년간 지관(止觀)을 닦다 보니 인도, 중국불교에 정통하게 되었습니다.

그런데 대사가 열반하신 뒤 중국에서는 돈오불교와 점수불교가 생겨 선종에 5가 9종이 이루어지고 교종에는 자그마치 13종이나 되어 분간하기 어려운 난맥상을 형성하였습니다.

뿐만 아니라 정신통일을 위해 시켰던 염불도 관음염불, 지장염불, 미타염불 등 여러 가지로 분열되어 발전하였고, 계율 또한 대·소승 계율로 나누어져 혼돈을 일으키고 있습니다.

생각하면 머리가 아픈데 어떻게 가닥을 잡아 종합된 불교를 실천할 수 있을까 걱정입니다."

"그것은 우리 뿐이 아니고 천태지자대사도 한때 고민한 일입니다. 그러나 누구보다도 내 자신을 구하지 않고는 남을 가르칠 수 없었기 때문에 밖으로 새나가는 생각을 거두어 잡기 위하여 지(止)를 닦고 안으로 흘러가는 마음을 자세히 살피기 위하여 관(觀: 위빠사나)을 한 것이 아니겠습니까.

그런데 중국에는 많은 종족이 다양한 민속을 가지고 있으므로 그를 제도하는데 방편이 없을 수 없습니다. 세상을 관찰하지 못한 사람에게는 관음염불을 하게하고, 조상을 생각하지 못한 사람에게는 지장신앙을 권하며, 자기의 빛을 보지 못하는 사람에게는 아미타염불을 가르쳤으나 모두 이것은 대연방편(對緣方便)입니다.

나도 한국에 많은 종파가 있어 고민하다가,

'내 몸이 법당이요, 내 마음이 부처다
가족을 도반삼아 불국토를 이룩하면
세계는 한 꽃, 만민이 동체로다'

하는 시를 지어 붙이고,

'법당을 튼튼히 하려면 계를 잘 지키고
마음이 부처인줄 알려면

시간과 공간속에 존재하는 자기를 깨달아야 한다

만일 이렇게 하여 무상무아 속에서 대아를 깨달으면

거기에 한꽃 만민이 동체임을 깨달을 수 있다'

하고 가르치고 있습니다."

"그렇지 않아도 상락향에 이르러, 常·樂·我·淨의 열반법을 즉시 깨달았습니다.

그런데 우리 천태종뿐이 아니고 일찍이 한국스님들이 중국에 들어와 삼론(三論)·법상(法相)·화엄(華嚴) 등을 대성한 스님이 있는 것을 보고 서로 교제해가며 불교를 소통해야 되겠다고 생각했습니다."

"고구려의 승랑, 신라의 원칙, 의상 뿐 이나라 고려에 천태종을 전한 의통(義通), 지종(智宗) 등도 유명하지만 형계담연(荊溪湛然), 사명지례(四明知禮)가 모두 한국사람으로 알고 있습니다.

특히 제관(諦觀)스님은 천태지관(天台止觀)을 저술하여 황무지가 되어버렸던 중국불교를 되살리려 하였기 때문에 깊히 관심을 안 가질 수 없습니다."

"함께 지자대사의 학문을 연구하고 공부했으면 좋겠습니다."

"그래서 금년부터 내년까지 천태장(天台藏) 10권을 번역하기로 되어있으니 공동명의로 책을 내도록 합시다."

"좋습니다. 중국에 갔다가 다시 오겠습니다."

이렇게 해서 우리는 천태대사의 통합불교를 기점으로 세계적인 통불교운동을 실천하자고 다짐하였다.

사실 한국불교는 중국불교의 연장이라 근본불교를 거의 잊어버리고 있었으나 요즈음 4아함, 청정도론 등이 번역되면서 새로운 불교운동이 일어나고

있으니 중국불교와 연합하여 종합적 불교를 실천하게 된다면 세계의 정신

사에 일대 청정한 촉진제가 될 것이아닌가 생각해 본다.

63. 종군장교 이지행 법사님

1963년 종단의 원로 스님과 변호사, 판사불자님들이 뜻을 모아 군승제도를 국가에 건의하였다. 신라 때는 화랑도가 있어 호국간성의 기수가 되었고, 고려 때는 향토승들이 민중운동의 기초가 되었으며, 조선조에는 의승군들이 조직되어 외적을 물리치고 나라를 바로 세운 일이 있으므로 미군부대의 군목과 같이 종교평등의 원칙에 의하여 군승제도를 만들자고 제안한 것이다.

사실 이때의 제안에 의하여 복지, 의료는 오직 기독교 천주교에서만 하던 것이 불교, 유교, 원불교에 까지 확대되어 낙산고아원과 같이 미군들과 합세하여 만든 고아원, 양로원이 생기게 되고, 군 기강을 바로 잡고 군 · 경 법회가 군부대, 경찰서, 교도소에서 까지 이루어지게 되었다.

이렇게 해서 1965년에 발기되어 66년 처음 뽑힌 군승들이 1년동안 훈련을 받고 장교로 임관하여 군부대의 기강에 영향을 주자 부대마다 법당을 짓고 또는 교회, 천주당과 함께 교대로 법회를 보니 불자군인들에게 사기를 돋구어 주었다.

그래서 1968년 임관한 사람이 장차 월남에 까지 파견되어 혁혁한 공을 세웠던 것이다.

1958년 사간동 법륜사에서 변설호스님에게 조선불교를 함께 배운 이지행 군이 임관하여 중위가 되자 봉원사 모 스님이 딸을 주어 결혼까지 하게 되고 한 달에 한 번씩 군위문을 가 외로운 군인들의 사기를 돋구고 불법을 가르치자 당시의 젊은 불자들에겐 취직, 명예, 권위의 상징이 되기도 하였다.

지행법사는 일찍부터 강원교육을 받고 학교교육을 거쳐 불법을 제대로 배운 법사였기 때문에 월남에 가서도 전우들의 마지막 길을 안내하는 도사(導師)로서 각광을 받았다.

그런데 본국에 돌아와 사병들이 만든 막사에서 잠을 자다가 연탄까스에 중독되어 거의 다 죽었다가 3개월 만에 살아났다.

명예제대를 하라고 상관들이 건의하여도 끝까지 자리를 지켰다가 남산 대원정사 주지가 되어 제대하였다.

대원정사에 근무할 때도 군대에서와 똑 같이 성실하게 일을 보아 공중에 뜬 대원정사를 본 궤도에 올려놓고 불교방송을 만들어 군포교에 영향을 주게 하고 정년퇴직하였다.

예비역 장군으로 제대하고 재정이 풍부한 대원재단에 있으면서도 모범을 보여 선후배들에게 많은 영향을 주더니 퇴직 후 선후배들과 산행을 하며 즐겁게 생활을 하더니, 맨날 산에 가서 먹고, 놀고, 집에 와서도 먹고 놀고, 세상이 재미가 없으니 사미승들과 행자노릇을 다시 하고 싶다하여 금강선원 승과학과 학생들에게 사미율의, 초발심자경, 서장, 도서, 선요, 절요를 가르치며 초발심한 행자처럼 청렴한 범행을 닦았다.

그런데 어느 날 자다가 심장에 문제가 생겨 상당기간 요양을 하다가 열반
에 드셨으니, 가나 오나 중은 한마음 뿐인 것 같다.

그런데 금년 군승파견 반세기를 맞아 군포교를 혁신한다고 하니 먼저 가
신 법사님 생각이 나서 이 글을 쓴다.

법사님의 스승 동산스님은 저녁 아홉시면 잠자리에 누웠다가 대중들이 10
시, 11시에 잠이 들면 조용히 혼자 일어나 덮고 자던 이부자리를 자리에 깔
고 앉아 새벽 2시까지 어김없이 정진하였다.

스승의 이 같은 모습을 보고 시봉하였기 때문에 지행당은 역시 그 스승을
따라 무색계 4천을 유랑하면서 생각 속에 번민하는 중생들을 교화하리라.

衆生不到處에 別有一乾坤이로다
此門是何處냐 大寂涅槃門이로다

중생이 이르지 못한 곳에
따로 한 세계가 있으니
이 곳이 어느 곳인가.
대적열반문이로다.

64. 인도인의 냄새가 물씬 풍기는 서경수교수

서경수(徐景洙)교수는 한국 사람이면서 인도의 냄새가 물씬 풍기는 인도 수행자 같다.

작은 키에 구렛나루가 나 있으나 씻지도 않고 다듬지도 않으니 언제나 심각한 얼굴에는 사유적(思惟的) 인상에다 철학성이 꽉 들어 차 있는 사람같이 보인다.

전북대 강사로 있을 때 송광사에 잠깐 와 뵈온 일이 있는데, 서울에 와서 보니 그 동안 건국대 강사, 불교신문사 주필, 동국대 교수를 겸하고 있었다.

그의 저서 〈세속의 길, 열반의 길〉은 진속불이(眞俗不二)를 평한 논저이고 미란타왕문경에 대한 이야기는 여러 번 들어 잘 잊혀지지 않는다.

기원전 2세기 경 희랍의 왕이 북인도 사갈라성에 와 물었다.

'이 나라에는 성자가 없는가?'

'있지만 함부로 나서지 않습니다.'

'그렇다면 한 번 만나보리라.'

하여 장성들 수십 명과 함께 수레를 타고 갔다. 그런데 나가세나비구는 자리에서 일어서지도 않고 앉아서 인사하였다.

'어서 오십시오, 대왕님. 멀리 오느라 수고가 많으셨습니다.'

'그런데, 스님은 이름이 무엇입니까?'

'우리 아버지께서 '나가세나'라 이름을 지어주었지만 나는 그 이름 속에 들어있지 않습니다.'

'그렇다면 어디에 스님은 계십니까?'

'내가 비유를 들어 설명해 드리겠습니다. 임금님이 여기 오실 때 무엇을 타고 오셨습니까?'

'수레에 말을 매어타고 왔습니다.'

'그렇다면 그 수레는 무엇으로 되었습니까?'

'굴대에 평목을 펴고 거기에 4개의 바퀴를 달고 말이 끌고 왔습니다.'

'그렇다면 수래와 말이 본래부터 내가 말이다, 수레다 하고 말한 일이 있습니까?'

'없습니다. 사람들이 그렇게 만들어 이름을 지었을 뿐입니다.'

'마찬가지입니다. 나는 우리 아버지가 지·수·화·풍 4대로 만들어진 내 몸뚱이에 이름을 '나가세나'라 붙여주신 것입니다.'

'아 참으로 훌륭한 답변입니다. 불교는 원래 무아(無我)의 나를 깨닫는 것이라 들었는데, 무아가 무엇인지 깨닫지 못했는데 오늘 스님의 말씀을 듣고 비로소 알게 되었습니다. 스님께서는 참으로 훌륭한 선생님입니다. 저는 오늘부터 스님을 스승으로 모시겠으며, 60이 넘으면 저도 머리 깎고 스님이 되고자 합니다.

왕이란 실로 살인자입니다. 하루도 발 뻗고 편히 잘 날이 없습니다. 내가 오늘 나의 부하들에게 약속한 것이 있습니다. 만약 오늘 내가 진짜 스승을 만나면 그 분에게 이 궤짝을 드리겠다고 말입니다. 여기에는 천금이 들어있습니다.'

'임금님, 감사합니다. 나는 이 자리에서 약속한 데로 그 금궤를 받았습니

다. 그것을 가지고 당신의 칼에 희생된 영혼들을 위로하고 그의 가족들을 보살피도록 하십시오.'

그래서 인도에 와서 희생시킨 작은 나라의 왕들을 위로하고 그의 가족들을 노예에서 해방시켜 자유인으로 만든 뒤 미란타왕은 62세가 되는 해 약속한 대로 왕위를 내 놓고 스님이 되었다.

이것이 북인도에 불교가 성하게 된 동기이다.

교수님은 이렇게 이야기하고 나서도 히말라야의 지혜로 법구경을 통해 설명하기도 하고 한국불교를 한용운스님의 정신을 의지하여 설명하기도 하였다.

나는 이 분에게서 델리와 뉴델리, 마투라의 불상이야기를 듣고, 아고라 타지마할, 엘로라, 아잔타석굴군, 베나레스, 파탈리푸트라, 나란다, 왕사성, 붓다가야, 녹야원 이야기를 자세히 들었기 때문에 인도를 열 아홉 번 가서도 어려움 없이 인도문화와 불교역사를 바르게 공부할 수 있었다.

항상 잊지 않고 감사드린다.

65. 동국의 묘목 목정배(睦楨培)교수

목교수는 본명이 철우(哲宇)로서 경남 사천 사람이다. 동국대학교 불교과에 들어가 대학, 대학원을 나오고, 거기서 석·박사 학위를 받아 불교대학 교수로 일생을 지내다가 떠났기 때문에 동국의 묘목이라 불렀다.

원래는 김잉석박사님 제자로 화엄학을 전공하기로 되어 있었으나 동대 이사가 조계종으로 바뀌면서 조계종이 아니면 장학금을 줄 수 없다하여 청담스님의 제자로 스승갈이를 하였다.

그러나 전국신도회 감사로 있으면서 금강경, 승만경, 불교의 국가관 등을 내어 불교를 이야기식으로 쉽게 풀어 강의함으로써 인기가 좋았다. 특히 여성들에게 승만경의 강의는 보살불교의 원력사상을 심어주는 좋은 계기가 되었다.

승만부인은 교살라국의 바사닉왕의 딸로 아유다국 우칭왕의 부인이다. 새어머니 말니(末尼)가 부처님을 찬양하는 편지를 보내 감동하여 불법에 귀의하게 되었는데, 높은 누에 올라가 향을 피우며 기도하자 부처님과 부처님 제자들이 허공가운데 나타나 수기하시자 듣고 발원하였다.

① 저는 오늘부터 불계를 철저히 지켜 절대로 범하지 않겠습니다.

② 저는 오늘부터 어른들에 대하여 절대로 교만심을 내지 않겠습니다.

③ 저는 오늘부터 어떤 중생에 대하여서도 절대로 성을 내지 않겠습니다.

④ 저는 오늘부터 다른 사람들의 생김새나 그들이 가지고 있는 기구에 대하여 절대로 시기질투하지 않겠습니다.

⑤ 저는 오늘부터 자신을 위해 재물을 모으지 않고 중생을 위해 돈을 벌겠습니다.

⑥ 저는 오늘부터 안팎의 법에 대하여 아끼는 마음을 내지 않겠습니다.

⑦ 저는 오늘부터 중생을 위해 애착하지 않고 4섭법(자·비·희·사)을 행하겠습니다.

⑧ 저는 오늘부터 고독인, 죄수 등 고통중생들을 위하여 고난을 함께 나누겠습니다.

⑨ 저는 오늘부터 중생과 세상의 이익을 위하여 노력하겠습니다.

⑩ 저는 오늘부터 정법을 지니어 잊지 않겠습니다. 왜냐하면 정법을 잊어버리면 대승을 잊게 되고, 대승을 잊어버리면 바라밀을 실천할 수 없기 때문입니다.

다시 세 가지 서원을 세웠다.

① 원만 세운다고 되는 것이 아니라 착한 마음으로 바른 법을 버리지 않고,
② 정법으로 인하여 얻은 지혜를 중생들을 위하여 연설하고,
③ 저는 이 같은 원의 실현을 위해 몸과 목숨, 재산 등을 다 바쳐서라도 기필코 실현하겠습니다.

이것이 인도에 있어서 유마거사의 불이법문과 함께 대승불교의 기점(起點)이 된 것이다.

한국불교는 신도의 3분의 2가 여성불자들이 중심이 되고 있으므로 여성불자들에게 대승불교의 원력을 심어주기 위하여 승만경을 강조하였고, 거사님들에게는 금강경의 무상(無相), 정견(正見) 사상을 배경으로 대승불교를 가르쳐 많은 박수갈채를 받았다.

일생을 학자로 지냈기 때문에 위로는 많은 선배들을 모시고 새로 들어오는 후배들에게 학문의 기초를 가르쳐 확고부동한 신념을 가지도록 가르쳤다.

한국불교에서 역대로 만들어온 경판(經板)의 간행과 사찰의 성격에 대하여 쓴 논문이 종파불교를 연구하는데 그것을 좋은 자료로 남겼고 동국역경원 간행 위원으로서 한글번역의 선구자적 역할을 하였다.

특히 초기불교의 교단형성과 불교의 국가관을 써서 국가와 불교, 종교와 국가간의 관계를 논문으로 출판한 일도 있다.

어떻든 6.25 사변 이후 한국불교의 실정을 누구보다 더 잘 알고 파괴된 사찰복구와 후배양성에 심혈을 기울였다.

불행히도 사고로 뇌가 망가져 두 번 수술하고 사세(捨世)하게 되었으니 생각하면 아깝고 짠하다. 조그마한 체구에 당돌한 행동, 그러면서도 위트가 있고 사랑이 배인 목교수의 인상은 그 두꺼운 인정과 함께 영원히 잊혀지지 않는다.

66. 불교문화재 전문위원 홍윤식박사님

홍윤식(洪潤植)박사님은 한국불화에 정통한 선생님이다. 일본 경도대 불학원을 나와 원광대 교수로 활동하신 박사님께서는 한국불화에 대하여 깊은 지식을 가지고 있다.

고려불화와 정토신앙에 대한 전시회에서 여러 번 뵙고 강의도 들었는데, 박사님께서는 특히 일본에 있는 고려불화에 대한 관심을 많이 가지고 있었다.

일본 서복사(西福寺) 관경변상도나 지은원(知恩院) 관경변상도가 모두 고려불화이고, 대승사 아미타불과 실상사 목각탱화가 모두 조선조의 탱화로서 명망이 높다고 하였다.

그런데 이들 변상도 모두가 아미타불을 배경으로 하여 조성되어 있기 때문에 정토사상(淨土思想)을 모르고서는 이해하기 어렵다 하였다.

불교의 모든 사상은 자비 지혜가 두드러지게 나타나므로 법장보살(法藏菩薩)의 본원과 구품연대(九品蓮臺)를 이해하지 않고는 이해가 불가능 하다고 한다.

박사님께서는 이것을 이해하기 위하여 무량수경(無量壽經), 관무량수경(觀無量壽經)을 공부하고 뒤에 약식으로 설명된 아미타경을(阿彌陀經)을 공부하였는데, 거기에는 우리 중생들이 희망하는 모든 이상이 빠짐없이 기록되어 있었다고 한다.

무량수경에는 한량없는 수명과 광명을 가진 부처님이 극락세계에 계시는데, 어떻게 극락세계를 만들었느냐에 대하여 48원과 10종 장엄으로 구품연대가 이루졌음을 말하고 관무량수경에는 그러한 극락세계에 태어나려면,

① 착한 마음으로 10선을 행하고,
② 극락세계를 관찰하여 16관으로 자연의 이치를 깨닫고,
③ 칭송염불(稱誦念佛)과 장엄염불(莊嚴念佛)로서 전생의 업장을 녹이고 아미타불의 수기를 받아야 한다고 하였다.

나는 사실 홍박사님을 만나기 전에 밀교의 만달라를 불교의 변상으로 혼돈하고 있었는데, 홍박사님은 만달라는 불교의 세계관을 도식적으로 그린 것이고 변상도는 경전에 나타나는 내용을 현실적으로 그린 것이므로 근본적으로 다르다는 것을 깨닫게 되었다.

성불의 내용은 거의 같으나 밀교의 만달라는 삼밀가지(三密加持) 원칙에 따라 손으로 인(印)을 맺고, 입으로 주문을 외우며, 뜻으로 중생과 부처가 둘이 아닌 것을 생각해가는 것이지만 불화(佛畵)는 불보살의 이상적 모습을 사실대로 그려 중생들이 그를 보고 발심하여 이상세계로 나가갈 수 있도록 제도하는 것이었다.

그러므로 그 내용은 매우 이상적이어서 화려하고 찬란하여 처다보기만 하여도 저절로 극락세계에 와 있는 기분이 든다.

그러니까 변상도에는 극락세계에 관한 것만 그려져 있는 것이 아니고 만

월세계, 약사유리광세계, 환희세계, 보승부처님세계, 무우세계, 부동존부처
님세계, 중방화장세계, 비로자나부처님세계 등 다양한 세계가 있어 방향감
각을 따라 누구고 원하는 세계에 가 만날 수 있다는 것이다.

그런데 우리나라에서는 특히 극락세계를 사모하는 사람들이 많아 죽은 뒤
에는 으레 극락세계 가기를 희망하지만 불교 교리는 획일적인 것이 아니기
때문에 언제 어느 곳에 가던 마음에 번뇌만 없으면 그 자리가 그대로 극락
세계가 된다는 것이다.

그런데 특히 관무량수경에는 열 여섯가지 관찰하는 법이 있으니 인도 힌
두교에서 가르치는 지관법(止觀法)과 비슷하다.
① 해가 떨어지는 곳에 극락세계가 있으므로 먼저 일관(日觀)을 하고
② 대지가 물처럼 평평하므로 물관(水觀)을 하고,
③ 그 땅이 넓고 큰 대지와 같으므로 대지관(地觀)을 하고,
④ 보배나무들이 아름답게 장엄되어 있으므로 보배나무(寶樹)를 관하고,
⑤ 아름다운 옷이 8공덕수에 휩싸여 있으므로 보배못(寶池)를 관하고,
⑥ 아름다운 누각이 장엄하게 서 있으므로 보루관(寶樓觀)을 하고,
⑦ 꽃자리에 태어나 살므로 화좌관(華座觀)을 하고,
⑧ 불보살들이 황금찬란한 빛으로 형성되어 있으므로 그 형상을 바라보
　　는 금색상관(金色相觀)을 하고,
⑨ 그 가운데서도 진정한 부처님을 관하는 진신관(眞身觀)을 하고,
⑩ 다음에는 관음관(觀音觀),
⑪ 세지관(勢至觀)을 한 다음
⑫ 주위의 여러 성현들을 관찰하는 보관(普觀),

⑬ 여러 가지로 섞어서 관하는 잡상관(雜像觀),

⑭ 상품상생을 관하는 상품관(上品觀),

⑮ 중품중생을 관하는 중품관(中品觀),

⑯ 하품중생을 관하는 하품관(下品觀)을 한다.

그런데 이것도 어려우면 극락세계 옆에 우리 사바세계와 똑 같이 태어나는 청태국이 있어 거기가 태어나 9품연대에 태어난 사람들이 어떻게 사는가를 보고 다시 이사가 사는 방법이 있다고 하였다.

하여간 변상도는 이 같은 내용을 그림으로 그려 관찰하면서 공부하는 것인데, 홍박사님은 척 보면 여러 가지 탱화를 보고 그 제작년대, 종류까지 알아 문화재를 식별하고 있었다.

67. 세계 석학들의 불교관을 한국에 전해주신 정병조 박사님

　김우정(金宇正) 선생님은 지식산업사 사장이다. 1962년 조선일보와 한국일보 신춘문예에 당선되어 문학평론가로서 미망(迷妄)을 밝히고 현대사회의 형이상학적(形而上學的) 조건들을 판정하는 예리한 눈을 가지고 있었는데, 키르케고르과 같은 서양학자들이 불교를 어떻게 보고 있는가를 우리에게 전해주신 선생님의 한 분이다.

　그런데 정병조 박사님은 경북 영주출신으로 일찍이 동대 인도철학과를 졸업하고 영남대, 동국대학원에서 동양철학과 인도철학을 전공한 뒤 동대와 영남대학 교수를 거쳤다. 그리고 이기영박사님 밑에서 한국불교연구원으로 헌신하였다.

　키르케고르와 같은 학자들은 원시근본불교를 바탕으로 업과 윤회의 근본이 되는 번뇌를 밝히고 신앙, 원력, 자비를 통해 해탈을 꿈꾸면서 불멸(不滅)에 대한 불교적 개념을 파 헤쳤다. 그리고 상좌부(테레바다 불교)를 통하여 선(禪)을 체험, 권위적인 인격을 모색하였다.

　사제(四諦), 12연기(十二緣起), 삼법인(三法印)을 개괄적으로 점검하고 특히 나한님들의 아라한(阿羅漢)에 대한 관심을 크게 가졌다.

그런데 칼 야스퍼스는 수 많은 철인들 가운데서도 불타와 용수를 거장으로 꼽아 중도(中道) 속에서 깨달음을 얻었다.

서양의 불교철학은 헤겔에 의해 처음으로 시도되었으나 그 뒤 수 많은 철학자, 위대한 수행자들에 의해 표면화되어왔다. 칼 야스퍼스는 그의 저서 〈위대한 철인들〉 가운데 소크라테스, 공자, 예수, 플라톤, 아우구스투스, 칸트, 아낙시멘드로, 헤라클레이토스, 파르메니테스, 플로티누스, 안세르무스, 스피노자, 노자 앞에 석가와 용수를 제일 먼저 놓고 있다.

칼 야스퍼스는 60년대 일본에 왔다가 많은 불교학자와 선객들을 만나보고 도저히 생각으로 파악할 수 없는 그 무엇인가가 있다는 것을 인식하게 되었다. 이것이 바로 부처님께서 말씀하신 '인연즉시공(因緣卽時空)'이고 용수보살이 설한 '팔부중도(八不中道)'라는 것이다.

그래서 그는 부처님의 생애 속에서 생존의 원리를 찾고 그 연기(緣起), 무아(無我) 속에 내재되어 있는 깨달음과 평화, 해탈을 이해하게 된다.

부처님은 깨달음을 얻은 뒤 그 깨달음에 얽매이지 않고 철저한 지혜 속에 포교전도 하였다. 권위와 복종, 신과 같은 능력, 타 종교에 대한 이해를 통해 인간의 사명을 밝히고 있다.

그리고 용수에 있어서는 사고의 근본 깨달음으로서 '법(法)'을 인식하고 거기에 집착하지 아니함으로써 해탈을 얻고 일체를 부정하는 가운데서 긍정을 실천한다.

不生亦不滅　不來亦不去
不一亦不異　不常亦不斷

여기서 그는 서양의 사고(思考)가 사유(思惟)로서 성취될 수 없다는 것을 깨닫게 된다. 그는 여기서 사견(邪見)이 무엇인지 불교의 궁극적 학설이 어떠한 변증법 사고로서도 해결될 수 없다는 것을 확신한다.

비록 그의 저서가 인류의 병리학을 치료하는 약으로서 갖가지 처방을 내놓았지만 불교의 열반만은 못하다는 것을 인정했다.

① 세계를 보는 심리학(1919)

② 스트린트벨그와 반 고호(1922)

③ 현대의 정신상황 · 맑스 웨버의 철학(1931)

④ 이성과 실존(1935)

⑤ 니체(1931)

⑥ 데가르트와 철학(1938)

⑦ 실존철학(1938)

⑧ 대학의 이념 · 전쟁의 죄(1946)

⑨ 니체와 기독교(1947)

⑩ 철학적 신앙(1948)

⑪ 역사의 기원과 목표(1949)

⑫ 철학입문 · 이성과 반이성(1950)

⑬ 열려진 시계(視界) · 변명과 전망(1951)

⑭ 비극론(1952)

⑮ 레오나도 다 빈치(1953)

⑯ 비신화의 문제(1954)

⑰ 쉐링 정신요법의 본질과 비판(1955)

⑱ 원자폭탄과 인간의 장래 · 철학과 세계(1958)

⑲ 자유 · 진리 · 평화(1959)

이 속에 그의 철학과 이념이 다 들어있다. 그러나 이러한 말만 가지고는
안된다고 판단한다. 세상을 보는 지혜는 부처님과 하등의 차별이 없지만 중
생을 위해 통째 바치는 자비(慈悲)는 그 누구도 따라갈 수 없기 때문이다.

나는 유럽의 정신사를 여러 가지 측면에서 귀로 들어 동냥하고 눈으로 보
아 왔지만 칼 야스퍼스처럼 냉철한 철인은 보지 못했기 때문에 이 분을 우
리에게 소개해 주신 정병조박사님께 재삼 감사드리고 있다.

68. 조선독립협회와 서재필(徐載弼)박사

역사는 시간 속에 이루어진다. 5천 년 금수강산에서 조상이 땅을 파 먹고 살던 우리 민족이 19세기에 접어 들면서 서양의 물결이 밀려오자 있는 사람과 없는 사람, 귀한 사람과 천한 사람, 자본가와 노동자 사이에 생각지 않았던 투쟁이 벌어지게 된다.

뿐만 아니라 서양에서는 영국, 독일, 스위스, 로마가 틈만 나면 군대를 보내 개방을 요구하고 동쪽에서는 일본 사람들이 수백년 동안 침입의 습관을 버리지 못하고 땅벌처럼 괴롭혔다.

그러나 우리 조상들은 한발짝도 물러서지 않고 우리 땅을 지키며 독립해 보고자 몸부림쳤던 단체가 독립협회와 만민공동제였다.

1895년 12월 서재필박사는 9년 동안 체류하던 미국망명생활을 청산하고 귀국하여 1896년 독립신문을 창간하고 종래 사대사상을 상징한 영은문(迎恩門)을 헐고 독립문, 독립공원, 독립관을 창설하기로 결의한 뒤 민영환, 윤치호, 이상재, 이완용 등과 함께 외교관들과 접촉하였다.

그리고 미국공사 실(Sill)과 불란서 영사 프랑시(Planch), 선교사 언더우드(Underwood), 아펜셀러(Appenzelleer)와 교통하여 중립국을 세우기로 작정하였다.

이에 남궁덕, 오세창, 송헌빈, 정현철, 심의식, 팽한주 등이 협조하여 소위 독립개화정책을 수립하고 1896년 5월 독립협회를 창립하고 고문, 회장, 위원장, 위원, 간사 등을 뽑고 사무를 시작하였다.

첫째 시민계급을 살리고,
둘째 농민층을 성장시키며,
셋째 광산 및 부두노동자의 형성
넷째 천민들의 해방
다섯째 신지식계급을 형성하였다.

그리고

① 자주독립국가
② 이권반대세력의 규제
③ 광산채굴권 양여반대
④ 철로, 전선부설의 자주실천
⑤ 삼림채벌권 독립운영
⑥ 연해어장의 진출
⑦ 외국상인들의 상권 제지
⑧ 국내 재정권 간섭불허
⑨ 국사권 독립
⑩ 외국차관과 불평등조약 폐지를 주장하며 중립외교를 펴 나갔다.

이것이 소위 개화자강론(開化自强論)이다. 민족문화를 되살리고 국문법을 만들고 맞춤법을 통일, 띄어쓰기를 정비하며 국어대사전을 편찬하였다.
가능하면 국문을 전용하고 내려쓰던 것을 가로쓰기로 바꿔 가르치니 차차
민주주의가 싹이 텄다.

① 국민들이 생명(신체), 재산, 자유권을 가지고,
② 죄인을 다스리는 법률을 만들었으며,
③ 언론, 출판, 집회, 결사를 법률 범위 안에서 자유롭게 하였다.

이렇게 하여 지도자들이 직접 나서서 전국민의 의사를 공평무사하게 대
변하고 나라를 위한 민중계몽과 사실을 신속보도하여 백성의 알 권리를 신
장시키고 부정부패를 고발하고 실정(失政)을 비판하였다.

이렇게 하다 보니 자연적으로 신분제도가 폐지되고 남녀가 평등해졌으며
국민이 주권자가 되고 정치에 참여하여 의회정치를 실천하게 되었다.

세월이 흘러 반세기도 가기 전에 입헌군주국(立憲君主國)이 대두되고 행
정과 재정이 개혁되었으며 새로운 교육이 실현되었으니 이것이 저 유명한 소
학교이고, 여학교며, 중ㆍ고등ㆍ대학ㆍ실업전문학교다. 선각자들은 외국서
적을 번역하고 외국어 학교를 통합하여 마침내 유학생까지 나오게 되었다.

산업이 개발되니 토지를 개간하고 농업, 상업의 발달로 특수작물을 배양
하기까지 하였다. 목축의 도입으로 축산업이 장려되고 산지, 산림이 개발되
어 품종 개량이 이루어졌다. 따라서 농기구가 갖가지로 개선되었고 따라서
나라를 지키는 국방론이 대두되어 육해공군이 자립하고 무관학교 강병훈련
으로 방위력이 강화되었다.

이렇게 안팎이 바뀌다보니 사회관습도 바뀌어져서 지금와서는 술마시고

담배 피우는 것 까지도 간섭을 받게 되었다.

내가 왜 이런 글을 쓰느냐 하면 세계평화와 인류공동체를 실천한 교주를 앞세워 놓고 절 가지고 주지싸움에 연연하는 사람들을 보면 너무도 기가 막혀 말이 나오지 않기 때문이다.

부처님의 자손이 되면 천만분의 1이라도 부처님을 닮아가는 사람이 되어가야 될 것이 아닌가. 밑에 사람만 나무라지 말고 웃사람부터 달라지는 풍토를 조성하여야 될 것이다.

과거는 이미 지나간 것이라 논할 것이 없다. 현재의 일에 충실하여 미래의 자손들이 희망을 가지고 살아갈 수 있는 풍토를 조성해 주기 바라는 마음 간절하다.

69. 김용정(金鎔貞)박사님의 과학불교

백주 대낮에 조계사 앞 거리에서 "불교는 우상이고 미신이다" 라 쓴 프랑카드를 들고 다녀도 똑 바로 일어서서 말 한마디 하는 사람이 없다.

신을 믿지 않는 불교 속에 무슨 미신이 있고 우상이 있겠는가. 그렇지만 교주 석가모니 부처님과 시방세계에 존재하는 불·보살, 신장님을 보면 불교는 귀신의 종합청사처럼 느껴지고 그들을 대하는 불교신자들을 보면 대부분이 우상숭배의 테두리를 벗어나지 못하기 때문에 그런 소리를 듣는 것이다.

김용정박사는 동대교수다. 일찍이 인하대, 서강대를 거쳐 한국철학사상을 칸트와 비교연구하였고, 선(禪)을 정신분석학적인 면에서 분석하여 현대물리학과 동양사상을 비교연구하였다.

그런 후 칸트에 있어서 자연과 자유에 대한 연구논문을 쓰고, 라이프니츠의 기호학을 응용, 동양의 역사상(易思想)을 분석하였으며 헤드론(hadron)의 상호작용과 화엄사상을 비교연구하여 우주인생의 근본을 과학적으로 조명하였다.

우리는 학교에서 뉴톤의 우주론과 현대물리학에서 보는 우주론을 3천대

천세계 생주이멸하는 무수한 별들과 항성(恒星)에 대해 화엄사상강의를 통해 들었으며, 불교의 학설을 성운(星雲)의 진화와 우주의 팽창설을 별모양을 배경으로 설명을 들었다.

특히 우주 속에 존재하는 여러 가지 생물과 불교윤회사상을 배경으로 설명하면서 눈을 감고 한참 동안 우주를 관찰하는 박사님의 모습은 잘 지워지지 않는다.

불교에서 말하는 지·수·화·풍(地·水·火·風) 원소는 고체, 기체, 액체와 똑같고, 정신적인 요소인 수·상·행·식(受·想·行·識)은 감수작용, 상상작용, 행위작용, 의식작용으로 서양심리학에서 말하는 정신론과 똑같다.

단지 그를 관찰하는 마음이 어떻게 존재하느냐 하는 것은 동서 어느 학자도 말하지 못한 공(空)으로서 대승불교의 특징이기도 하다.

특히 구사론에서는 바람은 하나님의 호흡이고, 비는 눈물이며, 벼락은 야단치는 소리고, 이슬은 땀방울이고, 서리는 노여움이라 말하던 것을 모두가 지·수·화·풍 4대가 환경따라 기후따라 달리 나타난 것이라 설명했던 것이다.

눈이 깜박이고 귀가 소리를 듣고 코가 냄새를 맡으며 혀가 맛을 보는 것은 모두 하느님이 시켜서 하는 일이라 한다 했는데 모두 이것은 뇌의 정신작용이요, 의식의 변화에서 나타난 것임을 분명히 가르쳐 혼·백(魂·魄)까지도 확실하게 설명하였다.

동양사람들은 밤에 나타난 귀신은 혼이고 낮에 날아다니는 귀신은 백이라 하였는데, 은근히 속으로 본 정신은 혼이고 대낮에 물건을 보듯 확실하게 들어난 것을 본 것이 백이라는 것을 확실하게 알았다.

박사님은 남을 가르치는 것도 중요하지만 스스로 연구하여 자신이 착각하여 잘못 받아들인 지식과 상식을 깨달았을 때 느끼는 놀라움 때문에 깜짝깜짝 놀란 때가 많았다고 했다.

그리고 불교의 명상이

① 눈으로 색을 보고,

② 귀로 소리를 듣고,

③ 코로 냄새를 맡고,

④ 혀로 맛을 보고,

⑤ 몸으로 부딪쳐 보던 것을 멈추고, 조용한 마음으로 있는 그대로를 관찰한 뒤 그 동안 관념속에서 만들어진 생각이 어디로 가는가 살펴보는 것이 지관(止觀)이라는 것도 확실히 알았다.

사람이 몰랐던 것을 아는 것도 놀라운 일이지만 몰랐던 것 가운데서 만들어진 생각이 눈을 감은 속에서도 이리 저리 흘러가고 있는 것을 재삼 깨달았을 때는 더욱 더욱 놀라게 되는 것이다.

옛날 내가 한국정신문화원에서 석달동안 같이 지낸 한 교수님이 토요일에 집에 가지 않아 물었다.

"선생님은 가정이 없습니까?"

"아내와 두 자식이 있었는데 밤이면 밤하늘의 찬란한 별만 바라보고 있으니, '당신은 별이 애인이요, 자식이니 월급만 우리들에게로 보내고 별하고 사세요' 하고는 미국으로 이민간지 오래기 때문에 집에 갈 필요가 없습니다."

하였다. 불교에서처럼 염불하고 참선을 통해서만 삼매를 얻는 것이 아니고 무엇이고 미치면 그대로 삼매에 들어 딴 생각이 억는 것은 똑같다.

　조그마한 키에 깡마른 모습을 하고 신이 나서 강의를 하실 때는 입에서 거품이 날 정도로 열강하시던 선생님, 지금은 어디가서 무엇을 보고 계신지 전혀 소식이 없다.
　어디 계시든지 하늘과 땅이 하나 되어 천장지구(天長地久)하고 만사형통(萬事亨通)하시기 바랍니다.

70. 불교문학을 연극으로 승화시킨 김장호선생님

정제각총장 당시 한국문학연구소 소장을 지내신 장호선생님은 희랍비극과 불교를 비교하여 재미를 보신 어르신이다.

혜화전문학교를 졸업하고 동국대학교 국문과를 나와 시론, 연극론을 비교문학으로 연구하여 동국대학교 연극영화과와 문학평론과가 유명해지게 만드신 선생님이다.

① 바다없는 항구
② 파충류(爬蟲類)들의 합창
③ 수리뫼의 노래 등으로 자연 속에 서생하는 파충류들과 조류들을 신묘(神妙)하게 묘사하여 사람들을 웃기면서도 생각을 깊게 하는 요술쟁이 선생님이었다.

사실 이러한 일 들은 파충류나 조류들에게만 있는 일이 아니고 생존경쟁(生存競爭)하며 약육강식(弱肉强食)하는 모든 생물에게 다 있는 것이니 그 보잘 것 없는 새나 곤충을 통해 사람의 마음을 심장, 뇌 밖으로 이끌어내는 신통이 있었다.

닭이 백마리면 봉이 한 마리 있다고 하고, 사람이 많이 모이면 영웅도 있고 백치도 있어, 영웅은 백치에게서 배우고 백치는 영웅에게서 배운다 하였다. 그래서 사람을 낳으면 서울로 보내고 말을 낳으면 재주도로 보내라 했던가 보다.

동국대학교에 학과가 많으니 갖가지 학문을 마음껏 공부할 수 있는 기회가 존재하였다. 우리는 목탁과라 밤낮없이 목탁을 치면서 염불을 해야 했지만, 이대, 연대, 서강대는 박수과라 죽은 뒤에도 천당에 가서 박수치며 합창한다하며 비꼰 일도 있다.

어찌되었던 목탁을 치던 박수를 치던 오합지졸이 한데 모여있는 세상은 재미있다. 파리가 쉰 음식을 즐기지만 인간은 그것을 보면서도 날개가 없어 하늘을 날지 못한다. 보라. 허공 가운데 그물을 치는 놈은 거미뿐인 것을. 이 세상 모든 것은 능력껏 살고 있는데, 한두가지 배운 기술로 일생을 우려먹고 살면서 남을 업신 여기면 그들이 웃을 것 아닌가. 자만과 거만을 없애고 고개를 숙이고 배워야 할 일이다.

선생님은 자비와 인간악을 법화경 비유품에서 뽑아 연극하면서 삼계화택을 벗어난 할아버지가 어린 아이들을 수레에 태우고 팔정도(八正道)의 길을 질주하는 모습을 보여주었다.

말하자면 희랍비극의 해피, 앤드, 아데나 여신이 만들어낸 아타나시, 때(垢) 벗은 보살들의 청정무구한 모습, 화택(火宅) 속에서 발버둥치는 인간의 모습을 연극영화로 비교문학의 연구과제로 삼아 노래하는 가수가 울었다 웃었다 하듯 연극도 잘 하셨다.

스스로 그렇게 만들어 놓고 불륜에 빠지면 아인샤카 지만이 아흔아홉 명의 손가락을 잘라 꿰듯 아리스토텔레스의 시학(詩學)과 카타르시스의 제도(制度), 수난(受難) 속에서 자기도 모르게 달라지는 인생을 연민과 공포체험으로 자극한다. 비교해 볼만한 연구 과제다.

기술문명시대 한국인의 전통가사로 프로메티우스의 눈물에 비교하여 기술문명의 희노애락과 노동 속에서 나타난 공덕, 환희 속에서 비극을 만나는 인간사회학을 자연과 연관지어 노래하고 있다.

한평생 주야(晝夜)없이
추위, 더위, 생각잖고
천신만고 근심으로
한 세상을 살아온 인생

일궈놓은 옥전(玉田)
하루저녁 자고 나니 돌자갈 밭이 되었네
노비우마(奴婢牛馬)는 어디로 갔는고
사랑하는 사람은 어디로 갔고!

지고가고 안고가고
빈 손으로 털털 털고 하늘을 바라보니
아, 백년탐물(百年貪物)이 일조진(一朝塵)인 것을
진작 주었어야 할덴데
손바닥에 한 가지도 남은 것이 없네.

71. 대구 교육청 이원하(李元河) 선생

키가 8척, 허수아비에 옷을 입혀 놓은 듯 건들건들 걸어가는 모습이 눈앞에 선연하다.

대구 사범학교를 나와 대구상고, 김천여고 등 중, 고등학교 접장으로 지내다가 마지막엔 경상북도 교육원장, 자재청장, 교장, 교감으로 살다가 불교 구도회 회장으로 있으면서 불교통신대학에서 공부하신 선생님이 이원하 선생님이다.

정의파로 하심하고 공경하고 찬양하는 일을 하루도 빠지지않고 열심히 포교하였다.

나는 종종 원하법사님께 강의를 시키며 먼 거리 찾아온 학인들이 피로하지 않게 교육해 달라고 부탁했다. 선생님은 어김없이 거역하지 않고 불조(佛祖)의 가르침을 가감없이 퍼내 놓는다. 뜨거운 여름에 시원한 샘물을 마신 학인들은 눈을 뚱그렇게 뜨고 고양이 쥐 노리듯 정진한다.

"부처님은 깨달음을 얻은 성자이다. 수다원, 사다함, 아나함, 아라한들의 명상을 아는가? 개울가로부터 산봉우리에서 솟는 샘까지 올라갔다가 다시 동서양 바다에 이르러 기선을 타고 망망대해를 유랑한다.

구름 위에 태양이 있어 쭉 비치면 다 벗겨지거든. 그러니까 구름님이 살짝 틈을 만들어 가르면 햇님은 알쏭달쏭 콧노래를 부르지....

아포리아… 선의 경전 벽관 바라문을 보았다. 달마대사 혼자만 소림(小林)에 와서 공부한 것 같지만 우리나라 부용영광선사도 9년 면벽을 두 번씩이나 하였다. 벽이 보는지… 사람이 보는지… 나는 알 수가 없다. 간사한 여인, 대장부가 수염을 쓰다듬으면서 윙크하고 뽀뽀하는 모습은 8만대장경에 널려있다.

응병에 약으로 목마른 사람들에게 물을 주고 배 아픈 사람들에게 정령환을 베푸시는 부처님, 수행이란, 사랑(慈悲)이란 바로 이런 것이 아니겠어. 나는 이입사행론(理入四行論)을 보고 사념처(四念處)의 이치를 깨달았다.

여러분들, 거울이 되어 자신의 오장육부를 한번 들여다 보세요. 정통과 이단이 어디 있는가? 견성(見性)은 과연 보는 놈에게 있는가? 성품에 있는가? 알쏭달쏭한 이야기로 삼학(三學)을 풀어가고 돈오(頓悟)를 이야기 한다. 지(知)의 일자(一字)가 중묘(衆妙)의 문이 되기 때문이다.

6조단경 보았는가. 일자무식이 하루 아침에 도를 깨치는 것을! 불교는 이렇게 쉬운 것인데 분별시비하다 보면 뱃놀이 하다가 장다 보는 신세가 된다.

이 몸은 깨달은 나무요
내 마음은 맑은 거울

이 소리 안 들어도 본래 내 마음에 한 물건도 있지 않았거든…

견문각지(見聞覺知)가 허공 가운데 꽃 같으니 기와 쪼가리 쫓아가는 개가 되지 말고 주인공 캐내는 농부가 되세요.

똥오줌 더럽다 해도 밭에 뿌리면 비료가 되고, 마조의 두 다리 부러진 이후에 중국선이 사나워져 방·할(棒·喝)을 하여도 놀라지 않고 마른 똥바가지에서 한소식 얻는 사람도 있지 않았어요.

몸속의 금풍(金風)이 드러나면 곳곳에 달이 뜨고 맑은 바람 불 것이니 달을 보되 손가락 원망하지 마십시오. 마조의 설법이 유명하다 하여도 비심비불(非心非佛)인지 수처현청(隨處顯淸)인지 나는 그 까닭을 알 수 없습니다.

3조 승찬대사가 말하지 않았어요.

"제 마음을 믿어야 부처님 마음에 들어갈 수 있다고….."

무심도 오히려 한 장막이 있으니 그물을 벗어난 고기가 물에 걸린다고…. 이류중(異類中)에서 전생 빚을 갚는 사람도 있으니 영리하고 미련한 놈이 따로 있지 않습니다. 미친 사람 가운데 정상적인 사람이 있으니 나는 계보(系譜)를 논하지 않고 광풍(狂風)도 마다 하지 않습니다.

한 왕후가 대신을 시켜 천리 밖 도인까지 왕가에 모셔 법문을 들었기 때문에 어사님이 나서면 관리들이 사시나무 떨 듯 하였습니다.

추운 겨울 동굴 속에 앉아 햇빛을 받고 있는 도인에게 큰 장성이 서서 허리를 굽히고 있으니 물었습니다.

'너는 누구냐?'

'측천무후의 사자입니다.'

'왜 왔느냐?'

'스님을 모셔오라 하여 왔습니다.'

'내 목을 베어가도 나는 데리고 가지 못한다.'

'가서 무엇이라 말씀드릴까요?'

'무후의 그림자 속에 도인들이 다 얼어 죽었다고 일러라.'

그 뒤 무후는 다시 사신을 보내지 않았습니다. 임무를 마친 범부는 금척(金尺)에도 꼼짝하지 않습니다.

불교통신대학교재는 여러분이 한강의 물을 다 마셔버리고 급제(及第)하는데 도움이 될 것입니다. 손속의 둥근 구슬로 삼계를 유랑하며 보화(普化)스님이 요령을 흔듭니다."

이렇게 대구집에서 요령을 흔들며 8공산을 넘어갔다. 한번 간 이후로는 종래 소식이 없으니 갔는가 왔는가.

목화(木火)는 밭에서 피고
연꽃은 연못에 화사하다
벌, 나비 잊은 연꽃이
아홉 개의 구멍에서
마음대로 숨을 쉬고 있네…

72. 밀교의 실천자 정태혁교수

우리시대(1950~60년대), 우리나라에서 밀교학을 하시는 분들이 네 분이 계셨으니 원의범, 서경수, 정태혁, 이기영 등이다. 밀교연구를 위해서는 불교의 근본성전을 이해하는 빨리어와 산스크리트, 그리고 영어를 확실하게 알아야 하기 때문이다.

그런데 정교수는,

"사람이 마음 속 깊은 곳에서 눈을 뜨고 보면 부분적, 전체적으로 통찰되는 지혜가 있으니 그것이 바로 개별적으로, 전체적으로 실현되는 밀교이다."
하고,

"그 속에 이르면 논리학도, 형이상학도, 인식론도, 실천철학도 모두가 휴지가 되어버리고 만다. 꽃 속에 열매가 맺으면 꽃과 대는 사라지고 말기 때문이다."

진언밀교는 본래 대일여래(大日如來)가 금강법계공(金剛法界空)에서 자내증(自內證)의 경계를 설하는 것이기 때문에 쓸데없는 말이 소용이 없다.

비록 태장계만다라의 대일경과 금강계만달라의 금강정경이 있기는 하지만 그것은 밀교를 하는 방법과 수단을 설명한 것이지, 밀교 그 자체는 아니다. 마치 처녀, 총각이 시집, 장가가기 전에는 가정의 법규를 배워 출가하지

만 양성이 합하여 가정을 이루면 가르쳐주지 않아도 살림을 잘 해 나가는 것
과 같다.

이 두 경전은 남인도 철탑 속에서 전수되어 금강살타, 용맹, 용지 등에 의
해 중국에 전래되고 선무외, 금강지 등이 중국에 널리 폈으나 한국에서는 명
랑, 혜일, 의림 등이 받아 불교를 호국안민(護國安民) 양재불교(壞災佛敎)로
발전시켜 뒤에 혜초(慧超), 오진(悟眞) 등이 금강명경을 전수하여 문두루(文
豆婁), 인왕도량(仁王道場)법회를 형성하였다.

조선 500년 배불정책 속에서도 진언밀교는 종단 종지를 확립하여 꾸준하
게 내려오니 해방 후 만들어진 진각종과 진언종이 그것이다.

그런데 정태혁교수는 동대나 동방대에서 요가와 함께 건강밀교를 가르쳐
불교계 내부사람들 보다는 일반사람들에게 보급을 널리 하였다.

불교의 아(阿)자와 6대(大) 철학으로 우주인생이 구성된 내용을 설하고 다
음 밀교의 인식론으로서 만다라(曼茶羅)를 가르쳐 자성(自性), 관상(觀想),
형상(形像)을 이해케 한다.

밀교에서는 같은 부처님도 역사적인 부처님과 본래적인 부처님을 구분하
여, 역사적인 부처님은 석가모니 부처님이고 본래적인 부처님은 대일여래
(大日如來)로 보아 부처님이 방편으로 보신(報身)과 화신(化身)을 수 없이
나타내더라도 본래 변치 않는 법신불을 신앙하면 시간과 공간을 초월한 불
교라고 가르친다.

정신통일을 하여 세상을 이롭게 하려면 먼저 성계(性戒)를 지켜 자기와 남

을 이롭게 하면 거기서 깨달은 마음(菩提心)이 나와 몸과 마음과 행은 진실하게 이루어지고, 이 몸 그대로 성불(即身成佛)하게 되는 것이다.

그런데 정교수님께서는 다른 교주들처럼 신앙의 불단이나 법단을 따로 모시지 않고 오직 강단에서 이를 논설하니 미국의 한 불자가 미국에 밀단(密壇)을 꾸며놓고 모시고 가 상당한 시간동안 연수(研修)를 하다가 마침내 거기서 타계(他界)하셨다.

정교수께서는 어떤 여자든 보면,

"나무 칠구지 불모 대준제보살"

하고 절을 하신다.

'칠구지불모'는 7억 부처님의 어머니 준제보살께 귀의한다는 말이다. '준제보살'은 청정보살이다. 이 세상 어떤 어머니고 부처님을 탄생하지 아니한 분은 없다. 어머니가 청정해야 부처님같은 아들을 낳는다. 그렇게 하려면 법계를 깨끗이 하고 이 몸을 청정케 한 뒤 연꽃과 구슬이 만나 처음부터 끝까지 진·선·미로 살아야 하기 때문에 '옴 마니 반메 훔' 하라 하는 것이다.

"알았는가? 알았으면 처음부터(옴) 끝까지(훔) 그렇게 하기 바란다."

하고 강조하셨다.

나는 이 법문을 듣고 인도 힌두교도들이 수 천명 사람들이 보는 앞에서 '옴·훔'을 부르며 밤새도록 정진하는 모습이 선연하였다.

佛身充滿於法界　普賢一切衆生前

隨緣赴感靡不周　而行處此菩提座

73. 세계 문인화제(文人畵題)에 통철한 백경석선생님

예나 지금이나 선비의 집에 가면 그림이나 글씨 한 두폭은 쉽게 볼 수 있다. 그러나 그 화제(畵題)에 대해서 문답할 때는 피차가 난감해지는 경우가 많다.

그런데 백경석선생은 그 같은 무식을 들어내지 않게 하기 위하여 예부터 나려오는 서화류 몇 가지를 정리해 책을 냈으니 그 이름이 '화제집(畵題集)'이다.

세상에는 흔하면서도 알기 어려운 것들도 있으므로 여기 몇가지 그의 제화를 따라 소개하고자 한다.

① 매화(梅花)

눈속의 매화는 그 향기와 절개가 으뜸이므로 한향(寒香), 군자향(君子香), 고사미인(高士美人)이라 하기도 하고, 가지 꽃이 피면 봄이 옴으로 일지춘신(一枝春信), 농화향만의(弄花香滿衣)이라고도 하며, 이리저리 얽혀있는 모습을 대지반굴소지난(大枝蟠屈小枝難)이라 하였다.

② 난초(蘭草)

이렇게 홍매(紅梅), 죽매(竹梅)를 구경하다가 병매(瓶梅), 흑매(黑梅), 조매(早梅), 종매(種梅) 일지매(一枝梅)를 보고 난초에 이르니 청향(淸香), 풍향(風香), 공곡가인(空谷佳人)을 본다.

돌위에 붙어사는 석란(石蘭), 대나무와 어울린 죽란(竹蘭), 그윽한 산골짜기에 사는 유란(幽蘭)을 보니 씩씩한 골짜기에 숨어있는 설란(雪蘭)도 생각난다.

③ 국화(菊花)

가을의 군자 국화는 백설향(白雪香), 공주처럼 복스러운 황금국(黃金菊)도 있다.

죽어도 말라 떨어지는 일이 없으므로 초상집의 조화는 대부분 국화이다. 돌아서서 죽평안(竹平安), 대나무가 푸른 절개를 꼿꼿이 세우면 하늘 끝까지 올라간다.

세한도(歲寒圖)에 나타난 고목을 보고 나는 선방의 무공저(無孔笛)와 보보단(步步壇)을 생각하였다.

돌아서니 무궁화꽃이 활짝 피었다. 삼천리 금수강산에 중국사람들은 매화를 국화로 쓰고 있으나 우리는 이 나라의 서기를 무궁화로 상정하였다.

④ 연꽃(蓮華)

불교의 상징은 연꽃이다. 구품연대(九品蓮臺)의 연꽃이 활짝 피었다.

如蓮華 不着水 心淸淨 超於彼

부처님을 이렇게 표현하기도 한다.

난새의 꼬리처럼 펼쳐져 나간 파초(芭蕉)

꽃 중의 왕 모란(牧丹)

하얗게 피어있는 목련(木蓮)

새색씨처럼 단장한 장미(薔薇)

훨훨 날아가는 배꽃 이화(梨花)

절세의 미인 작약(芍藥)

신선같은 철쭉(躑躅)

꿈속에 바람을 일으키는 두견(杜鵑) 진달래

복숭아(桃花), 살구꽃(杏花)

부잣집 맏며느리 해당화(海棠花)

맑은 물속에서 자라나는 수선화(水仙花)

죽은 혼령으로 나타난 동백(冬柏)

농사를 가늠하는 백일홍(百日紅)

개울가에 고니처럼 고개를 빼고 처다보는 원추리(萱花)

헤아릴 수 없는 꽃들과 나무들이 끝없이 전시되어 있다.

"언제부터 이런데 관심을 가졌습니까?"

"밖에 나가면 계절따라 학, 기러기, 갈매기, 백로, 까치, 참새, 두견, 원앙, 꾀꼬리, 제비, 비둘기, 뻐꾸기, 꿩, 할미새, 매, 부엉이, 까마귀, 오리, 따오기, 독수리, 딱따구리 등의 새들을 보고,

집에 들어오면 소, 말, 돼지, 닭, 토끼, 개, 고양이, 원숭이, 다람쥐, 호랑이, 여우 등의 이야기를 듣고,

들에 나가면 귀뚜라미, 잠자리, 벌, 나비, 매미, 반딧불, 개미, 개구리를 보고, 바다에 가면 게, 새우, 가재를 보아 왔는데,

서예문인화(書藝文人畫)에 관심을 갖고 보니 전시때 마다 그 같은 작품들

이 나와 그들의 특성과 화제(畵題)를 모아 전문학자들께 물어 정리해 본 것입니다.

사실 이 같은 관심은 누구나 뜻이 있는 분은 가질 수 있는 것이나 나에겐 더욱이 호기심이 많아 전시회 때 마다 나와 해설하다 보니 전문인이 아닌 사람이 전문인이 된 것 뿐입니다."

불교에서는 작약 목단을 이야기하는 노래가 있지 않습니까.

牧丹花王含妙有　芍藥金茱體分芳
菡萏紅蓮同染淨　更生黃菊霜後新

꽃의 왕 목단이여, 그 입술에 단내가 나고
금빛 찬란한 작약이여, 온 몸이 복스럽기도 하구나
더러운 물속에 깨끗하게 피어있는 연꽃이여,
다시 갓 태어난 국화도 있구나

74. 한문학의 대가 진태하(陳泰夏)박사님

나의 책은 이화에서 3분의 2가 출판되고 있다. 그런데 거기 인제대학 석좌교수인 진태하박사님께서 월간 〈한글+漢字文化〉 발간을 위해 종종 나오신다.

지금은 아드님이 아버지의 뜻을 받들고 있지만 옛날에는 진박사님께서 발행인과 편집인을 겸하고 있었기 때문에 자주 나와 후배들을 격려하였다.

박사님께서는 고구려 고총에서 발굴된 삼족조(三足鳥)의 그림을 가지고 해(日)라는 글자가 여기서 나왔다 가르치며 한자는 동이민족(東夷民族)이 창시한 것이라 강조하였다.

십고(十鼓)의 석각문(石刻文), 살씨반(殺氏盤)의 금문(金文)을 탁본하여 보여주시고 모공정(毛公鼎)의 글씨, 고운 최치원선생의 글씨, 정몽주 선생의 유묵(遺墨), 하정(夏亭) 안평대군의 금니(金泥), 퇴계, 난맹, 서애선생의 글씨 등을 보여 주며, 한글만 귀한 것이 아니라 한석봉, 김상헌, 남창(南窓), 미수(眉叟), 우암(尤庵), 명곡(明谷), 영조, 정조대왕의 글씨도 귀하다. 다산, 고종 어필과 추사, 정인보, 육당선생의 글씨들을 비교하면 그분들의 인품과 학문이 저절로 드러난다.

"나는 충북 충주에서 태어났습니다. 서울 사범대학을 나와 성균관대학에 들어가 석사, 박사를 받고 국립대만대학에 들어가 다시 한번 학위를 받았습니다. 그후 국립정치대학 교수가 되고 홍콩 주래대학초청교수로 갔다가 한국 명지대학에서 명예교수생활을 하였습니다.

그 후 한국 국어교육에 관심을 가져 국어교육계 회장과 명예회장을 하고, 한글과 한자교육을 병행하기 위해 한국국어교육회 회장으로서 국제한자교육추진연합회를 만들어 운영하고 있습니다.

현재도 인제대학 석좌교수로 있으면서 여초(如初)선생 기념사업회 일도 보고 있습니다."

하시면서 한자지도사 · 급수수험자들을 위해 쓰신 '한자학전서(漢字學典書)'를 한권 주셨다. 두툼한 체질에 안경을 끼고 천년 당산나무처럼 포근한 선생님은 지금도 그의 자제에게 월간 '한글+千字文'을 맡겨 이 시대의 사명감을 안겨주었다.

"이렇게 나는 중국, 한국을 내집 드나들 듯 하다보니 전공(국어학)속의 전공을 하며 문자학, 성운학, 훈고학의 소리쟁이가 되고 말았습니다.

그 덕분에 고려 때 우리말을 살필 수 있었고 국가적으로 한자를 폐지하고 있는 실정을 보고 한자부흥운동을 시작 제법 진도가 나가고 있습니다.

사실 우리 말 가운데 3분의 2가 한자에서 음만 따 쓰고 있는데, 한국사람들은 그것을 우리글로 착각하고 있습니다.

학교(學校), 선생(先生), 학생(學生)이 모두가 한자가 아닙니까. 거기다 조금 더 보태 '처가 집'처럼 이중으로 쓰고 있는 것도 많이 있어요. '처가(妻

家)'하면 그것이 이미 아내의 친정집인 줄 아는데, 거기에다 '집'자까지 덧붙이니 망건 위에 갓까지 쓴 것이 되었습니다."

"1997년부터 1년동안 물밑작업을 하고 1998년 11월에 '전국한자교육추진연합회'를 구성하니 자그마치 9700명이 동참하여 명실공이 사회단체로서 부끄럼이 없는 단체가 되었습니다. 실로 우리말 가운데는 동음이의(同音異義)의 단어, 숙어가 많아 전문인도 구분하기 어려울 정도가 되어있습니다.

예컨데 '사기' 한 단어만 해도 詐欺, 士氣, 史記, 社旗, …. 등등 헤아릴 수가 없습니다. 그래서 여기서 토(吐)가 달린 것이 '아버지'를 부친(父親)이라 2중으로 부르고 있습니다. 이것을 대충 꼽아보아도 우리말 3분의 2가 한문에 한글음만 붙여 쓰고 있으니 전문인이 보면 포복절도할 일입니다.

한자는 우리의 조상 동이족(東夷族)이 만든 것입니다. 동이족은 은(殷)나라로서 현재 중국 땅에 있으니까 중국으로 이해하고 있지만 원래는 하나라, 은나라, 상나라, 주나라가 모두 한족(韓族)이 살던 곳입니다.

이것은 중국의 고문(古文)학자 이경재(李敬齋)씨를 중심하여 많은 학자들이 논문으로 증명하고 있습니다. 그런데 그 글자가 지금와서는 18억 인구가 쓰고 있으니 지역따라 사람따라 많은 변화가 생길 수 밖에 없습니다. 이것을 전문적으로 연구하는 것이 어문학, 성운학, 훈고학이 되는 것입니다."

한문이 처음 중국 서안 반파유적지(半坡遺蹟地)에서 생겨 황하의 지류를 따라 진(秦), 한(漢), 수(隋), 당(唐)에 이르기까지 약 1500년 간 중국, 베트남, 한국, 일본 등 여러 나라에 퍼져 세계적인 문자가 된 것이다.

"근래 중국에서는 이 글자가 너무 많고 어렵다고 줄여서 500 백화문자를 만들었는데, 지금 와서는 벌써 3500자가 넘었습니다. 언어와 문자는 강물과 같아서 밑으로 내려가면 내려 갈수록 넓고 깊어집니다. 그런데 그 속에 들어가 목욕하면 사해(四海) 태산의 사토(沙土)를 구경할 수 있는데, 사람들은 거기 접근하기를 꺼려하여 간단명료한 사투리만을 사용하고 있읍니다."

진박사님의 말씀을 들으면 얼마가지 않아서 서안일대의 앙소문화(仰韶文化)나 갑골문자(甲骨文字), 기호학(記號學)을 이해할 수 있고, 여러 부족들의 입과 눈, 코가 그 문자 가운데 드러난 것을 알게 될 것이다.

우리나라에 이런 보물선생님들이 계서 잉글랜드까지 가지 않아도 고고학을 통해 우리 조상들의 심식(心識)을 이해할 수 있으니 얼마나 행복한가.

75. 파키스탄 불교수호자 박교순박사

파키스탄은 이슬람 공화국이다. 면적이 80만평방킬로로 우리나라 4배가 되고 인구는 1억8천만명이나 된다.

서북 푼잡주에는 아리안족이 대부분 차지하고 있고 남부에는 드라비다족, 터키족, 페르시아족, 아랍족들이 혼혈을 이루며 살고 있기 때문에 종교의 97%가 이슬람교(회교)이다.

공용어로는 우르드(Urdu)어와 영어를 사용하고 있으나, 푼잡의 신디(Sindhi)어, 발로치(Balochi)어, 사랄키(Saralki)어 등을 사용하는데다 사투리까지 겹치면 문맹이 54%나 된다. 그 때문인지 알 수 없지만 세계의 많은 인류학자들이 여기 모여 인류학을 공부하고 있다.

1947년 영국의 지배로부터 벗어나 독립하기는 하였으나 아직도 혼잡상태에 빠져있다. 이런 나라에 일찍부터 파키스탄불교를 지키기 위해 헌신하고 있는 박교순박사님이 있다.

한국에서는 직행항로가 개설되어 있지 않아 부득이 홍콩, 방콕을 거쳐 파키스탄 수도 이슬라마바드까지 갈 수 있다.

기후는 아열대에 속하며, 우리가 파키스탄에 갔을 때는 평균기온이 섭씨 20도로부터 35도 사이였기 때문에 지내기는 좋았다. 겨울과 여름에는 평균

40도를 상회한다고 하였다.

음식은 유대인처럼 비늘 없는 생선과 돼지고기는 먹지 않으며 육류로는 양고기와 소고기를 주로 선호한다.

2001년 아프카니스탄 북부 바미안대불 폭발 이후 특히 불교도와 기독교도들이 함부로 다닐 수 있는 곳이 아니었으나, 박교수의 안내로 밀린다왕의 유적지와 간다라지방의 불교유적, 아쇼카왕의 봉분사당과 알렉산더왕의 도시국가를 참관하기 위해 우리 일행은 파키스탄을 향해 떠났다.

불교유적지와 유물들은 비교적 잘 보존되어 있었으며, 뜻밖에 우리는 예수님과 그의 제자 토마스가 지냈던 곳도 찾게 되었다. 이러한 유적지는 정부차원에서 크게 관심을 기울일 형편이 되지는 않지만 학자들이 앞장서 정부와 국민들의 관심을 호소하고 특히 영국, 불란서, 독일, 러시아, 일본이 정부차원에서 도와 유네스코 세계불교유산으로 등재된 곳이 여럿 있었다.

대승불교의 발상지인 티베트, 몽골, 중국, 한국, 일본 등 북방불교의 진원지인 파키스탄은 동서불교의 십자로에 자리잡고 있다.

간다라왕국은 오늘날 파키스탄과 아프카니스탄을 포함한 고대왕국으로 한때 불교문화의 꽃이었다. 동북방 불자들이 모두 이곳을 거쳐 불교를 구하러 인도로 길을 떠났기 때문이다.

특히 페샤와르와 스왓지방은 6천년 전 인류문명이 보호되어 있는 지방으로 유엔에서도 많은 학자들이 파견되어 있었다.

간다라불상은 인류 최초로 조각된 불상으로 특히 알렉산더대왕에 의해 이루어졌다. 유럽을 통일하고 전쟁의 승리자들에게 지배할 땅을 떼어주기 위해 인도를 정복하려 했던 알렉산더군대는 인더스강의 범람 때문에 거의 죽게 되었는데, 당시 인도의 왕 찬드라 굽다의 도움으로 목숨을 건지고, 3천 명의 군대는 인도 여인들과 결혼시켜 알렉산더도시를 곳곳에 세우게 된다.

그 후 로마제국의 영향으로 세계에서 가장 아름다운 사실적인 불·보살이 만들어져 현재 영국, 불란서, 독일, 소련 등의 박물관에 수출해 전시되어 있는 불·보살상의 수 만도 10만 종이 넘는다고 했다.

인도 산치대탑의 원형인 반구형(半球型) 수투파(塔)들이 간다라지방 곳곳에 산재해 있는데, 부처님 당시 모셔진 사리탑도 싱가다르에 원형 그대로 보존되어있다.

서산 마애불상의 원형인 스왓지방의 마애불은 탈레반들에 의해 다소 파손되기는 했지만 거의 원형 그대로 복원되어 보호되고 있고, 부처님의 고행상, 부처님을 상징한 연꽃과 보리수, 불족도들이 너무도 선명하게 잘 조각되어 있었다.

아쇼카대왕은 로마까지 정복하였지만 정복된 사람들의 물건하나 착취하지 않고 투우하는 사람들에게 소를 기르고 보호해 농사짓는데 도움이 되게 하라는 훈령까지 내린 유적이 아쇼카 석조비명으로 새겨져 남아있다.

한편 밀린다왕은 나가세나 스님의 교화를 받고 선도정치를 실현하다가 마침내 스님이 되었다 하였으며, 쿠산왕국의 카니쉬카대왕의 대탑은 아쇼카왕의 선주(石柱)와 함께 완성된 것이란 말도 들었다.

바미안의 자연석굴은 유행승들과 대상들의 쉼터로 유명했고, 티베트 밀교의 발상지인 스왓계곡은 파괴된 대로 잘 보존되어 있었다.

풍잡 주지사의 영접을 받고 불교유적의 보존상황을 보고받았으며, 라호르 박물관 등 여러 곳에 이르러 잘 보존된 상태의 불상과 불구, 불경등을 구경하였다.

줄리안 승원과 탁실라 새르캅에 가서는 민박사님의 안내로 고대도시의 양상을 보게 되었고, 어마어마하게 큰 다르마지카의 승원에서는 수천 명을 수용하던 절도 보았다.

장미원에 이르러 기념식수를 하고 훈드마을에 이르러 백제불교의 시조 마라난타에게 재를 올리기도 하였다.

카이바-파툰콰 지사는 자신의 별장을 내주며 절을 만들라 하였지만 아직 이슬람들의 자체 종교분쟁이 그치지 않아 쾌히 승낙하지는 못했다.

일생을 희생봉사하며 파키스탄 불교를 지키고 있는 박교순교수님께 감사드린다.

76. 영원한 구도자 지묵(知默)스님

지묵스님은 1976년 조계산 송광사에서 법흥스님의 제자로 출가하였다. 틈틈이 그림을 그리고 글쓰기를 좋아하여 '죽비깎는 날', '초발심자경 난자집', '나마스테', '날마다 좋은 날', '봉주르 길상' 등 많은 서적을 펴냈다.

특히 중국에 가서는 영평사에서 마등 축법난이 전법하는 모습을 보고 조주 관음원에 가서 허운화상의 제자 정혜스님을 만났으며, 현장법사의 구도기를 얻고 안내하는 거사님들이 모두 법복을 입고 전법하는 모습을 보았다.

한국에서는 재가자와 출가자는 엄격히 구분하여 근접하지도 못하게 하는데 가사장삼을 입은 거사님들이 사부대중의 일원으로 열심히 일하는 모습을 보고 크게 감명을 받았다.

"우리도 사부대중이 평등한 가운데 생활불교를 저렇게 했으면 좋겠다."

꿈꾸며 연태대학(烟台大學)에 들어가 반년동안 어학과정을 거치기도 하였다.

사실 인도의 위빠사나를 중국에서는 도(道), 선(禪)으로 번역하여 말없는 선이 강단(講壇)의 교학(敎學) 보다도 훨씬 말이 많은 선이 되고 말았다.

"선은 무엇입니까?"

"부처님의 반역(叛逆)입니다."

“그러면 선에서는 밥도 먹지 않습니까?”

“밥 때되면 밥 잘 먹고, 낮에는 일 잘 하고, 저녁이면 아무 생각없이 잠 잘 자는 것입니다.”

그때 지묵스님이 물컵을 책상 위에 놓고 물었다.

“이것이 무엇입니까?”

“물컵입니다.”

“말 없이 일러보십시오.”

모두가 도망갔다. 그런데 그때 스님께서는 점잖이 앉아 컵 속의 차를 마시자 옆에 있던 사람들이 하나 둘 떠나갔다. 지묵스님은 이렇게 현장을 다니며 그들의 말을 배우고 행을 따라 익히면서 불법을 공부하였다.

스님이 제일 좋아하신 스님은 달마대사와 육조혜능선사다. 달마대사는 왕자로 태어나 한가지도 그리운 것이 없이 살면서도 일곱 살에 벌써 삼보(三寶)의 소중함을 알아 반야다라스님의 마음을 꿰뚫었고 선종이면서도 비선종행을 하는 여덟 가지 종도들을 항복받고 150세에 중국에 이르러 양무제와 문답하였다.

“이 세상에서 제일가는 진리가 무엇입니까?”

“나도 모릅니다.”

양무제가 알아듣지 못하자 숭산 소림에 이르러 9년동안 면벽한 뒤 혜가 등을 만나 법을 전하고 웅이산에 누워 계시다가 인연이 다하여 본국으로 돌아갔다.

불입문자(不立文字) 직지인심(直指人心) 견성성불(見性成佛)로 달마의 혈맥(血脈)을 뚫고 구도자들에게 관심(觀心), 두법을 보여 입 다물고 마음 찾는 법을 가르쳤다.

　6조대사는 일자무식이지만 모든 문자가 언어의 표현인 것을 알고 문자에 걸림없이 보리법(菩提法)을 가르쳤다. 그런데 그 후 방(棒), 할(喝) 불교가 중국, 한국을 휩쓰니 그 방망이와 그 소리에 다리가 부러지고 귀가 먹는 사람이 많이 나왔다.

　그래서 생각이 나면 그림을 그리고 글씨를 썼으나 지금 그것은 하나의 미친개 날 뛰는 그림자인 것을 깨닫고 조용히 안산 선방에 들어가 4년 동안 침묵을 지키고 있다.

　부용(芙容)스님이 40년 침묵 속에 서산대사를 만나듯 지묵(知默)스님은 지묵(紙墨)스님이 되었다가 본래 자기로 돌아가 말없이 앉아있다.

山堂靜夜坐無言　寂寂寥寥本自然
何事西風動林野　一聲寒雁勵長天

절집 고요한 곳에
말없이 앉아있으니
고요하고 고요하여
본래 자연 그대로이네
그런데 무슨일로 새(西)바람에
임야가 흔들리는가
외 기러기 나는 소리에
천지가 울리는데!

77. 인도불교를 부흥시킨 암베르까르

인도불교를 부흥시킨 공로자는 여러 분이 있지만 국민의 아버지로 추앙받은 암베르까르가 있다. 선생은 인도의 초대 법무장관이다. 일찍이 호적도 없는 천민의 한 사람으로 태어났다. 양아버지를 잘 두어 일류대학을 나와 미국, 영국 등지에서 민주주의를 체험한 뒤 장관이 되어 국회에 가서 물었다.

"여러분 어머니 배속에서 태어나지 아니한 의원님 있으면 손 들어 보세요."

한사람도 손을 들지 않자,

"사람을 만든 주인은 하나님이 아니라 사람입니다."

하고 3천 년 전 인도의 헌법을 그 자리에서 불살라 버렸다.

"인류는 누구나 사는 방법에 있어서는 갖가지 차별이 있을 수 있지만 사람으로서 차별받는 일이 있어서는 아니 됩니다. 평등한 마음 가운데는 피차가 없고 둥근 거울 속에는 친소가 끊어졌습니다."

하고,

"이 세상에 태어나 인류의 평등사상을 말 없이 실천하신 분은 석가모니 부처님 밖에 없습니다. 나는 오늘부터 부처님 제자가 되어 부처님의 평등행을 실천하겠습니다."

하고 머리 깎고 승복을 입으니, 그를 따르는 백성들이 5백만 명이 넘었다.

불교신도를 자처하는 사람들이 한 사람도 눈에 뜨이지 않더니 암베르까르가 출가한 이 후에는 불교신도를 자처하는 사람들이 500만명이 넘었다.

미국 헨리 올코트대령은 일찍부터 신지학회를 만들어 전세계의 신들린 사람들과 그를 믿고 따르는 사람들 그리고 무신론자이면서 지혜로 3세의 인과를 믿고 인연을 소중히 여기는 사람들에 대하여 깊이 있게 연구하고 이에 대한 글을 썼다.

그런데 그 밑에서 사무장으로 일보는 스리랑카인 다르마팔라가 신지학회 일을 충실히 보면서도 불교의 유적지가 재야에 파묻혀 힌두인들의 사당이 된 것을 발견하고 직접 의논하여 찾기도 하고 해결이 잘 되지 않는 것은 영국정청(英國政廳)에 탄원서를 넣고 때로는 재판을 하기도 하여 이들에게 보상을 하기 위하여 세계각국을 돌아 다니면서 모금운동을 일으키기도 하였다.

그래서 첫째는 부처님께서 성도하신 붓다가야를 찾게 되고, 다음에는 전법지인 베나레스에 가서 녹야원을 찾게 되었으며, 열반지 쿠시나가르를 돌려받고, 베살리성의 불탑지(佛塔址), 상카시아의 강림지(降臨址)를 찾고, 스스로 삭발염의하여 출가하였다.

올코트대령은 이에 감동하여 불법을 지키는 수문장이 되었고, 영국의 고고학자들이 줄을 지어 불법에 귀의하여 부처님의 사리를 찾아 국립델리박물관에 안치하였다.

사실 간디가 항영운동(抗英運動)에 앞장서자 암베르까르는 힌두교의 차별사상을 버리고 불교의 평등자주사상으로 인도를 구하자고 제안하였으나 전 국민의 3분의 2가 힌두교도로 있는 판국에 하루 아침에 불교로 국교를 만든다면 인도정신사에 큰 오류가 생길 염려가 있으니 100년 후에 불교부흥운동을 일으키자 하여 힌두교를 국교로 선언한 후 인도를 독립선언하였다.

그러나 암베르까르는 한번 잘못된 것은 고치기 어려우니 즉각적으로 불교신앙을 앞장세우며 계몽운동을 하였기 때문에 전국 마을학교에는 간디보다는 암베르까르의 동상이 더 많이 곳곳에 세워지게 된 것이다.

누구도 원하지 않고 바라지 않는 인도불교에 횃불을 켠 암베르까르와 다르마팔라 스님께 감사드리며, 이를 뒤에서 정신적으로 물질적으로 도와주신 올코트대령님께 진심으로 감사드린다.

역사는 한 번 파묻히면 다시 세상에 드러나기 어렵다. 일제 36년간 한국의 대학자들이 일본사람들에 이끌려 '조선역사' 36권을 다큐멘다리로 만들었는데, 그때 한국사람들은 곰족, 몽골사람들은 여우족, 알타이사람들은 호랑이족이라 이름을 붙여 사실을 신화로 만들어 버렸다

그런데 후대 사람들은 그 뜻도 모르고 우리 어머니는 곰이었는데 쑥과 마늘을 먹고 사람이 되어 하느님의 아들과 결혼하여 조선족을 만들었다 믿고 있다.

이렇게 한번 머릿속에 박힌 것은 쉽게 고쳐지지 않고 있는데, 200년 이상 힌두교사당으로 변해있던 불적지(佛蹟地)를 찾아 바르게 순례하게 하였으니 이들의 공적이야 말로 무진장하다 아니 할 수 없다.

78. 몽골어 전문인 체데브박사와 한민족의 뿌리

체데브박사는 몽골불교대학 총장이다. 중국대사로 있다가 몽골이 소련의 지배하에 언어와 문자를 상실하고 언어는 몽골말 그대로 쓰면서도 소련문자를 쓰다보니 몽골 전통이 상실될 우려가 있어 몽골학자들의 중의(衆議)에 의하여 몽골불교대학을 세우게 되었다.

왜냐하면 몽골의 전통문화를 지켜온 사람들은 대부분 몽골 흑무당과 백무당이 중심인데, 그들이 대부분 은둔생활속에 살면서 대중 가운데는 잘 나타나지 않고 있기 때문이다.

이분의 학설에 의하면 우리 한민족은 지금부터 500만 년 전 오스르랄로피테쿠스에서 시작되었는데, 오랜 세월 귀화하여 약 100만 년 전에는 호모에레투스가 되었다가 그 다음에는 호모사피엔스로 변했는데, 그들이 살았던 시기가 고고학적으로 보면 구석기시대에 해당된다는 것이다.

이들의 조상은 지역적으로 보면 아시아, 아프리카, 유럽 등지에 널리 분포되어 살았는데, 이것은 피부색깔과 두상, 머리칼 등 형질적 특징을 따라 몽골종, 코카스종, 니그로종 등 세 종류로 구분하는데, 몽골종은 주로 동북아시아에 살고 있었으며, 피부색깔을 따라 황인종으로 구분되었다는 것이다.

몽골종은 본래 제4빙하기(구석기시대 후반)에 시베리아의 추운 지방에서 기원하였다고 본다. 이들은 대부분 광대뼈가 나오고 눈꺼풀이 겹쳐져 있는데, 이것은 추운기후에서 적응하기 위해 만들어진 형질이라는 것이다.

그런데 같은 몽골종도 옛 시베리아종과 신 시베리아종, 그리고 옛 몽골종과 새 몽골종으로 나우어진다는 것이다. 구시대사람들은 옛 조상이 살던 지역에 그대로 머물러 살고 있는데, 신 시대 사람들은 새로운 지역을 따라 개척하고 적응하면서 살아왔기 때문에 생겨진 이름이라는 것이다.

옛 시베리아종에는 축치족, 코리야족, 킬리야족, 참차달족, 유카기르족 등이 있는데, 이 가운데 한 갈래는 베링해를 건너 아메리카로 이동하여 아메리카 인디안이 되었고, 다른 한 갈래는 사할린, 북해도로 이동하여 아누이족 조상이 되었다는 것이다.

한편 시베리아에 살고 있는 새 시베리아족에는 터키족, 몽골족, 퉁구스족, 사문에드족, 위구르족, 핀족 등이 있는데, 이 가운데 터기, 몽골, 퉁구스언어와 운음법칙에 공통분야가 있으므로 이를 통칭 알타이어족이라 부르게 되었다는 것이다.

그런데 그들이 사는 지방은 산림 및 초원지대였으므로 일찍부터 목축을 주로하고 농업을 부업으로 살아 왔으며 알타이산 부근에서는 구리와 주석이 많이 나왔으므로 자연 청동기문화가 발달하게 되었다는 것이다.

그러니까 안드로노보, 카라수크, 타가르 문화가 시베리아의 청동기문화를 형성하게 된 것은 의심할 수 없게 되었다는 것이다. 그런데 사실 이 같은 문화는 동유럽에서 전파되었으므로 유럽인들과 몽골족 사이에 혼혈이 생겨 키가 크고 코가 높은 몽골족도 있게 되었다는 것이다.

나는 일찍이 우코크의 얼음공주를 쓰면서 몽골인도 아니고 유럽인도 아닌 혼혈종이로구나 생각하였는데, 인종학적으로 보면 똑같은 종족들이 같은 종족을 만나 결혼하지 않는 경우도 있다는 것을 새삼스럽게 느끼게 되었다.

체데브박사님은 우리 시조들의 역사를 꿰고 있었다. 그러나 몽골불교대학은 학생이 한정 되어있고, 무속인들 중심으로 모이기 때문에 전통사상을 배경으로 연구할 사람들에겐 절대 필요한 대학이지만 오늘날과 같이 경제적 수급을 고려한다면 별 필요가 없기 때문에 학생 수가 많지 않다.

그러나 필요한 것만 쫓고 필요치 않은 것은 배척한다면 그 사회는 결국 절름발이 사회가 될 위험이 있으니, 경제학도 하면서 전통사상도 겸해서 체험할 수 있게 한다면 새의 두 날개와 같이 또는 수레의 두 바퀴와 같이 형평을 이룬 사회가 될 수 있다고 생각한다. 전통속에 현실이 있고, 현실 속에 전통이 있기 때문이다.

279. 몽골 천문학의 대가 테르비르 박사

테르비르 박사는 1950년 고비-알타도의 다르비군에서 태어났다. 몽골 경찰대학 강사로 있다가 몽골국립대학에서 고문(古文)-알타이학과의 교수로 계셨다.

1990년부터 하늘의 별들을 연구하여 몽골역경법을 논문으로 써 천체물리학자로 크게 존경받았다. 집이 자이산 국립공원 동남쪽 산봉우리에 있어 밤새도록 별을 보는 신비한 밤을 갖기도 하였다.

테르비르박사는 체데브총장과 함께 인류학에도 깊은 관심을 갖고 있었다. 알타이산지와 바이칼호수 남쪽에 살고 있던 알타이족이 남쪽으로 이동함으로서 이들은 옛 원주지의 산림지대에서 초원지대로 옮기면서 농목 기마민족으로 발전하였는데, 서쪽으로는 카스피해, 남쪽으로는 중앙아시아를 거쳐 중국 북쪽, 동남쪽으로 흑룡강 일대 만주 북부까지 이동하였다.

그렇게 해서 터키족은 중앙아시아와 중국 북쪽, 몽골족은 외몽골을 거쳐 중국 장성지대와 만주 북부까지, 퉁구스족은 흑룡강 유역에 각각 분포되었다.

그리고 이들 알타이족과 함께 시베리아에서 살던 한민족은 몽골을 거쳐 중국 장성지대를 지나 만주 서남부에 정착하게 되었다.

그러나 지금 알타이족이라 하면 터키, 몽골, 퉁구스족을 가리킬 뿐 한민족은 빠져있는데, 이는 한민족이 남하하는 과정에서 독립했기 때문이다.

알타이족에 의한 중국 북부 시베리아의 청동기문화는 도르도스, 내몽골 지방과 만주 서남지방 즉 요령성 일대에서 꽃을 피웠다. 그러니까 먼저는 내몽골사람들이 발전시킨 것이고 뒤에는 한민족 사람들이 발전시킨 것이다.

요령성 청동기문화는 비파형 단검이나 기하문경(幾何文鏡)이 있는 것이 특징이다. 역사상에 나타난 루번(樓煩), 임호(林胡), 동호(東胡)등은 같은 알타이 가운데서도 몽골족을 가리키고, 장성지대 서북쪽 흉노(匈奴)족은 터키족으로 숙신, 조선, 한, 예, 맥 동위 등과 함께 모두 몽골계 사람들이다.

산림을 중심으로 살아 온 사람들은 목축을 중심으로 하고, 평야를 중심으로 살아온 사람들은 자연 농업을 중심으로 개발하였다.

이것은 이들이 사용하던 빗살무늬 토기나 농경문화 청동기, 빗살무늬 거울, 팔두령(八頭鈴)을 보면 알 수 있고, 거기서 출토된 사람의 뼈를 보고서도 알 수 있다 하였다.

또 한국인들이 사용하는 언어는 세계 3000개가 넘는 언어 가운데 특징있는 언어로서 중국, 일본과 함께 3대 문명권에 들고 있지만 퉁구스, 몽골, 터키와는 상당히 다른 독립성을 가지고 있어 민족의 역사가 얼마나 긴가를 증명할 수 있다는 것이다.

이것은 오랜 역사 속에서 은나라 사람들이 창제한 한문(漢文)을 가지고 있다가 의사소통이 잘 안 되므로 이두(吏讀)까지 만들어 썼으나 마침내 세종대왕이 한글을 만들어 냄으로써 완전 독립된 민족임을 나타내게 되었다는 것이다.

알고 보면 은나라, 상나라, 주나라가 모두 3황(皇) 5제(帝)와 관계가 있으므로 모두가 동이족의 조상들이다.

이렇게 보면 한민족은 남의 나라를 넘보거나 이용하지 않고 수순한 나라로 살아왔기 때문에 무궁화처럼 오래 간다 하였다. 그 분의 전공이 천문학이면서 그 가운데서 역(曆)이기 때문에 태양력 월력에 대한 설명도 들었지만 별력(星曆)은 처음 듣는 말씀이기 때문에 관심을 가졌으나 너무나도 복잡한 별들이 돌고있기 때문에 한 두 번 보아서는 알 수 없었다.

몽골은 산악지대이면서도 허허벌판의 초원으로 점철되어 있어 땅을 파고 씨를 심지 않아도 축생들이 저절로 자라 풍족한 식량을 이루고 있다.

양, 염소, 고니, 닭뿐만 아니라 소, 말, 낙타, 노새 등 다양한 축생들이 잘 자라 작은 것은 하루에 하나, 큰 것은 보름에 한 마리 희생하여 먹이사슬을 삼고 큰 고기를 얻을 때는 마을 전체가 모여 잔치를 하지만 가능하면 짐승을 희생시키지 않고 그 젖을 짜서 다양하게 요리를 해 먹고 있었다.

그렇기 때문에 몽골사람들이 전진성(前進性)만 강하고 후퇴성(後退性)이 없이 성공과 실패를 거듭하고 있다고 하였다. 지금은 돌아가시고 계시지 않지만 자이산 천문대에서 하룻 밤을 새면서 밤새도록 이야기 들었던 일이 잊히지 않는다.

80. 몽골 미륵부처님을 탄생시킨 담마쟈브

2018년 7월 1일 오후 8시, 사막에 쏟아지던 비가 잠깐 그치고 하늘에 무지개가 서더니 다시쵸링 마당 가운데 23m되는 미륵보살이 탄생하였다.

머리에는 연화관을 쓰고 훤칠한 이마, 곧게 뻗은 코, 고웁게 빠진 눈썹 아래 초롱초롱 피어나는 눈을 가진 마이테리아…

일본 국보 1호 미륵반가사유상(彌勒半伽思惟像)은 일본의 사무라이상을 만들어 내었고, 신라선동(新羅仙童) 미시랑은 화랑의 두수가 되었으며, 중국의 장정자(長汀子) 포대화상은 발우 하나를 들고 만리를 유행하며 탁발한 식량으로 어린아이들의 배를 불렀다. 그런데 인도의 미륵은 금강경을 보다가 미륵부처님 앞에 기도하여 팔십행게(八十行偈)를 얻고, 18주위(住位)를 형성한 뒤 동생 천친이 의심하고 있던 수보리의 의심 스물일곱 개를 풀어 이십칠 의단(二十七疑斷)을 형성하였다.

그러므로 미륵은 아름다운 선동(仙童)으로 착한 일을 많이 하여 진실한 사회를 구현하는 선구자이고, 어지러운 사회를 평화롭게 만드는 용감한 신사였다.

중국, 한국, 일본, 유럽 등 십수 나라의 선지식들이 모여 역사적 미륵을 조명하면서 이 시대의 진·선·미를 구현할 새 미륵을 구현하고 있었으니 이 또한 담마쟈브 스님의 머리 속에서 나온 학술세미나였다.

담마쟈브스님은 몽골출신으로 일제 암흑기 소련의 지배를 받고 살던 외로운 백성들을 종교적으로 구하기 위해 동진출가(童眞出家), 대승불교의 사상을 습득한 뒤 스리랑카, 인도에 유학하여 국제적인 안목을 키우고 다시 본국에 이르러 옛 대상들의 유랑극장 터전에 다시쵸링이라는 절을 짓고 후배들을 양성하면서 국제불교를 이끌어 나가고 있는데, 지금은 국제불교 뿐 아니라 유네스코 종교지도자로서 크게 활동하고 있다.

전통적인 겔(Ger) 다섯 개를 지어 두 개는 사무실과 법당으로 사용하고, 세 개는 계단따라초·중·고·대학의 학생들을 교육하다가 이번에는 작은 겔들을 쓸어버리고 그 자리에 23m 황금 미륵불을 탄생시켜 새 시대의 일꾼들을 길러내고 있으니 이 시대의 사무라이며, 화랑이고 포대화상이다.

훤칠한 키에 부리부리한 눈동자를 가지고 붉은 법복을 입고 나서면 마치 커다란 장군이 말타고 달려오는 것 같다. 엷은 미소로 중생을 살피는 마음은 한 물건도 버리지 않는다.

나는 이곳에 일찍이 몽골 고려사를 짓고 의료봉사를 하였으며, 쟈이산 중턱에 국립공원을 만들어 세계평화상을 받기도 하였다.

아울러 스님과 연관이 있는 몽골 유학생 7~8명을 금강선원에 살게 하면서 박사학위 둘, 석사학위 여섯분을 교육하였으니 이 또한 그분의 공덕이 아닐 수 없다.

나무 미륵보살 마이테리아…

81. 에어 프랑스 속의 사람들과 유럽의 뾰쪽당

　　이원복교수는 충남 대전출신으로, 서울대에서 건축학을 전공하고 75년 독일 윈스터대학에서 디자이너 학위를 받았다. 처음부터 비슷한 사람도 있구나 생각하였더니 터키 이스탄불에 이르러 비행기가 기름을 넣는 시간을 이용하여 밖에 나가 차를 한잔 마시다보니 한국에 만화를 정착시킨 대석학 이원복 박사님이었다.

　　"무엇하러 가십니까?"

　　"불란서에 홍법원(弘法院)을 개원하기 위해서 갑니다."

　　"환영합니다. 유럽에도 불교가 들어가면 비교종교학에 큰 도움이 될 것입니다."

　　"그런데 비행기를 타고 보니 노랑머리, 흰머리가 뒤 섞여 있어 딴 세상 같은 느낌입니다."

　　"머리가 검고 눈동자가 검은 사람은 대부분 아시아 사람들이지만 유럽사람들은 머리털과 눈동자 색깔이 모두 다릅니다. 크게 나누면 라틴족, 게르만족, 슬라브족 셋으로 나누어 볼 수 있으나 알고 보면 핼라족, 헬버티아족, 알레만족, 노르만, 겔트, 라틴, 프랑코, 벨기에, 색슨, 스라브 등 수 많은 종족이 모여 살고 있습니다."

　　"저희들은 유럽 중부에 퍼져 사는 게르만족, 동쪽을 차지하고 사는 슬라브족, 남서프랑스와 동부 에스파냐, 항가리와 오스트리아의 마자르, 핀란드의 레브족 밖에 아는 것이 없습니다."

"그것도 많이 알고 있는 것입니다. 도나우강을 중심으로 프랑스지방에 사는 겔트족이 바로 골족이고, 로마족에 쫓겨 유럽의 주도권을 빼앗기고 섬 속에 세운 나라가 브리톤왕국이니 그 나라가 바로 영국입니다.

지금 프랑스 북서부 브리타뉴 지방에 살고 있는 사람들이 영국인인데 거기 아이렌드사람들이 섞여 있어 영국은 세 나라가 한데 모여있는 곳입니다."

"들고 보니 겔트족 즉 라틴족이 게르만족에게 쫓겨 중앙무대에서 퇴장한 것이군요."

"그렇습니다. 프랑스, 브르타뉴지방, 영국의 스코틀랜드와 웨일스지방, 아일랜드지방은 모두 텅텅 빈 섬나라였습니다."

"그러니까 라틴족은 로마제국의 본거지 이탈리아반도를 중심으로 지중해 일대를 차지해 살았으니 포르투갈, 에스파냐, 프랑스,루마니아가 결국 이탈리아의 후생들입니다.

그런데 그 위 게르만족의 대이동으로 피가 섞여 프랑스, 에스파냐, 포르투갈, 이탈리아가 골고루 퍼져 살다가 콜럼버스가 신대륙을 발견한 이후로 에스파냐가 남아메리카를 지배하게 된 것입니다. 그래서 남아메리카를 라틴아메리카라 부르고 있는 것입니다.

라틴족은 작달막한 키에 거무잡잡하게 생겨 성질이 밝고 유쾌하긴 하지만 게으른 것이 병입니다."

"게르만족은 머리털이 갈색, 금발이 많던데요?"

"아마도 햇빛을 보기 드믄 곳에 살기 때문일 것입니다. 노르만족, 바이킹족, 프랑크족(프랑스), 알레만족(독일)이 모두가 게르만족입니다."

"그러니까 영국, 네덜란드, 도이칠랜드, 벨기에, 스위스, 프랑스, 오스트리아 사람들은 유럽 중부에 살고, 노르만족과 스칸디나비아족이 노르웨이, 덴마크, 스웨덴, 핀란드 등 북유럽에 퍼져 살고있군요.”

“그렇습니다. 게르만족에서 퍼져나간 서고트족, 포르투갈, 반달족, 에스파냐, 동고트족은 북쪽 넓은 땅에 퍼져서 유럽의 주도권을 쥐고 있구요. 그 중에서도 게르만족은 얼굴이 희고 금발이 많습니다. 대개 공산권 국가들인 폴란드, 체코, 스로바키아, 우크라이나, 유고슬라비아, 불가리아, 알바니야 등이 철의 장막에 갇혀 있습니다.”

뜻밖에 귀한 손님을 만나 유럽 종족들에 대한 상식을 조금은 익힐 수 있었다. 감사한다.

82. 대구 법왕사 실상스님

현재 한국불교에서 이름난 포교사가 수 없이 많지만 백고좌법회를 30회 이상 한 사람은 실상스님 한분 뿐이다.

옛날 국가적인 차원에서 백고좌법회를 해도 년 1회 하기가 어렵다고 하는 데, 장장 34회를 계속한다는 것은 거의 불가사의한 일이다.

법륜스님은 국제불교에 뛰어난 분이고, 지광스님은 교양대학에 조예가 깊은 분이며, 무비스님은 화엄경 강의를 10년 이상 지속하고 있는데, 실상스님은 석달 열흘에 백분의 선지식을 모셔 백고좌법회를 15년 가까이 하고 있으니 진실로 놀랄만한 일이다.

뿐만 아니라 매일 사시마지 때는 의례히 108배를 하고 발원문을 외운다. 처음에는 하루에 세 번씩 (아침, 낮, 저녁) 하던 것을 지금은 사시마지에만 한다고 한다.

신라 때 원효스님이 모든 불법은 성문, 연각, 보살 3승으로 나누어 공부할 수 있으나 결국은 1승으로 돌아간다 한 말씀을 듣고 법화경을 근본성전으로 하되 초청되는 법사님들의 전공과목을 골고루 듣도록 하는 방편을 개시(開示)하고 있다.

중국의 천태지자대사가 5시교를 중심으로 갖가지 방편을 베풀다가 결국에는 일념삼천(一念三千)으로 깨달음을 제시하듯 법화·화엄으로 일체불법을 포섭하도록 하고 있기 때문이다.

365일 하루도 빠지지 않고 법사님을 모시기 때문에 청법대중이 20~30여 명에 불과하지만 매스콤을 통하여 2만여 명이 들을 수 있도록 이미 자동화되어 있어 장사하는 사람이나 농사짓는 사람이 각기 있는 장소에서 마음만 먹으면 다 들을 수 있게 되어 있으며, 회비는 정성껏 모여지기 때문에 운영비 걱정은 안 해도 된다는 것이다.

또 법당불교대학에서는 초·중·고급의 야간반과 아함반을 계단식으로 교육하여 불교의 진리를 체계있게 익혀서 신심과 원력을 키워 가도록 하고 있다.

주지스님은 사찰예절과 기초교리를 직강으로 설하여 예불문, 천수경, 반야심경을 강의하며, 특강반은 스리랑카에서 10년간 유학하여 남방불교에 깊이 물이든 제주도 영일스님을 초청하여 부처님의 생애와 교훈을 깊이 있게 가르치고 있다.

뿐만 아니라 스님은 일찍부터 복지불사에 관심을 가져 해오름요양원을 개설, 편찮으신 어르신들을 모시면서 부처님의 자비를 실천하고 있다. 현재 법왕사 요양원에는 50여명의 불자를 수용하고 있으면서도 다시 4500평의 대지를 구입, 병원과 함께 육체적인 노동도 체험할 수 있는 요양소를 만들고 있다.

처음 법왕사를 시작했을 때 땅 몇 평 이외에는 시유지 개울가였으므로 조금만 건드리면 그만 고발되어 큰 집에 가기를 두 세 번, 스님은 어느 곳에 가든지 자신이 있는 곳이 곧 불당이요, 선방이기 때문에 밤낮 가리지 않고 염불 참선하고 정진하면 그만 모법수가 되어 석방되곤 하였다.

목사님들이 감옥소에 가서도 찬송하고 기도하듯 자기 자신을 위한 사리 사욕의 일이 아니므로 재판에 회부되어도 두려운 마음이 없다.

겸, 판사님들도 감동하여 시에 땅을 불하하도록 종용하여 지금 지어져있는 큰 법당, 요양소가 대부분 그렇게 하여 이루어진 것이다.

지금은 너무 오랜 세월 정진하여 몸이 지쳐 있지만 사는 날까지는 그런 걱정을 하지 않고 살고 있다.

법왕사가 있는 곳은 대구 수정구 파동로 51-104로, 신천대로 파동초등학교 옆에 있다. 옆에는 재활원이 있어 그 일대가 온통 복지타운이 된 것 같다.

83. 장수도인(長鬚道人) 동봉대선사(東峰大禪師)

젊은 스님이 수염을 기른다면 저분이 사명대사 후신이 아닌가 생각하는 사람도 있다. 피부와 손톱, 수발은 부모님께서 물려주신 자연물이지만 출가 사문들이 수발을 깎다 보면 오히려 위신(威身)을 손상하는 수가 있어 종종 수염을 기르고 법장을 드시는 스님들이 없지 않다.

동봉스님은 1953년 강원도 화성출신으로 원래는 법호를 정휴(正休)라 하였다. 75년 원주 구룡사에서 득도하고 해인사 강원에 들어가 이력을 본 뒤 불교통신교육원에 입학하여 종합적 불교를 연구, 79년 고암종정스님께 건당하였다.

특출한 머리와 뛰어난 재주를 가져 문단에 등용되어 해인사 중강, 도서관장, 불교연합회 지도법사, 대각사 상임포교사로 그 동안 갈고 닦은 불교를 널리 선양하였다.

스님께서 지은 '우리 절'은 절 이름이 좋아서 한국 제1의 사찰이 되었다. 훤출한 키와 인물에 변재는 임진왜란 때 사명대사를 능가한다. 자유중국과 문화교류를 세 번씩이나 다녀오시고 아프리카에 가서 공지의 땅을 대부받아 학교까지 지어 국제불교 포교에도 한 몫을 단단히 하고 있다.

불교방송 '살며 생각하며', '자비의 전화'를 담당하며 인기가 대단하였다. 이로 인해 잠실 롯데월드 불교문화센타 강사를 거쳐 부산 혜원정사 교양대학, 조계사 청년회, 봉은사 청년회, 법안정사, 의정부 평화정사 일요법회 등 여러군데 법회를 보았고, 부산 안양사 주지로 있으면서 일본에 가서 국제위령제에 참석하여 인기를 끌었다.

서울 원각사 주지도 하고 차문화, 티박스 등을 겪으면서 스스로 느끼고 생각하고 깨달은 바를 저서로 쓴 것이 50여 권이 넘는다.

① 대각사상　　　　② 부처님 편지　　　③ 관음경 강화
④ 우리말 관음경　　⑤ 현우경(비유의 바다)　⑥ 불교우주관
⑦ 생활불교요전　　⑧ 백유경　　　　　⑨ 원시불교
⑩ 밀린다왕문경　　⑪ 용수와 대승사상　⑫ 선의 진수
⑬ 코스모스 만달라　⑭ 나룻배와 행인
⑮ 평상심을 도라 이르지말라　⑯ 오디숀 반야심경
⑰ 지장보살 본원경　　⑱ 마음 그대로가 부처
⑲ 마음을 비우면 부처다 등
많은 저서가 있다.

저서에서 보여주는 바와 같이 스님의 법문은 이야기식으로 아주 듣기 쉽고 이해하기 편리하다.

84. 비구니 교수사 묘엄 큰스님

묘엄스님은 명성, 일초스님과 함께 한국 3대 비구니강사 중 한 사람이다. 명성스님은 경에 밝고, 묘엄스님은 율에 밝으며, 일초스님은 논에 밝다는 이야기를 들었다.

명성스님과 묘엄스님은 스님의 딸로서 중노릇을 잘하고 있었기 때문에 아버지와 어머니께 효를 다한 사람으로 알려져 있고, 특히 제자들을 잘 길러냄으로서 아버지 스님들의 마음을 흡족하게 하였다고 칭찬하고 있다.

묘엄스님은 제자를 기를 때 행자의 길을 잘 들이고 특히 성숙해지는 숙녀들이 지닌 희망을 꺾지 않고 세속을 그리워하는 사람들에게는 일반학교에 보내서 좋은 신랑을 만나서 살게 하고, 철저한 마음으로 출가한 자에게는 사미십계를 잘 지키게 하는 동시에 비구니 6법계를 모자람이 없이 닦도록 하였다.

① 모든 생명을 함부로 죽이지 말라.
② 주지 않는 것은 갖지 말라.
③ 음행하지 말라.
④ 거짓말 하지 말라.

⑤ 술 마시지 말라.

⑥ 꽃다발로 장식하지 말라.

⑦ 가무 음곡을 하지 말라.

⑧ 호화로운 침대나 방석을 사용하지 말라.

⑨ 때 아닌 때 음식을 먹지 말라.

⑩ 금은붙이를 지니지 말라.

이것이 사미율의 10법계다. 다음 6법계는 식차마나(예비비구니)가 지키는 계율이다. 이것은 부처님 당시 데바달다의 제자가 출가하면서부터 배가 불러져 출산하게 되자 악성비구들에게 죽여버려라 한 것을 부처님께서 구제하여 갓 태어난 아이까지도 청정비구가 되게 한데서 연유된 것이다. 뿐만 아니라 18세부터 20세 미만의 처녀들이 출가할 때 경계를 주는 계율이다.

① 나쁜 마음으로 남자와 몸을 접촉하지 말라.

② 남의 돈을 훔치지 말라.

③ 축생들을 함부로 죽이지 말라.

④ 실답지 않은 말을 함부로 하지 말라.

⑤ 때 아닌 때 음식을 먹지 말라.

⑥ 술을 마시지 말라.

스님은 통도사 강원을 마치고 동대 불교과를 공부하는 사이 은사 월혜스님과 계사 성철스님에게 철저한 교육을 받고 경봉스님과 운허스님에게 전강을 받아 동학사, 운문사 강사가 되었다가 봉녕사에 와서 주지, 교수사, 심사위원을 거쳐 승가대학 학장으로서 비구니 교수사가 되었다.

일연, 성학, 혜정, 대우, 일우스님에게 전강하고 제10대 종회의원으로 있으면서 BBS불교방송 경전공부에서 150송을 강의하여 칭찬을 받은 바 있다.

일초스님에 관해서는 따로 제목을 붙이지 않으므로 여기서 간단히 설명하겠다. 논장 가운데서도 특히 능엄경의 논리를 질서정연하게 설명하며 정사(正邪)를 가려냈는데, 특히 칠처칭심(七處徵心)과 50변마사로서 마음의 소재를 밝히고 색, 수, 상, 행, 식에서 일어나는 마사(魔事)를 잘 가려 사람들의 마음을 청소시키는데 으뜸이 되었다.

지금은 종단이 분열되어 안타깝게도 이렇게 전문교육이 잘 이루어지지 않는데서 인재양성이 잘 되고 있지 않다. 종단의 지도자들이 비구, 비구니 교육과 법사, 보살들의 양성에 심혈을 기울여야 할 것이다.

85. 영담스님과 꽃구름

1960~1970년대 한국의 포교사로는 김어수법사님, 이종익법사님, 박완일 교수, 이영무교수 하면 모르는 사람이 없었다. 도리구찌(빵모자)를 비끗하게 쓰고 검은 태 안경에 노타이를 입고 다방에 앉아 계시던 선생님이 늘 생각난다.

찢어진 그 세월이
안개처럼 피는 저녁
일껏 아쉬움이
여백(餘白)에 얼룩지고
다 낡은 조각종이에
그의 이름을 써 본다

언제나 작은 쪽지 하나 들고 다니며 생각나는 대로 쓰고 주는 대로 먹으며, 조계사 앞 거리를 걸으면서 경봉스님 이야기를 잘 하셨다.
"내가 상임포교사가 되어 있을 때 경봉큰스님을 찾아 뵈오니,

'설사 불조(佛祖)를 뛰어 넘더라도

"

오히려 한 계단에 떨어진다

또 한 가닥 현묘한 소리를 할지라도
그것은 이빨에 낀 찌꺼기이니

여기에 이르러 구리 눈동자 쇠눈으로 보면
그림자 없는 기러기를 볼 것이다

동쪽에서 우는 두 사자를 보았는가
북두칠성이 서쪽으로 떠가네…… 악'

하고 소리쳤다. 나는 그곳에서 포교사가 무엇을 하는 것인지 다시 한번 깨
닫게 되었거든……"

신영호, 이윤근 교장에 이어 부산 금정중학교 제7대 교장을 하고 범어사
불교전문강원에서 공부했던 이야기, 1909년 강원도 영월에서 태어나 집안
의 대를 잇기 위해 환속하여 1남 6녀를 두고, 1985년 77세로 세상을 떠나신
김어수법사님, 당신의 호는 소석(素石), 영담(影潭), 청담(晴潭)으로 항상 그
그림자를 바라보며 살았다고 하신 말씀이 귀에 쟁쟁하다.

어느 때 상락향에 오셔 반야심경 병풍 써 주신 것, 지금도 펴 놓고 있으며,
이따금씩 영월에 가면 영월문화원에서 세워주신 당신의 시비(詩碑)를 본다.
제자 상묵스님이 아들 김강철과 함께 옛 고향에 세웠다.

나는 옛적 스님께서 주신 달 안개피는 언덕을 바라보며 100주년에 세운
봄비를 읽습니다.

꽃 잎 지는 뜨락
연두 빛 하늘이 흐리다

뽀얗게 먼 화폭이
메아리 쳐 피는 창가

호젓한 좁은 산길을
홀로 걷고 있구나

과연 스님은 아내도, 자식도, 제자도 다 놓아 두고 홀로 좁은 신길을 걸어
갔습니다.

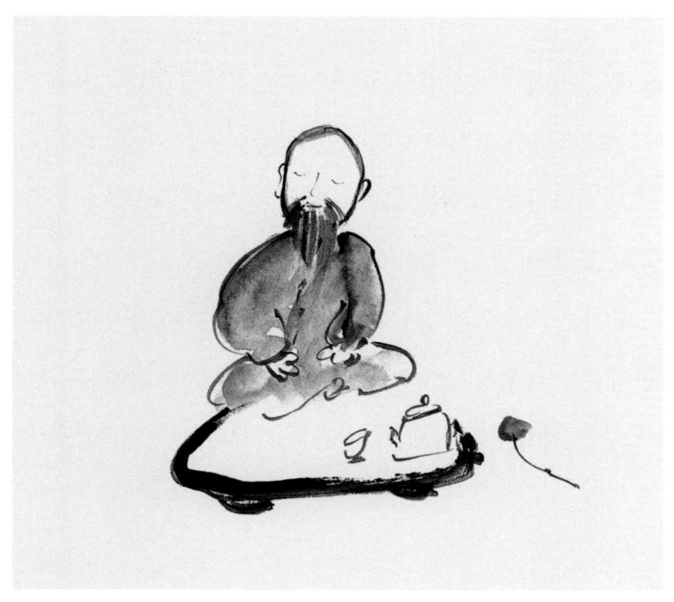

86. 요가의 달인 이희성여사

　이희성여사는 충남 예산 출신이다. 1951년 상경하여 초·중·고·대학의 과정을 마치고 조계종 국제포교사가 되어 미국으로 건너가 시바난다 요가 수행 자격증을 획득하고, 매일 오백 배, 천배로서 신심을 단련한 뒤 백상기념관에서 성화전시회도 가졌다.

　뉴욕 요가센타에서 비쉬누 베다난다에게서 자격증을 받고, 국제요가마스타 상카난다 수와미와 인도의사이면서 철학자인 시바난다, 친교사 상카라난다,불란서 바레리나 등과 함께 국제무대에서 크게 활동하였다.

　이 같은 배경 속에는 삼장법사 성해스님의 역할이 컸다. 나와는 20여년 전 기흥에서 성화전시회가 있다하여 갔는데, '옴'자 하나를 범어로 표상하여 전 우주로 퍼져나가는 그림을 그렸는데 무명속에서 허덕이는 중생들의 드라마가 들어 있었다.

　또 그의 요가는 기능으로서가 아니라 불교의 선사상을 가미(加味)하여 니르바나에 이르는 과정을 전개하고 있었다. 요가는 호흡과 휴식, 공양이 잘 맞아야 하는데, 여사께서는 세 가지 기본 자세와 열두 가지 동작을 시연하고 있었다.

세 가지 자세란,

① 몸을 빛나게 하는 '카필라 바하티',

② 신체기관을 윤활시키는 '아놀로마 필로마',

③ 해맞이 '수리야 나마스카'가 그것이고,

열두 가지 동작은,

① 물구나무서기

② 척추 곧 세우기

③ 쟁기포즈

④ 물고기 자세

⑤ 앞으로 굽히기

⑥ 코부라

⑦ 메뚜기운동

⑧ 활

⑨ 척추 비틀기

⑩ 까마귀 포즈

⑪ 손과 발 포즈

⑫ 삼각형 등이 그것이다.

몸이 얼마나 유연한지 번개처럼 돌아가 한편의 영화를 감상하는 것과 같았다.

파탄잘리의 요가경에는 물질과 정신을 마음대로 수용하는 초능력적인 방법이 쓰여져 있으므로 바라문교, 불교, 탄트리즘, 샤만니즘 같은데서 전통적인 요가를 현대인의 생활에 맞도록 적용하고 있는 것이 많았다.

　이희성여사는 요가도 요가지만 그림도 잘 그리고 작은 소녀와 같이 밝은
태양이 발산하는 빛을 가지고 있었다. 향기로운 인생을 자스민에 맞추어 노
래 불렀다.

　자스민 꽃망울이 터지던 날
　공기 속에 품어 나오는 향기
　절로 마음이 열려
　웃음 띤 홍얼거림

　아, 감사해요
　아, 사랑해요
　온 집안 가득히 자스민 향기

　부처님과 내가 둘이서
　기분 좋은 웃음을 흘리네

87. 불교사학자 김상현 교수

김상현교수는 1951년 생으로 1965년 효당 최범술스님을 인연하여 불교학
에 관심을 갖게 되었다.

신라불교사, 삼국유사, 조선불교사, 사찰연구, 한국 차문화사, 근 · 현대 인
물연구 등 120여 편의 논문과 20여권의 역서를 펴냈다.

"역사는 갖가지 얽힌 인연담이며, 그 발전과 퇴보는 인간의 의지에 달려
있다."
하고,

"학문은 상아탑에만 갇혀 있어서는 안 되고 반드시 대중에게 회향되어야
한다."

하였다. 학술지 이외에도 '역사를 읽는 원효', '한국불교사 산책', '조선청
년에게 고함!, '생활다례' 등 일반인들을 위한 글들도 여러 편 썼다.

특히 법보신문에 '7세기 한반도!', '삼국유사 이야기' 등을 연재하여 칭찬을
받았고, '일화로 본 조선불교'도 계획했지만 연재를 하지 못하고 절필하였다.

나와는 '효당선생의 3.1운동'과 '재일유학시절의 이야기'를 주고 받으며
수차에 걸쳐 만났는데, 스승에 대한 존경심이 깍듯하였다. 특히 해방을 전

후하여 일본사람들에게 학대받은 조선인에 대한 분노가 꽉차 있었으며 효당스님의 구도정신, 학문정신, 다도정신에 대한 깊은 이해를 가지고 있었다.

나는 동대에서 많은 선후배 학자들의 구도하는 모습을 보아왔는데, 부처님에 대한 깊은 이해와 조사님들의 원력을 뼛속 깊이 사모하고 있는 분으로는 고 고익진교수와 김상현교수를 늘 생각하고 있다.

어려운 여건 속에서 불교의 부흥을 위해 헌신하는 선생님들을 생각하면 단잠이 잘 오지 않는다 하였고, 먹는 것, 입는 것이 그분들에 비하면 우리들은 천당, 극락생활이라 자부하면서도 고생하던 어르신들에 대한 사모정신이 간절하였다.

특히 자리만 지키고 연구하지 않는 학자는 있으나 마나, 오히려 후배들의 진로에 방해물이 되고 있으니 빨리 물러나라 촉구하기도 하였다.

자상하면서도 인간적인 풍모를 항상 풍기며 불교의 자질향상을 위해 노력하시던 모습이 눈 앞에 선연하다. 특히 한국에서는 찾지 못하고 있던 의상대사의 추동기를 일본의 '경문답'에서 찾아내 잃었던 역사를 밝혀내니 의상스님의 제자 지통이 죽었다 되살아 난 것 같았다.

오랜세월 '화엄경 경문답'이 중국의 법장스님의 저서로만 이해되었는데, 김교수에 의해 발굴되어 잘못된 부분까지 교정보아 놓았으며, 장차 화엄경 연구가들의 금과옥조(金科玉條)가 될 것이다.

88. 도위선사(道偉禪師)와 성균관 참배

　2018년 6월 중국 호북성 옥천사 방장스님이신 도위스님께서 상락향에 오셨다가 단군성모 웅여상과 공자님의 어머니 안징재(顔徵在)상을 보고 한국 성균관을 참배하겠다하여 모시고 갔다.

　공자님은 중국 춘추시대 말기의 대사상가로 유교의 개조이며 성인으로 일컬어지고 있다. 노나라 창평향 추읍(지금 산동성 곡부) 출신으로 아버지는 숙량흘이다.

　큰부인에게서 딸만 아홉을 낳았기 때문에 아들 하나를 낳기 위해 니구산(尼丘山)에 가서 기도하고 있었는데, 기도를 마치는 날 등 뒤에 서있는 여인을 사귀면 귀한 아들을 낳으리라 하여 돌아보니 18세 묘령의 아가씨가 악기를 등에 지고 있었다.

　"그대는 누구인가?"

　"국악원 악사인데 전날 밤 꿈에 청룡이 온 몸을 감아 놀라 깨었는데, 선배님께서 니구산에 가 보라 하여 여기 와서 있습니다."

　그래서 데리고 와 낳은 아들이 공부자다.

　공은 성이고 구와 중니는 이름인데, 니구산에서 기도하여 낳았기 때문에 그렇게 이름을 지었다 한다.

그런데 방장스님은 공자님의 조상에 대하여 잘 알고 있었다.

"원래 은나라 주왕(紂王)의 서형 미자계(微子啓)가 주공에 의하여 송나라에 봉해 졌는데, 6대 양공희가 조카 영공에에 죽임을 당했다.

그 뒤 송의 10대 대공, 각공, 선공을 거쳐 임금님들을 보좌한 정고보가 있었는데, 그의 손자 자목금복(子木金父)이 노나라에 와서 정고부의 아들 공복가(孔父嘉)의 성을 따 성씨가 만들어졌다는 것이다.

공자의 아버지 숙량흘은 키가 10척이나 되었다 하는데 공자님 역시 용모가 9척6촌이나 되고 이마는 요임금 같고 목은 고요, 어깨는 자신과 같으며 허리 아래는 우임금과 비슷했다고 한다.

어떻든 공자님은 중국 춘추시대 교육자로서 문명을 열었기 때문에 그의 제자들이 성인으로 받들어 모시고 그의 스승과 제자들 3황5제, 요, 순, 우, 탕, 문, 무, 주공, 공자 등 72인을 문묘에 모시고 제형(祭亨)하면서 후배들을 교육하기 시작하였다.

한국의 성균관은 고려, 조선시대 태학(太學)으로서 대사학(大司學)의 조율에 맞추어 어그러짐이 없도록 교육한다는 의미에서 이름 지어진 것이다.

고려 때에는 국자감(國子監)이라 하였던 것을 충열왕 때 성균감, 충선왕 때 성균관으로 한 것을 조선시대에는 대학의 명칭으로 사용하게 되었다.

고려시대에는 개성에 있다가 조선조에 명륜동으로 옮긴 것이다. 중앙에 문묘를 모시고 좌우로 유생들의 거처를 동서로 마련하여 기숙케 하면서 형관청(亨官廳), 존경각(尊敬閣) 도서관이 세워졌는데, 현종 때 제2과거장(조闈堂)이 이루어지고 숙종때 5성을 모시는 계성사(啓聖祠)가 마련되었으며, 고종 때 경학원이 부설되었다. 여기에는 여러 가지 학제와 교과, 교수법이 편제되고 유생들의 일과가 자치활동으로 이루어져졌다.

6 · 25 이후 신구 양파의 갈등 속에 지방향교들이 무너지고 중앙 성균관만
남아있던 것을 삼성재단에서 인수하여 복원하니 한국 1천 년의 태학사만이
이 속에서 숨쉬고 있다.

남의 종교를 알려면 교주와 그의 제자들의 역사, 제전(祭典)을 공부하면
되는데, 베트남 근세 200년 사와 조선 500년 사는 당나라 이세민의 자손들
이 다스려 왔으므로 비슷비슷한 점이 많다.

89. 덕숭산의 버팀목 원담(圓潭) 대선사

둥글 둥굴 둥근 못
향기롭기 그지없네
하늘도 둥글고
땅도 둥글고
둥글다 하는 것도 둥글어

둥글지 아니 한 곳이 없으니
이것이 무엇고!
산은 푸르고
물은 맑도다

세상에 농사짓는 것도 큰일이고 장사하는 것도 큰일이고, 정치하는 것도 큰일이지만 내가 누구인가를 아는 놈은 진짜 큰일이다.
그러므로 정진대중은 헛소리 하지 말고
자나 깨나 고놈이 누구인가 찾아 보아야 할 것이다.

스님은 1926년 10월 26일 전북 옥구에서 태어나 서천으로 이사하여 살았다. 여섯 살에 신동우선생에게 한학을 배우다가 형님이 죽자 출가하여 벽초 스님을 은사로 만공스님을 계사로 출가하였다.

수계 후 천장산 전월사에 가서 강의를 듣다가 만법귀일화(萬法歸一話)를 듣고 선방에 들어가 참선하였다. 정혜사에 이르러 채공을 하는데, 만공스님 이 와서 머리통을 내려 탁 치면서 물었다.

"이것이 무엇이냐?"

"예, 알았습니다."

"네가 알기는 무엇을 알아!"

"아픈 놈을 알았습니다."

그 후 얼마 있다가 만공스님이 부엌에 와서 설거지 하는 놈을 보고 또 머 리통을 탁 치면서,

"알았어!"

"몰랐습니다."

"지난번에는 모르면서도 맞아 죽을까 봐서 알았다고 하였더냐…"

하고는,

"네가 그렇다면 5일 후에 보자."

하고 내려 가셨는데, 5일 후 금선대에 가니,

"진짜 알았니?"

다그쳤다.

"아직 모르겠습니다."

"그렇다면 짚신이나 삼으면서 내 곁에 있어라."

하여 큰 스님을 시봉하다가 노래 불렀다.

한 조각 비고 밝은 것 본래 없다네

유심 · 무심으로 능히 말할 수 없네
거울 가운데 형상없는 이 마음
확실히 허공같아 털끝 하나도 걸리지 않네

그때 나이가 17살인데 만공스님이 인가하였다.

참 성품에는 성품이 없고
참 나에는 내가 없다
성품도 나도 없는 법이
일체를 다 거두어 드리느니라.

그 뒤로 스님은 화엄사 주지, 중앙종회의원, 수덕사 주지를 겪었으나 맑은
물에 고기 놀 듯 한 가지도 걸림없이 하다가 경봉스님에게 서예를 인정받고
수덕사, 법주사 주련을 쓰고, 84년 일본 산업경제신문 주최 국제서예전에 나
가 대상을 받고 독립기념관 서예전시회에서 얻은 성금과 작품을 통째로 희
사하였다.

86년 덕숭산 방장이 되었다가 바로 정수에게 물려주시고 94년 원로회의
부의장이 되었다. 2004년 대종사가 되어 향천사, 개심사, 승가사, 보덕사, 극
락사 조실을 거친 뒤 2007년 선묵전(禪墨展)을 마치고 83세로 수덕사 염화
실에서 원적하였다.

올 때도 한 물건 온 일이 없고
갈 때도 한 물건 간 일이 없다

가고 옴에 본 일이 없으니

청산의 풀은 언제나 푸르도다

이렇게 스님은 가나 오나 걸림없이 융통자재한 생활로 대기대용(大機大用)을 걸림없이 보여 주셨으니 우리 중생들은 흉내 내지 말고 양심에 의한 가풍을 형성하도록 노력하여야 할 것이다.

90. 금나라의 시조 스님과 태어법사의 신관

고려 예종 10년(1115) 정월 생여진(生女眞) 왕안 아골타가 황제를 자칭 성을 민으로 하고 금나라를 세웠다. 전설에 의하면 평주 승려 금준이 여진으로 도망가 아지고촌에 살았는데 여진의 여인과 결혼하여 고올태자라는 아들을 낳고 그는 다시 활라태자를 낳았다. 활라에게는 여러 아들이 있었는데, 큰 아들이 혁어발이고 막내가 영가였다.

영가가 여러 사람의 마음을 사로잡아 정치를 잘 하다가 죽자 혁어발의 장자 오아속이 임금이 되었다가 그의 동생 아골타에게 물려주었다.

이보다 앞서 예종 4년(1109) 6월에는 동번사 요불과 사연등이 내조하여 "옛날 우리 태사 영가께서는 일찍이 우리 조종의 대방에서 출생하였으니 의리상 자손의 대에 이르도록 계승되어야 한다"하고 "지금의 태자 아오속도 역시 대방을 부모의 나라로 섬기고 있다" 하였다.

또한 예종 12년(1117) 3월 아골타가 아지등을 파견하고 서신을 보내 형제의 나라라고 칭하면서 "우리 선조 때부터 한쪽 지방에 치우쳐 있으면서 거란을 대국, 고려를 부모의 나라로 섬겨왔다 하였다.

사실 금나라뿐 아니고 발해 역시 선조들이 고구려 출신인 것이다. 격감계교략 속집에 보면 송 청화4년 여진의 아골타가 금을 세웠다. 본래 이들은 신라왕족으로 추장이 되어 대요를 2백 년 동안 복속시켰고, 절도사를 4대에 걸쳐 하였다. 여진의 여인과 인연하여 아들 호래를 낳았고 호래는 핵서 포자속 양아를 낳았는데 양아가 아골타와 오컬마사개를 낳았다.

또 사개는 점안을 낳아 부락을 지배하고 병자년에 소호리를 불러모아 마침내 여진의 경계까지 지배하였다. 요나라에서 양할을 잡도록 명령하였으나 양할은 다만 소래리만 참수하고 장자 아골타를 보내 요나라에 머리를 헌납하였다.

양한이 죽은 뒤 아골타 원년때마침 요왕 천조가 수탈을 일삼자 상하가 불화하였다. 아골타 아버지 양할디 풍요와 여유를 계승하여 군마를 육성 오극성까지 가서 송골매를 잡아왔다. 해동에서 왔다하여 해동정이라 불렀다.

이러한 여건을 참작해 보면 여진족은 그 조상이 모두 신라임을 알 수 있다.

불교신앙은 신을 믿지 않는 것이 특징인데, 부처님께서 화엄신장을 설명하면서 여러 불보살신앙과 함께 신중도량, 문두루도량, 마리지천도량 등 온갖 신들이 무격(巫格)의 귀신과 함께 섞여 그 숫자를 헤아리기 어려울 정도로 많이 생겨났다.

이집트, 바빌론, 히부리 종족 같은 데서도 자기 조상이 생긴 내력을 중심으로 신화를 만들어 냈다.

생물학자 다윈이 종의 기원을 밝혀 고대의 신학을 반대하고 사람의 기원을 신학에 두지 않고 물과 불의 융합으로부터 시작하여 오랜 세월 진화해 왔다는 것을 문자, 그림, 전설로서 꾸며 왔으므로 그 고문서를 보면 그들 종족의 성정, 풍습, 법률, 정치가 야만족에서 나왔다는 것을 낱낱이 증거하고 있다. 이들이 생사 거래하는 것을 보면 생과 육이 서로 합하여 이합집산(離合

集散)하는 것으로 되어있다.

　3황본기에는 열 가지 기이한 사실이 나오는데, 춘추전국시대까지는 귀신 술수의 시대이고, 요, 순, 우, 탕, 문, 무, 주공시대에는 공자의 예악(禮樂)이 기초가 되는데, 천신(郊苑), 종묘, 사직(토지백곡신), 시망(紫望)은 관청의 신이고, 가묘신주는 서민의 신이다. 그러므로 공자 교는 자연 다신교가 되었다.

　일신교는 유럽의 회회교, 기독교가 중심인데, 아버지 신들은 천제가 혼령을 내린 것으로 이해하고 있기 때문에 일신교가 되는 것이다.

　불교 이전의 범천은 바라문교의 신학으로 수천 년 동안 내려왔는데, 부처님께서 신은 그렇게 불평등한 것이 아니라고 하여 4베다(리그베다·아주르베다·사마베다·아타르바베다)가 상카파, 바이세시카파, 니건타파로 나누어 지금까지 전해오고 있다.

　신학을 중심으로 한 4베다와 세 파가 점점 분열하여 96종의 외도가 되었는데, 첫째는 천제를 믿고, 둘째는 하늘에 태어나고, 셋째는 업과 윤회의 학설을 중심으로 썼다.

　그러므로 중국의 태허법사는,

　① 영혼은 염세주의를 낳고,

　② 생존경쟁을 통해 남을 파괴하고 자기만을 주장하므로 진리라 볼 수 없다.

　그런데 조선조에 와서는 동서의 모든 신학과 귀신술수가 다 모여져 갖가지 도량신을 형성하여 다양한 법회를 이루고 있으므로 이를 진짜 불교라 볼 수 없다.

91. 보문종 창건주 천혜안스님과 송은영스님

은영스님은 1910년 충남 대덕에서 태어나 아홉 살에 동학사에 출가, 은사 궁탄스님을 따라 서울 보문사에 올라와 탁발동량으로 보문사가 완성될 때까지 갖가지 고행을 다 겪었다.

45년 3성각 부지가 마련되자 수년에 걸쳐 담장을 쌓고 58년부터 선불장, 산령각, 범종각을 짓고 범종을 주조해 치니 보문동 일대에 새로운 불사가람이 생겨난 것 같았다.

70년 극락전, 호지문, 시왕전, 보광전을 신축하고 재단법인 보문원을 설립, 독립종단으로서 자질을 갖추고 노스님들을 위해 자혜불사를 완성한 뒤 석굴암을 짓고 9층탑을 세운 후 1천 명의 도제를 양성하였다.

몰라서 그렇지 6.25이후 이름없는 양로원이요, 고아원으로서 세속과 인연이 다면 기른 자식들을 결혼도 시키고, 출가도 시키고, 유학도 보내 거기 들어가서 공부 못하고 먹지 못한다 하면 머리가 정상적이 아니었든지 구복(口服)에 탈이 생긴 사람이라 여겼다.

대처, 비구, 양 종단의 틈바구니에서 이러지도 저러지도 못하고 있을 때 대은스님께서 모리배들과 재판을 해 보아야 끝이 나지 않으니 세계 유일한 비구니 종단이라도 관등록하는 것이 났다고 하여 72년 대한불교 보문종이란 세계 유일의 비구니종단을 창단하였다.

58년 선불장이 지어진 이 후국내외 건축가들은 선불장 설계에 대하여 호기심을 가지고 찾았는데, 낙산의 바위 위에 계단식 건물이 교묘하게도 쓸모 있게 잘 지어졌기 때문이다.

지하 1층에서 음식을 하여 지상 3층에서 재불공을 올리고, 지하 2층에서 음식공양하면 5백 명, 천명 대중도 비좁지 않게 잘 대접하였기 때문이다.

뿐만 아니라 학인들에게 강원, 선방 교육을 잘 시키지만 차, 찬, 공양 까지도 절도 있게 가르쳐 시내 어떤 음식점이나 요정 보다도 더 공양대접을 잘하고 손님접대를 뛰어나게 하여 재, 불공뿐 아니라 결혼식, 회갑 잔치까지도 만족하게 치르고 가는 사람이 많아 외국사람들도 종종 여기 와서 파티를 하는 경우도 있었다.

그러나 그 음식과 파티는 독특한 불식(佛式)이기 때문에 어느 누가 왔다가도 부처님 향기를 간직하고 갔다.

혜안 큰스님은 집안 자체가 불교집안이다. 출가해서도 궁중의 나인들이나 공주, 황후들을 위해 법문하러 다니셨는데, 보문사에 있어서는 동별당, 서별당, 남별당, 중실에 있는 스님들은 노전에 있으면서 지도하는 역할을 하였다.

보문종이 만들어진 뒤에 제1대 종정은 전북 정혜사 조실 명주큰스님께서 하셨고, 명주스님께서 입적하신 뒤 제2대 종정으로 추대되었다.

천진난만하고 혜안통투(慧眼通透)하여 보문대중을 친자식처럼 거느렸기 때문에 모든 제자들이 친부모, 스승처럼 받들고 단합하였다.

95세 때부터 미타사에 법문을 갔다가 뵈오면 어린 아이처럼 천진한 마음으로 대해주시면서 옛 스님들 하신 말씀과 행을 이야기 해 주시고 미국에 가 있는 제자들 이야기를 들려 주셨다.

끝으로 왕궁에 가서 하신 법문 한 마디만 여기 적겠다.

槿花 三千里
檀香 半萬年

무궁화 3천리에 단군 임금님의 향기가
반만년을 이어가고 있습니다.

민족의 얼을 되찾는 뼈
대있는 말씀이다.

92. 조선불교를 되살려 놓은 이능화 선생

선생은 충북 괴산출신으로 호는 상현(尚玄), 무능거사(無能居士)다.

1889년 영어학당을 졸업하고 1912년 능인보통학교를 세워 교장선생이 되고, 14년 불교진흥회 간사, 15년 진흥회 월보를 창간하고, 18년 조선불교통사를 발간하였다.

21년 조선사 편수위원이 되어 조선기독교 급외교사, 조선여속고, 조선 혜어화사, 조선무속고, 한국도교사, 조선사화 등 여러 가지 전문서적을 저술하였으나 조선불교통사는 그의 대표적인 저술이었다.

조선불교통사는 순 한문으로 썼기 때문에 그 동안 전문인이 아니면 참고할 수 없었는데, 근래 동국대학교 불교문화연구소에서 여덟 권으로 번역 출판하여 어지간한 사람은 참고 할 수 있게 되어있다.

상·중 두편은 불화시화와 삼보원류를 상세하게 쓰고, 하편은 2백 품제로서 연의(演義)와 패관(稗官)의 서법을 썼다.

상편은 강목과 편년을 정리하고 중편은 전기와 서지(敍志)를 정리하였다.

모두가 뜻 가는 데로 보태기도 하고 자르기도 하였으나 근거 없이 지은 것은 하나도 없고 근원을 철저히 추구하여 정리하였으니 참으로 깨달음의 길

에 들어서는 통로이고 미혹의 강을 건너는 보배로운 뗏목이라 평가하기도
한다.

부처님의 모든 말씀은 7엽굴에서 편집되어 오늘날까지 유전하고 있지만
한국불교는 삼국사기와 삼국유사가 아니었다면 그 종적을 찾아 볼 수 없게
되어있었다. 그런데 능화거사는 이 세 가지 서적을 전거로 특히 고대조선의
각종 사서를 참고하여 1916년까지 고려에서 최근대까지 불교사를 총결집하
였으니 이는 불교사 뿐만 아니라 조선사 가운데서도 독보적인 보고(寶庫)라
아니 할 수 없다.

상편에서는 3국과 고려, 조선시대, 그리고 일본총독부시대에 일어났던 일
들을 상세히 기록하고, 일본과 관계있는 고구려, 백제, 신라의 스님들과 직
접 인도, 월씨국과 관계있는 금관성 파사석탑을 품위있게 정리하였으며, 조
선시대 설립된 사찰과 승려수, 30본산이 만들어지게 된 내력을 구체적으로
정리하였다.

중편에서는 불교연대기, 3장결집과 전역내력, 찬술장소와 인도, 중국, 한
국에 이르기까지 온갖 종파의 원류를 끝까지 파해졌다. 한편 2백 품제에서
는 각 시대와 내용을 분석하고 전거를 낱낱이 분석하였으며, 서술의 특징을
밝혔는데, 3국 밖에 가락국 불교계율과 불살생에 대한 논문, 신교에 대한 관
심, 조선의 지리에 대하여 매우 큰 관심을 가졌다.

특히 백제불교의 우수성과 국외활동에 대하여 상세히 쓰고 화엄, 천태, 법
화에 대한 애착, 조선 선불교에 임제종 이야기가 많이 나온다.

조선유학의 폐인과 한국문화예술에 깊은 애정을 가졌다. 훈민정음창제를 범어에 두고 거사불교의 결사운동에 깊은 관심을 가지고 있으며, 일제강점기의 불교에 대하여 민감한 태도를 보이고 있다.

각 과목마다 날카로운 비판과 정론은 다른 저서에서는 찾아 볼 수 없는 특징이라 할 수 있다.

특히 능화선생은 서학과 교육에 큰 관심을 가져 능인보통학교설립이후 민족문화와 사상연구에 몰두하였는데, 최남선, 오세창, 박승빈등과 함께 민족계몽단체인 계명구락부를 설립하고, 계명, 신민공존, 낙원, 신천지, 신청년 등의 잡지를 발행하고 삼국유사, 금오신화 등을 번역하여 대중교화운동에 심혈을 기울렸다.

한때 조선사편수원으로 일본학자들과 손을 잡고 활동하였으므로 친일파로 몰려 그의 성명이 지하에 묻히기도 하였지만 그렇게 일인들과 함께 조선사를 편집하지 아니했다면 이렇게 깊고 넓은 글이 나올 수 없었다고 생각한다.

모든 글은 독자의 입장에서 평가되어야 하고, 그의 역사성과 독립정신을 참고하지 아니하면 안 된다고 생각한다. 만약 이 글이 없었다면 3국사기와 3국유사, 어제의 한국불교역사는 거의 사장되고 말았을 것이다.

93. 효행불교의 실천자 손대현법사

손대현 법사는 신라 흥덕왕때 효자 손순(孫順)의 자손이다.

아버지께서 돌아가신 뒤 손순은 처와 함께 남의 집 품팔이를 하고 살았다. 늙은 어머니 운오(運烏)는 나이 어린 손녀를 앉고 살았는데, 먹을 것이 생겨 입에 넣으려 하면 번개처럼 달려들어 빼앗아 먹었다. 아들 손순이 딱하게 생각하여 처에게 말했다.

"아이는 다시 얻을 수 있으나 어머니는 한번 돌아가시면 그만이니 아이를 없애버리고 어머니를 잘 모시도록 합시다."

"어머니의 주림이 얼마나 심한 가를 저도 잘 알고 있으니 아버지 좋은 대로 하십시오."

그래 그날은 없는 식량을 배불리 먹도록 음식을 하여 잘 먹인 뒤 깊이 잠들기를 기다려 아이를 업고 모량리 북쪽에 올라가 땅을 팠다.

그런데 갑자기 무엇이 쟁기에 걸려 파서 보니 돌로 만든 종이었다. 부부가 놀라 나무에 매달아 놓고 시험 삼아 쳐 보니 소리가 청아하고 아름답게 들리는 지라 아내가 말했다.

"이것이 틀림없이 아이의 복이니 묻지 말고 그냥 데리고 갑시다."

집에 돌아와 처마 밑에 걸고 치니 그 소리가 대궐까지 들렸다. 홍덕왕이 좌우에게 물었다.

"이건 보통 종소리가 아닌데, 어디서 나는지 찾아 보아라."

하여 찾아보니 모량리 손순의 집에서 나는지라 그것을 가지고 가 임금님께 자세히 아뢰니 왕이 듣고,

"옛날 중국 한나라에 곽거가 아들을 묻으매 하늘에서 금가마솥이 떨어졌는데, 우리 신라에서는 돌종이 나왔으니 두 분의 효심에 천지가 감동한 것이다."

하고 집 한 채를 하사하고 찰벼 50석 씩을 매년 주어 어머니를 잘 모시게 하였다.

손순은 어머니가 돌아가신 뒤 그 집을 내 놓아 절을 삼고 절 이름을 홍효사(弘孝寺)라 하였다.

손대현는 바로 손순의 원손(遠孫)으로 그 정신을 받들어 안동에 홍은사(弘恩寺)를 짓고 손순할아버지의 영정을 모시고 3보를 받들어 봉양하고 있다.

그런데 아버지께서 연로하여 보행을 자유롭게 하시지 못하니 아들 준석이 대를 이어 안동시내에 홍효사(弘孝寺)를 짓고 불교대학을 운영하며 부처님과 할아버지의 은혜를 갚고 있다.

아버지께서 창설하신 대현프라자를 운영하면서 아버지께서 살으시던 옛집을 사옥으로 신축하여 할아버지와 아버지의 효행정신을 계승해가고 있으니 칭찬하지 아니 할 수 없다.

아버지는 절을 크게 지어 대중스님들을 모셨으면 하지만 회사에 소속된

점포만도 3500개에 달하니 그들 가족을 먹여 살리고 교육하면서 장학금까지 주고 매년 효행상을 베풀고 있으니 불사 가운데서는 대작불사를 실천하고 있다 하여도 과언이 아니다.

천년 넘는 효행의 집에 대대로 효심이 끊이지 않고 있으니 진실로 천지가 감동하고 부처님의 가피를 입은 집안이라 칭찬하지 아니 할 수 없다.

94. 불국토의 꿈속에 사라진 김재일법사

　　김법사는 1944년 영암 월출산에서 태어났다. 광주 상고, 동대불교대학원 사회복지학과를 수료, 군종병으로 생활하다가 무진장스님에게 계를 받으면서 대중불교운동에 몸을 던졌다.

　　무진장스님은 법명을 덕산이라 지어 주면서,

　　自從今身至佛身　堅持禁戒不毀犯
　　唯願諸佛作證明　寧捨身命終不退

라 써 주었다. 그리고 1982년 2월 11일 무진장스님을 법주로 동산반야회를 창립하였다.

　　① 진리를 굳게 믿고
　　② 정법을 바르게 배우고
　　③ 정도를 옳게 행하고
　　④ 정각을 바르게 이해하여
　　⑤ 불국정토를 건설한다.

이것이 동산반야회의 강령이다. 보조강사로 암도, 인환, 종석, 권탄준, 한정섭 등이 동참하였다.

84년부터 이들 목적을 달성하기 위하여 무진장스님을 모시고 총무원 1층 회관에서 교리강좌를 시작으로 1991년 8월까지 30기 수료를 시켰다.

학생들은 여기서 겸허와 양보를 배우고 생활 속의 불교를 익혔다.

다시 이기영, 조영기, 김동리, 황산덕, 목정배, 김용정, 서정주, 박완일, 권기종, 종범스님, 원의범, 홍윤식, 정병조, 암도, 송건호, 김지민, 고은, 공종원, 김용운, 이병주, 일운, 이경우, 정랑, 법산스님 등을 모셔 불교사상대법회를 연 뒤에 압구정동에 반야포교원을 개원했다가 오록원 총무원장을 모시고 용맹정진으로 전법도생을 다짐하며 1992년 동산백일법회를 개설했다.

그리고 다시 성철스님의 백일법문을 교재로 2년제 대학을 설립, 불교개론, 대승불교, 원시불교, 선학개론, 불교문화사, 인도 · 중국 · 한국 불교사를 가르쳤다.

여기엔 법타, 혜경, 태원, 성본, 혜원, 계환, 활안, 종석, 보광, 보각, 묘주, 정엄, 정태혁, 김영태, 장희주, 오극근, 허일범, 정병조, 김상현, 송찬우, 최봉수, 최종석, 김형준, 박종, 최종남, 김호귀, 주명철, 윤열수, 차차석, 황순일, 김재성, 이미령, 전재성, 정성준, 김경집, 황안용, 김재동, 김형준, 임재우, 이인숙, 권자홍, 만춘, 인각, 무진, 김익홍, 법인, 정산, 박희준, 이은실, 박전열, 문성준, 양성도, 민병홍, 이예주, 신유진, 조연희, 한대현, 문미양, 김정민 등 한국의 이렇다 할 선지식들은 다 모여 강의하였다.

다시 대학을 졸업한 사람들을 위하여 3년 과정 연구원을 만들고 거기에 다시 대학원을 설립 법화경, 무량수경, 금강경, 유식사상, 능엄경, 밀교, 화엄경, 대일경, 장엄경, 선사상, 불타관, 수행본기경, 기신론, 유식30송 등을 가르치고, 한국불교 기아도움기구를 창설하여 공로맹, 김홍국씨와 함께 르완다, 콩고, 북한, 그리고 태안재해민, 구립장위1동 어린이집, 석관도서실 등을 도왔다.

1998년에는 전국만일염불회를 결성, 건봉사에서 힘차게, 신나게, 그리고 멋있게 염불공양을 올리고, 조계종 총무원 불교회관에 있으면서 동산불교회를 개원, 때로는 안국동 응전갤러리에서 법회를 보다가 급기야 2001년 동산불교회관을 마련하였고, 불교성전을 각 호텔에 보급하였다.

지금도 롯데, 신라, 프라자, 조선, 워커힐, 부산비치, 백담사 만해마을, 휴먼스타일, 제국신라, 조선비치, 역삼휴먼 등에 가면 당시 영문과 한글 역해 형식으로 결집된 불교성전이 그대로 남아있다.

이렇게 봉사와 수련, 공부를 통해 모여진 사람들이 동산반야회 회보를 내면서 불국정토의 장엄을 다짐함과 함께 교양불교, 불교의범을 만들고 년년이 기념법회를 열어가면서 목탁도 배우고 염불도 익히면서 어깨띠를 매고 거리의 포교사가 되어 불국토를 장엄하였다.

범불교적으로 연등회가 열리면 동산불교회원들은 동대문 운동장(지금은 동국대학교)에서부터 종로 네거리를 거쳐 광화문에 이르는 대행진을 하는데, 그들이 차려입은 옷과 등은 가히 극락세계에서나 볼 법한 묘한 장엄구였다.

때로는 단오 부채전을 열고, 때로는 학술세미나도 열고 하다가 마침내 동산불교대학 LA불교가 개설되면서 부터는 국제적인 불교운동이 전개되었는데, 글짓기, 범패의식과 다도회, 불교미술, 한문학, 미타춤, 산스크릿트 보급, 장례문화, 4물합창단, 음식문화, 독경대회 등은 모두가 재일법사님 머리 속에서 창조된 것이다.

청년회법사단원과 붓다클럽 회원들이 찬불가교우대회 때는 일본 홋카이도 정토진종에까지 가서 공연을 교류하고 갖가지 춤과 노래를 겸해 보는 이의 마음을 즐겁게 하였다.

김재일의 불교가 무엇이냐 묻는다면 나는 서슴없이 위상에서 늘어놓는 장엄구가 동산이요, 김재일이라 할 것이다. 다른 사람들에게 본을 보이게 하기 위하여 재일법사가 했던 일을 이렇게 나열해 본 것이니 개인적으로 불교를 하던지 대중적으로 불교를 하던지 여기에 더불어 한 두 가지 멋을 붙이고 맛을 첨가하면 한결 더 멋있는 불교가 되지 않겠는가.

95. 상주의 대보살 최유수법사

최유수의 법명은 청심(靑心)이다. 1951년 울산 출신으로 금강선원 대표로서는 유일하게 정치활동을 하신 분이다.

태화회사 회장으로 일찍이 통신대학 대학원을 졸업하고 몽골 불교대학에서 명예철학박사학위를 받은 뒤 미국 워싱턴대학에서 여성지도자 과정을 이수하였으며, 금오대학에서 최고경영자과정을 수료하였다.

민주평화통일 자문위원으로 상주법우회 회장, 장애인 후원회 부회장, 여성자원봉사자로서 민족통일 경북 북부지역 여성회장으로 국민대학 정치대학원 리더십 과정을 수료하고, 고대 언론대학원을 수료하였다.

상주기업은행 체육회 회장과 자유총연맹 상주지역 부회장을 맡고 있다. 어려서부터 학구파로 꾸준히 노력하여 곳곳에서 들은 부처님 법문을 〈내가 들은 부처님 법문〉으로 엮어 내고, 우리들과 함께 불교운동을 열심히 하였다.

인류의 보고 8만대장경을 제1회부터 제6회까지 편집과정을 모두 정리하고 경전의 구성문체, 성전에 나타난 사상을

① 이고득락의 4제법문으로 부터

② 전미개오의 인연법문

③ 정견명사의 해탈법문

④ 지악수선의 무아법문

⑤ 파사현정의 대오법문으로 나누어 설명하고

아함경, 방등경, 반야경, 법화경, 열반경, 화엄경을 차례 따라 설명하였다.

특히 열반경의 법신사상과 개유불성사상, 천제성불사상을 원효대사의 종요(宗要)를 통해 구체적으로 설명하였고, 화엄경의 역사와 내용도 상세하게 분석하였다.

율장에서는 10승율, 4부율, 5분율, 마하승지율 등을 남전팔리어경전과 북방서장율을 배경으로 비구 250계, 비구니 348계, 비구니 8경법, 사미율의, 식차마나의 법문과 대승보살의 10중 48계와 7불통계, 3취정계, 밀교의 10중 대계를 구체적으로 설명하였다.

논장으로는 구사론, 유식론, 3론 등을 체계있게 정리하고, 특히 기신론, 성실론, 불성론, 현양성교론, 아비달마론, 유가사지론, 인명론, 보광삼매론, 마하지관 등을 곳곳에 다니며 청문한대로 정리하여 신입생들을 위하여 좋은 길잡이가 되게 하였다.

선법문은 선문염송, 전등록, 벽암록, 초발심자경문, 치문경훈, 서장, 도서, 선요, 절요 등 한국불교 전통강원 교육을 심도있게 정리하고, 달마법어와 6조단경을 꿰뚫고 있었다.

재가불자로서는 출가스님들이 익히고 배우는 전문 서적 등을 꿰뚫어 배

웠는데, 특히 상락향 우경법사의 영향을 많이 받았다.

부군께서는 일찍부터 운동계통으로 국가적 선수가 되어 쉴틈없이 후배들을 데리고 체육활동을 하였는데, 말년에 건강이 좋지 못하여 태화회사를 운영하면서 남편시중을 정성껏 보살피며 밖에서 하지 못한 일을 안팎으로 다니며 열심히 대신하였다.

인물도 출중하고 신행도 모범이 되어 어느 곳에 가든지 지도자의 위상을 빛나게 수행하였다. 특히 여러 단체의 선후배들을 잘 이끌어 칭찬을 받았고, 법회마다 빠짐없이 다니며 새시대 일꾼으로서 모범을 보였다.

나와는 상주포교당에서 처음 만나 40여년 동안 유대를 가지면서 힘을 보태 주었기 때문에 잊을 수 없는 도반이다.

아무쪼록 상주불교에 남은 힘을 보내주시기 바라면서 건강을 빈다.

아무 것이나 먹고
아무 것이나 입어도
언제나 귀태가 나는
평화로운 당신의 모습을
불교통신대학 법우들은
항상 잊지 않고 존경합니다.

96. 소신공양(燒身供養)으로 부처님께 은혜갚은 충담대선사

충담스님은 왕십리 승가사 조실이었다. 원래 삼각산 승가사에 있다가 비구스님들이 접수해 오자 여러 말 하지 않고 내어주고 왕십리에 대가람을 짓고 동대총장 정두석박사님을 모시고 법회를 보아왔다.

정박사님이 태고종 종정이 되시면서 나에게 법좌를 양보하여 10년 이상 함께 보아왔다.

스님도 충분히 법좌에 올라 법문할 수 있는데, 가능하면 골고루 선지식을 모셔 법문을 듣게 하여야 신도들의 견문이 넓어진다고 반드시 법사를 모셔 법문하게 하신 뒤 법문을 듣고 나서는,

"여러분, 법문 잘 들으셨지요? 좋은 일 하시고 복 많이 받으세요."

그래서 그런지 50년이 넘게 이 절에 다니시는 분들이 많았고, 스님은 항상 삼세인과경으로,

"아무리 착한 일을 많아 하여도 잘 살지 못하는 사람은 전생에 지은 악업이 다 하지 못한 까닭이니 그 업이 다 하면 반드시 잘 살게 됩니다.

아무리 악업을 많이 지어도 패망하지 아니하는 사람은 그 사람이 전생에

지은 선업덕분이니 그 선업이 다 하면 변상하게 되어 있으니 부처님께서 말씀한 인과의 법칙을 믿고 참회하세요.

모든 물체의 모양은 마치 나무 그늘이 나무모양을 닮아가듯, 소리가 메아리를 울리듯이 크면 큰 대로 작으면 작은 대로, 콩 심은데 콩나고, 팥 심은데 팥 나듯 한 가지도 어김없이 따라가고 있으니 잘 안된다고 이상한 마음 먹지 말고 처음 마음대로 살아가세요.

양무제는 산냥꾼으로 있으면서도 복을 지었고, 희씨부인은 화를 잘 내어 뱀의 몸을 받았답니다.

만약 인과법칙이 없다면 어떻게 목련존자가 지옥에 들어가 어머니를 구하고, 수가장자가 개로 태어난 아버지를 구해 천당에 태어나게 하였겠습니까.

삼세인과를 믿으시면 제천선신이 옹호하여 어려운 곳에서도 어려움이 없게 하고 고통 속에서도 즐겁게 살아가게 될 것입니다."

이렇게 말씀하시고,

"여러분, 모두 믿으시지요?"

"예."

하면,

"믿으면 복이 오고 자손이 창성합니다."

하였다.

항상 여름에는 모시 바지 저고리를 입고 바지엔 댓님을 매지 않고 당산나무 밑에 앉아 지나가는 아이들에게 과자를 주고, 노인들에게는 눈깔사탕을 주어 입을 심심치 않게 하였다.

그리고 우리들에게는,

"나는 때가 닥치면 부처님께 이 몸을 소신공양할 것이니 자살했다는 말 하지 마세요. 나는 6.25 때 승가사 나한님 등에 올라가 눈도 파고, 귀도 자르고, 다리를 부러뜨리고 히히덕 거리며 할렐루야를 부르던 아이들이 갑자기 B29 폭격기에서 떨어트린 폭탄에 맞아 손발이 부러지고 머리가 깨지는 것을 보았습니다.

내가 내 종교를 깊이 믿는다고 남의 종교를 업신 여기고 길거리에 있는 동상이나 장승에 피해를 주면 반드시 그 과보를 받게 되었으니 내 조상 잘 섬기고 남의 조상 업신 여기지 마세요."
하더니,

청평 감로사 주차장에 백단장작을 쌓아놓고 그 위에 올라가 스스로 불을 놓으며, 소신공양하였다.

"부처님, 저는 세상에 태어나서 한 가지 한 일 없이 남의 시주만 받아먹고 살았으니 이 몸을 부처님께 바칩니다."
하니 주위가 온통 큰 광명으로 가득 찼다.

충담큰스님, 그 뜨거운 불 속에서 활짝 연꽃을 피셨으니 후생들은 이를 본받아 열심히 정진할 것입니다.

97. 한국의 패션 모델 유윤순여사

　몇 년전 영국 국회에서 특별한 모임이 있다하여 유여사의 청으로 변호사와 판사 몇 분과 함께 영국에 갔다.

　옛날 갈 때는 불란서에서 해저터널을 통해 건너갔기 때문에 비행장을 보지는 못했는데, 나라가 크지 아니 해서 그런지는 몰라도 비행장도 그리 크지 않았다.

　우리들의 숙소는 의회에서 그리 멀리 않은 곳이어서 곳곳에 경찰들이 서 있었으나 슈퍼에 들어가니 가족단위로 사업을 하는 분들이어서 인지 매우 다정한 모습으로 상냥하게 맞아 주었다. 필요한 물건을 거두어 계산대에 놓으면 우리나라 쇼핑센터처럼 전자로 계산하여 거래가 편리하게 이루어지고 있었다.

　이튿날 아침 우리 일행은 마사회가 있는 큰 공원을 한 바퀴 돌았는데, 자전거 타는 사람, 말 타는 사람, 보행하는 사람들이 끼리끼리 걷고 타다가 다방에 들려 대화를 나누면서 차를 마셨다. 대부분의 거래가 운동장에서 자연스럽게 이루어졌다가 계약을 할 때는 사무실에 들어가 문서로서 결정하는 것 같았다.

그러므로 운동장은 사교장이자 사업장도 되었다. 한 시간 동안 골고루 구경하고 숙소에 이르러 유여사께서 직접 지은 음식으로 아침을 먹고 약속한 영국의회청사로 들어갔다.

청사입구에는 검열대가 준비되어 있어 두, 세 번의 검열을 거쳐야 했는데, 우리는 우리를 초청한 국회의원과 사무총장이 나와 있어 간단한 검사만을 받고 들어갈 수 있었다.

회의장소는 국회의사당 별관 소회의실이었다. 그쪽에서는 국회의원 2명과 아일랜드와의 외교관계를 보시는 분 한 사람, 그리고 통역과 함께 옵서버 자격으로 4. 5명이 나왔고, 우리 쪽에서는 동행 8명이 함께 자리를 같이 하였다.

먼저 사무장께서 그 동안 IMF에서 돈을 빌려간 사람들이 목적 이외에 돈을 써 사리사욕을 취하는 바람에 골머리를 앓아왔다고하면서 한국에서는 김대중 대통령 당시 범국민적 차원에서 금모금 운동을 전개하였는데, 이때 전 세계 사람들에게 큰 감동을 준 일이 있다고 하면서 40분 동안 이런 저런 이야기를 하고는 우리에게 하고 싶은 말이 없느냐고 물었다.

"이 세상에서 거짓말하지 않고 인류의 복지를 위해 헌신하신 분이 두 분이 있는데, 한 분은 석가모니 부처님이고 다른 한 분은 예수님입니다."
하고는,

"이 두 분의 제자를 자칭하는 유여사가 여기 왔으니 의심하지 않고 거래를 터 주시면 좋겠습니다."
하였더니 웃으면서 구경을 가자고 하였다.

영국국회의사당은 영국민주화 시작과 함께 존속된 건물로서 내부는 각종 조각과 그림으로 아름답게 장엄되었고, 누구나 보면 이해할 수 있도록 설명되어 있었다.

영국 국회의사당은 미국의 상원에 해당하는 중추원(House of Lords)과 하원(Parliament)으로 나누어져 있었다.

중추원 의원들이 모이는 장소에는 좌우 양면에 침대처럼 된 의자를 놓고, 2, 3일씩 토론을 해 가며 자유롭게 안건을 의논할 수 있도록 되어 있었다. 한편 좌우 중앙에 의장석이 있고 사회석이 있었으며, 분과별 위원장석도 있었다.

흥미로운 영국 의정사 가운데 하나는 중추원에서 어느 죄인의 사형이 결정되면 해당 죄인을 사형장에 세워놓고 결과를 설명한 뒤 2마(馬), 4마(馬), 또는 6마(馬)가 끄는 수레에 싣고 이웃에 있는 사형장으로 끌고 가 두 팔과 다리를 쇠사슬로 묶고 말들을 벼락치게 몰아 사지가 갈갈이 찢어지게 하여 죽이는 경우도 있었다 하였다.

우리는 전에 다라이라마 스님이 와서 기념사진을 찍은 지점에서 기념사진을 찍고 의사당에서 나와 한식집에서 다 같이 점심을 먹었다.

오후에는 성베드로 성당에 가서 전례로 금을 저장해 놓는 지하탱크를 구경하였다.

이곳은 영국으로부터 돈을 빌려가는 개인이나 단체는 그 돈에 상당하는 금을 이곳에 저장해 놓고 그 금을 담보로 영국 돈을 빌려간다고 한다.

그 방법이 너무나 신사적이기 때문에 사고를 내는 사람은 별로 없는데, 만약 돈을 상환할 수 없어 맡겨놓은 금을 찾아가지 못하는 사람이 있으면 그의 자손들을 찾아 주든지 아니면 국고로 환수되어 세계의 빈민과 고아들을 위한 복지사업에 사용하고 있다 하였다.

때로 돈을 빌려간 사람들이 본래의 목적과는 달리 정치적 목적으로 돈을 쓰거나 전쟁물자의 생산이나 구입에 유용될 경우가 있어 영국으로서는 크게 골머리를 앓고 있다고 하였다.

유여사는 이듬 해 8월 달에 영국 여왕을 모시고 패션쇼를 열게 되어있어 뒤에 남고 나는 먼저 귀국하였기 때문에 뒷일은 자세히 알 수 없다.

한 가지 여기서 놀랄만한 일은 오래전 한국행 항로를 날던 비행사 한 사람이 한국여인과 결혼하여 딸라 장사를 해서 벌어드린 돈을 금으로 바꾸어 영국은행에 저축해 놓았는데, 이 비행사가 흔적없이 죽어 그의 후손이 그 돈을 찾는데 장장 30년이 걸렸다고 한다.

양심이 흐린 사람이나 단체 같으면 원 주인이 없으면 얼씨구 자기 것으로 만들어 버리는 것이 상례인데, 사돈에 8촌까지도 찾아서 돈을 돌려준다고 하니 실로 영국은 그래서 신사의 나라라고 부르는지 알 수 없다.

98. 하나 속에 전체를 생각하려 하는 스위스사람들

단결 · 동맹 · 하나 — 이것은 스위스의 구호요 사랑이다. 개개인의 국민이 국가를 위해 단결하고 낱낱의 주(州)가 하나의 국가를 위해서 단결하되 결국 국가는 국민을 위해서 존재한다고 이 나라 국민들은 생각하고 있다.

영원한 중립국 스위스에는 첫째 군대가 없다. 실은 국민 자체가 바로 군대이기 때문이다. 158만 명의 군대는 곧 바로 이 나라의 예비군이고 의무군이다. 집을 떠나 군에 입대하는 것이 아니라 가정생활에 충실하면서도 나라를 지킨다. 명령만 내리면 잘 훈련된 가정병사들이 여기 저기서 튀어나와 각자의 전공에 따라 비행기도 타고 장갑차도 운전한다.

사실 이 나라는 유럽의 지붕으로 산이 많기 때문에 모든 산과 들이 바로 나라의 공원이다. 알프스와 같이 험하고 높은 산이 국토의 70%를 차지하고 있지만 거기서 흘러내리는 내와 호수, 강이 그대로 국민의 젖줄이 되고 있다.

그런데 그 산과 물을 이용하여 전기를 발전해 내고, 철도와 호수위의 거대한 유람선이 무공해로 운행되어 국내 곳곳 작은 마을까지 연결되어 있어 자동차가 별 필요가 없다. 결론적으로 대기공해 문제는 없게 되었다.

산 능선을 따라 목장이 개설되어 많은 소와 양을 길러 우유와 버터, 치즈가 넘쳐 흐르니 배고픈 사람이 하나도 없게 되었다.

　그런데 골짜기마다 언어가 조금씩 다르기 때문에 나라 이름 역시 슈비이츠, 스위스, 스비체라, 스비즈라, 찰베티아 등 여러 가지로 부르고 있지만 똘똘 뭉쳐 연방국을 만드니 서로 간섭하지 않고 잘사는 이상국가가 되었다.
　북쪽은 도이취랜드, 서쪽은 프랑스, 남쪽은 이탈리아, 동쪽은 오스트리아, 그 가운데 또 리히텐슈타인이 변방에 있어 이 다섯 나라가 언어 또한 각각 달랐지만 나중에 영어로 통일하여 국제어가 되니 아주 편안하게 되었다.

　그러면 이렇게 복잡 다난한 나라가 어떻게 아름다운 관광국으로 발전하게 되었을까? 여기 하나의 동화 속 이야기가 전해오고 있다.

　옛날 옛적 한 왕이 딸 셋을 두고 있었는데 나이가 과년한 데도 신랑감이 나타나지 않았다. 그래서 신랑감을 구하는 국제적 파티를 열게 되었는데 파티가 끝날 무렵 한 거지 차림의 젊은이가 찾아왔다.
　"어디서 사는가?"
　"아무 곳에서 사는데 비록 가난하지만 홀어머니 한분을 모시고 재미있게 살고 있습니다."
　음식을 먹인 뒤 세 딸에게 물었다.
　"누가 이 남자에게 시집가겠는가?"
　"제가 가서 시어머니를 잘 모시겠습니다."
　그래서 큰 딸을 그 거지차림의 젊은이에게 딸려 보냈다. 가다 가 보니 3면이 높은 산으로 둘러싸이고 한 면은 대평원이라 잘 가꾸어진 천혜의 보고였다. 마을에는 큰 당산나무가 있고 그 옆에는 우물이 하나 있었다. 왕녀는 그

우물 가 당산나무 밑을 깨끗이 쓸고 쉼터로 만들었다. 큰 항아리에 물을 가득 채워 마음대로 마시고 가게 하였다.

이 소문이 퍼져 대상들이 몰려와 작은 시장터가 되었다. 잠을 재우고 먹을 것을 제공하니 사람들이 기뻐 따르게 되었다.

남편은 때로 대상들을 따라 이웃 나라에 갔다가 자기 나라에 없는 물건들을 얻어 오기도 하고 약을 구해오기도 하여 긴 여행에 병든 사람들을 치료해 주자 한 마을이 온통 요양시설, 휴양터로 만들어지게 되었다.

이렇게 해서 아들 딸 낳고 10년이 지나자 아버지 회갑이 되어 집안 식구들이 다 모이게 되었는데, 오직 첫째 사위와 딸, 손자들이 건강하고 기쁨에 차 있었다.

딸들에게 삶의 질을 물으니 두 딸들은 무엇이 부족하고 무엇이 필요하다고 투정들을 하는데, 오직 큰 딸과 사위만이 삶에 크게 만족을 느끼고 오직 아버지가 짝을 잘 지어주어 감사하다고 인사하였다.

이에 아버지가 딸의 집에 가 뒷산과 앞뜰의 꽃밭을 보고 놀라,

"너희들이라면 한 나라의 주인공이 될 수 있다."

하여 나라를 물려주니 5개 부족의 청소년들이 의무적으로 그 마을을 구경하고 그를 본으로 하여 자신들의 마을을 가꾸어가기 시작한 것이 스위스라는 나라가 되어, 오늘날 지상 천국으로 모든 나라 사람들이 구경가는 관광국이 되었다는 것이다.

오늘날 스위스는 세계의 관광대국이 되고 꽃밭 속에 세워진 호텔과 맑고 깨끗한 물과 풀로 길러진 가축들에게서 제공되는 청정식품이 세계적 관광국으로 발전케 된 것이다.

스위스는 딸과 사위의 봉사정신 전통에 따라 대통령, 총리, 국회의원 할 것 없이 국민의 심부름꾼으로 일하면서 노인들과 아이들을 살피는 세계적 민주주의 국가로 성장한 면을 보여주고 있다.

99. 불자 가수 송해와 송춘희

"앉으나 서나 당신 생각"

벽련사 법당 앞에서 떠나간 차중락을 보고 눈물을 글썽거리던 송해선생,

"낙엽따라 가버렸구먼....."

중락이 동생 도균이 뛰어오자 그 육중한 몸을 껴안고 10분도 넘게 포옹하며 흐느끼는 모습은 영영 잊혀지지 않는다.

백련사 호랑이 스님이,

"야, 이 새끼들아 울지 말고 염불하라...."

그리하면 울먹 울먹 소리도 잘 나지 않는 입으로,

"나모라 다라다라 야야.......나무아미타불....."

하고는 돌아선다.

나는 1970년대와 80년대를 거쳐 왕성하게 활동했던 불자가수들을 잊지 않는다.

'애정이 꽃 피었던 시절'로 대뷰했던 가수 진우가 같은 성씨라고 깍듯이 모셨던 현철씨 등… 자그만치 400명이 훨씬 넘었다. 대부분이 어려서부터 어머니나 할머니 손잡고 절에 와 절간 밥 얻어 먹으며 장수하기를 바라던 사람들이 많다. 요즈음 교회에 가야 초콜릿도 얻어 먹고 콜라나 사이다도 얻

어 마시기 때문에 대부분 교회로 몰렸지만 그래도 그때는 절에 가야 떡도 얻어 먹고 부침개도 맛 볼 수 있었다.

"나는 54년 전남 곡성에서 태어났습니다. 동산불교대학을 나와 오아시스 레코드사를 운영하면서 한국연예인협회 가수분과 위원으로 불자가수들을 모시고 사회도 보며 여러 가수들을 소개하던 진우는 나이 많은 현철씨와 송해, 송춘희씨를 모시고 여러 차례 산사음악회에 나가기도 하였습니다.

절은 역시 아름답고 풍취가 있어요. 가짜로 누벼본들 어찌 이 산사와 같겠습니까.

교회당에서 박수치며 찬양대가 되어 노래를 부를 때 보다는 저는 이 자연의 풍취 속에서 삶의 보람과 영광을 느낍니다. 더군다나 진주사투리에 '앉았다 섰다' 하는 현철형님을 보면 마치 산이 통째로 굴러 온 것 같이 든든하게 느껴져 저절로 입에서 흥얼거리는 노래가 나옵니다.

'사랑은 나비인가봐', '청춘을 돌려다오', '사랑의 배신자여', 추억의 테헤란로', '봉선화의 연정'을 읊으며 자신이 현철씨가 다 된 듯 뻐기고 나서기도 한다.

"송해 오빠는 사회 보는 데는 일등이지요. 사랑하는 아들이 교통사고로 갔는데도 큰 소리로 한번 통곡하고는 '아무개야 잘 가라. 나는 천천히 갈게' 하고는 노래를 부르더니, 어언 그 나이가 90세가 훨씬 넘었습니다.

우리 어머니 아버지는 일요일 날만 되면 1시부터 2시 사이 KBS에 딱 붙어 앉아 그분의 고소한 코미디와 노래소리를 들으며 울고, 웃고, 회한의 8순을 넘어 살다가 노래하시며 가셨어요."

역시 연예인들은 연예인들이라 언어와 행동 속에 풍만한 아이디어가 쏟아지기 때문이다.

나는 이렇게 연예인들과 같이 지방법회에 갔다가 밤늦게 돌아오면서 염불도 하고 노래 부르며 춤추다 보면 언제 왔는지 천리길이 지척과 같이 느껴졌다.

라디오가 아직 풍악 속에 익살을 부릴 때 텔레비가 아직 생각이 없을 때, 사람의 그림자를 보고 울고 웃으며 노래하던 시절이 1900년 대 말에서 2천년 대 초였다.

칼라 TV가 나오고, 곳곳에서 라디오 소리가 울려 퍼진 2천년 대 이후부터는 소리에 귀먹은 사람들이 더더욱 많아지고 있다.

담배 연기속에 익살을 부리던 이주일, 개다리 놀음으로 사람들의 웃음을 자아내게 했던 배삼룡, 구봉서, 서영춘… 여러 어른들의 모습이 삼삼하게 생각이 난다.

끝으로 호빵처럼 둥글 넙적한 송춘희씨의 '수덕사의 여승'을 함께 부르며 이 대목을 마무리할까 한다.

인적없는 수덕사에 밤은 깊은데
흐느끼는 여승의 외로운 그림자
속세에 두고 온 님 잊을 길 없어
법당에 촛불 켜고 홀로 울적에
아-- 수덕사에 쇠북이 운다

100. 원효대사와 친난스님의 후계자 효란스님

효란(曉鸞)스님은 충남 예산출신이다. 13세에 출가 일본 와세다대학 문학부를 졸업하고 독립운동을 하다가 투옥되어 고생도 많이 하였다.

그 후 대학교수로 있으면서 조계종 정토회 처장, 국제진종학회 한국대표로 열심히 포교하면서 서원사와 오봉사를 창건하였다.

78년부터 일본과 한국을 번갈아 다니면서 국제포교사로 종단학교, 사찰, 승려연구회, 순회강연 등 수천 회의 법회를 거치면서 미국, 홍콩, 미얀마, 태국, 대만, 중국, 캐나다, 상가포르 등 국제포교에 막대한 영향을 주었다.

나와의 인연은 2천년 대 상락향에서 만났는데, 일본 서광사 3존불에 관한 역사적 배경을 잘 기억하고 있었다.

부처님께서 베살리성 암라수원 대림정사에 계실 때 월계장자를 만나 그의 소원대로 일곱 번 환생(조성) 500년간 시봉을 받으시다가 한반도에 동점하시어 1112년 백제에 와서 성왕의 시봉을 받았다. 이에 또 월계장자의 소원에 따라 일본 혼사요시미쓰(本國善志)에 이르러 선광사라는 절을 짓고 지금은 비불(秘佛)이 되어 사람의 눈에 보이지 않는다.

그런데 1925년 4월 14일 효란스님께 현몽하여 본존불로 화목현 고전사와 천수사 본존불이 되었다. 장차 이 부처님은 인도 베살리국으로 돌아가시기 전에 한반도 수도를 거치겠다 하여 서원 사에 모시게 되었다.

가운데 아미타불 본존이 계시고 좌우보처에 관음·세지가 모셔져 있는데, 배광(背光)에는 구품연대가 뚜렷하게 나타나 있다.

스님은 아침, 점심, 저녁으로 무량수경, 관무량수경, 아미타 3부경을 나누어 읽고 1회 1만번 씩 아미타불을 염불하였는데, 누구도 그 신앙을 흉내 낼 수 없다.

중국에서는 강승개가 번역한 무량수경과 강량야사가 번역한 관무량수경을 읽었으며, 특히 구마라집의 아미타경은 반야심경을 외우 듯 그 문장이 간단하고 뜻이 풍부하여 신라의 원효스님과 일본의 친난스님을 본받아 신행해 왔다.

그래서 그 불명을 두 분의 이름을 따서 '효난(曉鸞)'이라 짓게 되었다고 한다. 그리고 대만 대북시에 위치한 재단법인 불타교육기금회에 요청하여 용진대장경 251권과 신수대장경 101권, 속장경 250권 등과 중국, 홍콩, 대만 등지에서 출판된 불교서적 5600여 권을 보내주어 상락향 도서관을 빛나게 하고 있다.

나는 태국에서 수련하면서 태국 왕실로부터 팔리어 대장경과 태국대장경을 선사받고, 중국 사회과학연구소로부터 티베트대장경과 북한대장경을 선물받아 모두 함께 비치하고 있다.

재단법인 불타교육기금회는 오직 출판사업을 통해 불전을 인쇄하여 세계

어느 곳이든 필요한 곳으로 보내주면서 포교사업을 하고 있는 세계적 자선
단체로서, 이 거대한 양의 경전을 포함한 불전들이 한국에 보내 올 때는 대
만에서 부산까지의 배 운임과 부산에서 경기도 가평군 상락향까지의 트럭
운임이 선불되어 있었다. 이것은 오로지 효란 큰스님의 조언덕분이고, 이러
한 대만불타교육기금회의 정성에 크게 감사한다.

발문(跋文)

저는 일찍이 누구를 위해서 그림을 그려 본 적이 없습니다.

도반 수말라가 금강선원에 갔다가 큰스님께서 쓰신 원고를 보고 보내와 한편 한편 생각나는 대로 정리를 하다 보니 말궁둥이에 붙은 파리 한 마리가 천지를 가게 된 것 같습니다.

주제 인물들 모두가 크신 분들인데 구상된 그림은 너무 어리고, 초라한 것 같아 부끄럽게 짝이 없습니다.

그동안 저에게 그림을 지도해 주신 지묵스님께 감사드리고, 이 책에 실린 '이름 없는 도인들' 처럼 만수무강하시기 바랍니다.

불기 2562년 가을

박 미 경 합장

이름없는 도인들

2018년 9월 15일 인쇄
2018년 9월 20일 발행

저　자	활안 한정섭
그　림	박미경 화백
발행인	불교정신문화원
발행처	불교통신교육원
등록번호	76. 10. 20 제6호
주　소	12457 경기도 가평군 청평면 남이터길 65
전　화	031-584-0657, 02-969-2410
인　쇄	이화문화출판사 (02-738-9880)

값 : 18,000원